现代物业安全管理

主　编　武晓敏　贾　丽　陈　宇　张丹媚

西南交通大学出版社
·成　都·

图书在版编目（CIP）数据

现代物业安全管理 / 武晓敏等主编. -- 成都 : 西南交通大学出版社，2024. 6. -- ISBN 978-7-5643-9862-0

Ⅰ. F293.33

中国国家版本馆 CIP 数据核字第 20241QP120 号

Xiandai Wuye Anquan Guanli

现代物业安全管理

主　编 / 武晓敏　贾　丽　陈　宇　张丹媚

责任编辑 / 宋浩田
封面设计 / 何东琳设计工作室

西南交通大学出版社出版发行
（四川省成都市金牛区二环路北一段 111 号西南交通大学创新大厦 21 楼　610031）
营销部电话：028-87600564　028-87600533
网址：http://www.xnjdcbs.com
印刷：成都中永印务有限责任公司

成品尺寸　185 mm × 260 mm
印张　14.25　字数　356 千
版次　2024 年 6 月第 1 版　印次　2024 年 6 月第 1 次

书号　ISBN 978-7-5643-9862-0
定价　39.80 元

课件咨询电话：028-81435775

前　言 PREFACE

“没有安全事故”已经是一个物流企业成为一流物业企业的第一个前提条件。物业企业建立以防范为导向的风险管控措施和标准是杜绝安全事故的基础。为了让企业做到不出事故、少出事故和让读者在轻松阅读中了解物业管理与服务的要领并学以致用，本书结合企业实际情况编写而成。《现代物业安全管理》是一技术性、实践性、综合性、时效性很强的课程，而通过本教材的学习，学习者不仅能够了解现代物业安全管理的基本理论和知识，而且能够做好应急准备和响应。本书适合作为高等职业教育现代物业管理专业教材使用，也可以作为现代物业管理从业者自学和培训用书。

本教材由武晓敏和贾丽负责全书的整体设计和总纂定稿，并组织具有丰富经验的专业教师和企业专家共同编写。第一章由武晓敏、贾丽编写；第二章由武晓敏、陈宇编写；第三章由贾丽、张丹媚编写；第四章由周中康、武晓敏编写；第五章由武晓敏、贾丽编写；第六章由陈宇、贾丽、周中康编写；第七章由张丹媚、武晓敏编写；第八章由贾丽、武晓敏编写。

本教材在编写过程中，得到了企业的大力支持，其中包括上海永升物业管理有限公司重庆分公司、重庆新东原物业管理有限公司、重庆融创物业管理有限公司、成都万科物业服务有限公司重庆分公司、北京金辉锦江物业服务有限公司重庆分公司和重庆新大正物业集团股份有限公司等企业。同时本教材也属于重庆市教育委员会人文社会科学研究项目（20SKGH329）和重庆市高等职业教育教学改革项目（GZ223088）的研究成果。在此，对各位专家、老师们的辛勤工作表示衷心的感谢。

现代物业安全管理是一门多学科、综合性较强的课程，由于技术更新较快编者水平有限，书中存在的疏漏和不足之处，恳请各位专家、广大读者批评指正并提出宝贵意见，以便今后进一步修订完善。

编　者

2024 年 6 月

目　录 CONTENTS

第一章　物业安全管理概述……001

第一节　物业安全管理的基本概念……001

第二节　物业安全管理中的常用理论……004

第二章　安全部内部管理……008

第一节　安全部内部管理概述……008

第二节　安全部岗位设置与职责……016

第三节　物业安全管理的考核评价……021

第三章　物业治安管理……028

第一节　物业治安管理概述……028

第二节　出入管控……033

第二节　治安巡逻管理……039

第四节　物品出入管理……045

第四章　物业消防管理……048

第一节　消防管理概述……048

第二节　消防管理工作……053

第三节　消防培训与演习……066

第四节　消防设施设备管理……074

第五节　消防安全检查……100

第五章　物业交通车辆管理……113

第一节　物业车辆管理概述……113

第二节　车辆管理……121

第三节　道路交通管理……123

第四节　停车场管理……128
第五节　物业车辆交通安全管理技巧……136
第六章　物业安全设备管理……141
第一节　出入口控制系统……141
第二节　入侵报警系统……149
第三节　闭路电视监控系统……155
第七章　不同类型物业安全管理要点……162
第一节　住宅小区物业安全管理……162
第二节　写字楼物业安全管理……168
第三节　学校物业安全管理……171
第四节　政府物业安全管理……173
第八章　应急管理……176
第一节　应急管理概述……176
第二节　应急预案的制定……177
第三节　应急演练……187
第四节　应急处理……198
参考文献……222

第一章

物业安全管理概述

第一节 物业安全管理的基本概念

一、事故概述

（一）事故的概念

事故是在人们生产、生活活动过程中突然发生的、违反人们意志的、迫使活动暂时或永久停止，可能造成人员伤害、财产损失或环境污染的意外事件。

（二）事故的发生

事故的发生并不仅仅在于它的起因，许多事故的发生往往与人的行为密切联系。美国工程师海因里希（H.W.Heinrich）统计分析了 55 万起事故后提出了事故法则，事故法则即事故的统计规律，又称 1∶29∶300 法则，已得到安全界的普遍认可。事故法则是指在每 330 次事故中，会造成死亡、重伤事故 1 次，轻伤、微伤事故 29 次，无伤事故 300 次。美国安全工程师们根据事故法则的比例关系绘制成三角形图，称为事故三角形，如图 1-1 所示。

事故法则告诉人们，要消除 1 次死亡、重伤事故以及 29 次轻伤事故，必须消除 300 次无伤事故。防止灾害的关键，不在于防止伤害，而是要从根本上防止事故发生。

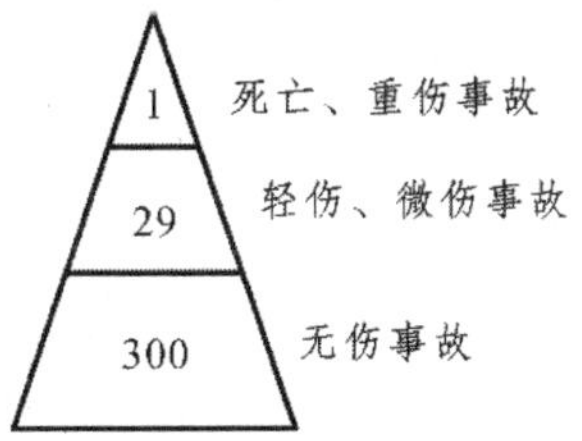

图 1-1　事故三角形

所以，安全工作必须从基础抓起，如果基础安全工作做得不好，小事故不断，就很难避免大事故的发生。

物业要把安全管理放在第一位，要真正从思想上重视起物业安全管理的重要性，争取把安全管理措施落到实处，让物业项目不出事故、少出事故。

二、物业安全管理概述

（一）安全的概念

我们通常说“无危则安，无损则全”，安全是指人的身心免受外界（不利）因素影响的存在状态（包括健康状况）及其保障条件，也指免受人员伤亡、财产损失或环境污染的状态。

（二）安全生产的概念

安全生产是指企事业单位在劳动生产过程中的人身安全、设备安全和产品安全，以及交通运输安全等。它既包括对劳动者的保护，也包括对生产、财物、环境的保护，以使生产活动能正常进行。

（三）物业安全的含义

物业安全一般包含以下三层含义：

（1）物业区域内的人身安全和财物安全不受侵害，物业区域内部的生活秩序、工作秩序和公共场所秩序保持良好的状态。

（2）物业的安全状态应该是一种既没有危险，也没有可能发生的危险的状态。

（3）物业安全是物业区域内各方面安全因素的整体反映，而不是单指物业某一个方面的安全。

影响物业安全的因素有许多，变化也比较快，归纳起来主要有两大类：① 人为侵害因素，如失火、偷窃、打架等；② 自然侵害因素，如大风刮倒广告牌、地震、洪水灾害等。安全管理人员应了解常见的影响安全的因素，并及时处理各种安全隐患。

（四）物业安全管理的概念

物业安全管理是指物业管理公司采取各种措施和手段，保证业主和使用人的人身和财产的安全，维持正常的生活和工作秩序的一种职业性服务工作。

物业安全管理作为一项职业性的服务工作，是介于公安机关职责和社会自我防范之间的一种专业保安工作，其相较于社会治安管理的这两种形式（公安机关和社会自我防范）具有补充的性质，拥有补充国家安全警力不足、减轻国家财政负担及工作职责范围具备针对性的优点。

物业安全管理包括“防”与“保”两个方面，“防”是预防灾难性、伤害性事故发生，“保”是通过各种措施对万一发生的事故进行妥当处理。“防”是防灾，“保”是减灾。要想做好物业安全管理，就必须将“防”与“保”有机结合起来，相辅相成。

物业安全管理的目的，是要保证和维持业主和使用者有一个安全舒适的工作、生活环境，以提高生活质量和工作效率。

（五）现代物业安全管理的内容

现代物业安全管理的内容主要包括六大部分，分别是安全部（本书的“安全部”指的是物业管理单位的一个安全管理部门）内部管理、消防管理、治安管理、交通车辆管理、物业安全设备管理和应急处理。后面章节将围绕这六大板块展开详细的讲解。

（六）物业安全管理的意义

（1）物业安全管理是为了建立健全完备的组织机构，尽可能用先进的设备、设施，选派最具责任心的专业人才，坚决贯彻“预防为主”的原则，努力做好预防工作，尽可能地杜绝或减少安全事故的发生。对于有可能出现的安全事故，要根据具体情况，统一指挥、统一组织、及时报警，采取一切手段做好事故的应急处理，努力将人员伤亡、财产损失和环境污染降到最低。

（2）物业安全管理是保证国家和城市社会稳定、维护社会安定团结、保障人民安居乐业的前提条件之一。只有做好各个社区的安全管理工作，才能实现社会稳定、人民安居乐业的目标。

（3）物业安全管理能为业主和使用人的人身、财产提供安全和保护。

（4）物业安全管理是物业管理公司提高信誉，增强市场竞争力的一种重要途径。

（5）只有做好物业的安全管理，物业才能少受或不受损失和侵害，其价值才能得到保持。另外，人们也才会更乐意购买该物业，物业才会增值。

三、物业安全管理目标

（一）安全管理目标基准的设定

（1）应达到国家和地方相关法律法规对物业安全的基本要求。

（2）应满足业主或使用人对安全的委托要求，即物业服务合同所载明的要求。

（3）应以物业管理行业安全管理优秀标准为目标。

（二）安全管理目标的细化

安全管理目标是从企业总目标中分解出来的，具体细化后的安全管理目标应该具有可实施性、可检验性，具体的细化见表 1-1。

表 1-1　物业安全管理目标的细化

总体目标	具体目标
治安管理目标	1.编制科学合理的安全管理相关制度，并保证其得到有效执行
	2.负责辖区日常的治安管理，保证业主生命和财产安全，保证恶性治安事件发生次数为零
	3.负责辖区内突发事件的处理，保证业主对处理结果满意度评价在_____%以上
消防管理目标	1.编制科学合理的消防管理相关制度，并保证其得到有效执行
	2.负责消防火灾安全隐患的排查，保证辖区消防事故发生次数为零
	3.负责消防设备设施的日常管理工作，保证设备设施的完好率达到_____%以上

续表

总体目标	具体目标
车辆管理目标	1.编制科学合理的车辆管理相关制度，并保证其得到有效执行
	2.负责停车场的日常管理和协调管理，保证机动车辆被划伤和被擦伤等的事件发生次数为零
	3.负责日常车辆费用收缴管理工作，保证车辆费用收缴率达到_____%以上
设备设施安全管理目标	1.负责安全设备设施的日常管理工作，保证设备设施的完好率达到_____%以上
	2.无设备设施故障造成的伤人或财产损失事故
	3.有自然灾害应急制度，能采取有效应对措施并减少损失

（三）物业安全管理量化指标

在物业安全管理过程中，必须有量化指标，通常可以使用的量化管理指标如表 1-2 所示。

表 1-2　物业安全管理量化指标

名称	计算测定标准	推荐标准
治安案件发生率	（∑治安案件发生次数÷∑物业总人数）×1 000‰	治安案件发生率≤5‰
刑事案件发生率	（∑刑事案件发生次数÷∑物业总人数）×1 000‰	刑事案件发生率≤1‰
火灾发生率	（∑火灾发生次数÷∑物业总户数）×1 000‰	火灾发生率≤1‰ （不发生重大火灾事故）
安全管理有效投诉率	（∑安全管理有效投诉次数÷∑物业总人数）×100%	安全管理有效投诉率≤2%
安全管理有效投诉处理率	（∑完成处理有效投诉次数÷∑有效投诉次数）×100%	安全管理有效投诉处理率=100%
物业安全管理客户满意度	（∑调查中客户满意人数÷∑调查总人数）×100%	物业安全管理客户满意度≥95%

第二节　物业安全管理中的常用理论

物业管理过程中最让人担心和受到关注的是业主的人身安全和财产安全，只有做好“预”和“防”，以及日常的监管和隐患排查工作，才能避免和减少事故的发生。但是任何企业都无法杜绝事故的发生，任何事故的发生也都遵循一定的规律。事故发生规律是从大量典型事故的本质原因的分析中所提炼出的事故机理和事故模型。这些机理和模型反映了事故发生的规律性，能够为事故原因的定性、定量分析，为事故的预测预防，为改进安全管理工作，从理论上提供科学的、完整的依据。所以本节主要讲授物业安全管理中的常用理论，常见的有：事故因果类型、多米诺骨牌理论、事故统计分析因果连锁模型、轨迹交叉理论等。

伴随着科学技术和生产方式的不断发展，事故发生的本质规律在不断变化，人们对事故原因的认识也在不断深入，下面我们详细介绍事故因果类型和常见的理论。

一、事故因果类型

事故因果类型可以分为以下三种类型。

（一）连锁型

一个因素促成下一因素发生，下一个因素又促成再下一个因素发生，彼此互为因果，互相连锁，最终导致事故发生，这种事故模型称为连锁型，如图 1-2 所示。

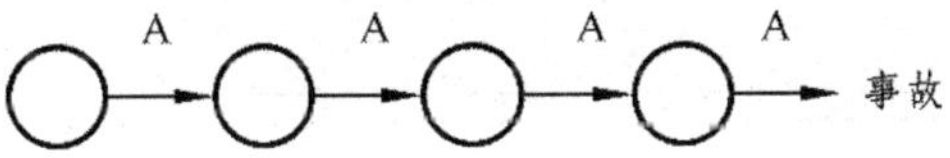

图 1-2　连锁型

（二）多因致果型（集中型）

多种各自独立的原因在同一时间共同导致事故的发生，称为多因致果型，如图 1-3 所示。

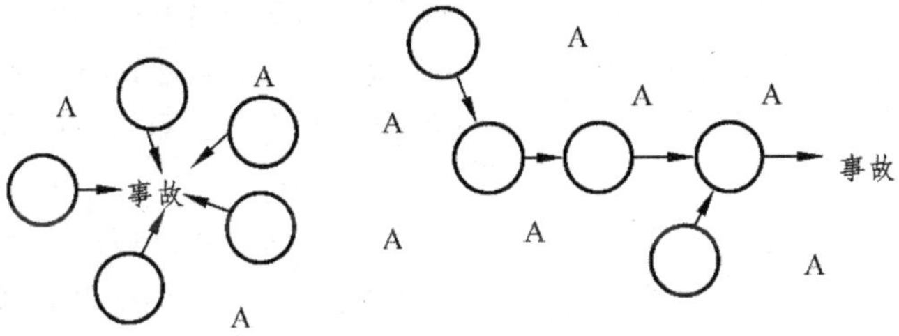

图 1-3　多因致果型

（三）复合型

某些因素连锁，某些元素集中，互相交叉，复合造成事故，这种事故模型称为复合型。单纯连锁型或单纯多因致果型的事故因果类型较少，多为复合型。

二、多米诺骨牌理论

在事故致因理论中，海因里希的多米诺骨牌理论是人们所熟知的。该理论的核心思想是：伤亡事故的发生不是一个孤立的事件，而是一系列原因事件相继发生的结果，即伤害与各原因相互之间具有连锁关系。

海因里希提出的事故因果连锁过程包括如下五种因素（示意图见图 1-4）：

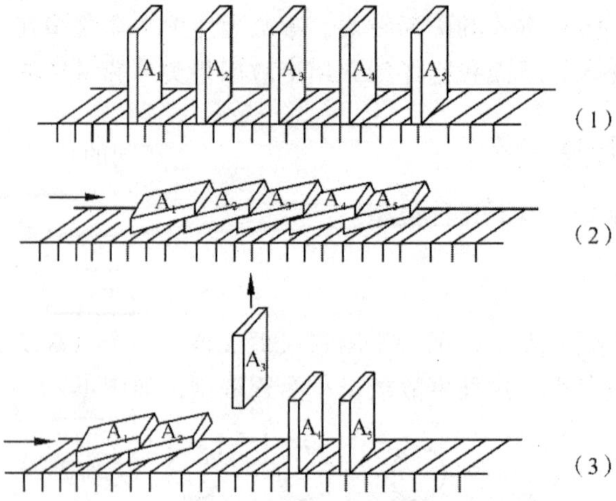

图 1-4　海因里希事故因果连锁示意图

第一，遗传及社会环境（A_1），遗传及社会环境是造成人的缺点的原因。遗传因素可能使人具有鲁莽、固执、粗心等对于安全来说不良的性格特征；社会环境可能妨碍人的安全素质培养，助长不良性格特征的发展。这种因素是因果链上最基本的因素。

第二，人的缺点（A_2），即由于遗传和社会环境因素所造成的人的缺点。人的缺点是使人产生不安全行为或造成物的不安全状态的原因。这些缺点既包括诸如鲁莽、固执、易过激、神经质、轻率等性格上的先天缺陷，也包括诸如缺乏安全生产知识和技能等掌握情况不佳的后天不足。

第三，人的不安全行为或物的不安全状态（A_3），这二者是造成事故的直接原因。海因里希认为，人的不安全行为是基于人的缺点而产生的，是造成事故的主要原因。

第四，事故（A_4）。事故是一种由于物体、物质或放射线等对人体发生作用，使人员受到或可能受到伤害的、出乎意料的、失去控制的事件。

第五，伤害（A_5），即直接由事故产生的人身伤害。

针对上述事故因果连锁关系，可以用五块多米诺骨牌来形象地加以描述。如果第一块骨牌倒下（即第一个原因出现），则发生连锁反应，后面的骨牌相继被碰倒（相继发生）。

该理论积极的意义就在于，如果移去因果连锁中的任一块骨牌，则连锁被破坏，事故过程被中止。海因里希认为，企业安全工作的中心就是要移去中间的骨牌（A03），即防止人的不安全行为或消除物的不安全状态，从而中断事故连锁的进程，避免伤害的发生。

海因里希的理论虽然有明显的不足，如它对事故致因连锁关系的描述过于绝对化、简单化。事实上，各个骨牌（因素）之间的连锁关系是复杂的、随机的。前面的牌倒下，后面的牌可能倒下，也可能不倒下。事故并不是全都造成伤害，不安全行为或不安全状态也并不是必然造成事故，等等，但是，海因里希的事故因果连锁理论促进了事故致因理论的发展，成为事故研究科学化的先导，具有重要的历史地位。

三、轨迹交叉理论

轨迹交叉理论的基本思想是：伤害事故是许多相互联系的事件顺序发展的结果。这些事件概括起来不外乎人和物（包括环境）两大发展系列。当人的不安全行为和物的不安全状态在各自发展过程中（轨迹），在一定的时间、空间发生了接触（交叉），能量转移于人体时，伤害事故就会发生。而人的不安全行为和物的不安全状态之所以产生和发展，又是受多种因素作用的结果。

图 1-5 给出该理论的模型图。起因物与致害物可能是不同的物体，也可能是同一个物体；同样，肇事者和受害者可能是不同的人，也可能是同一个人。

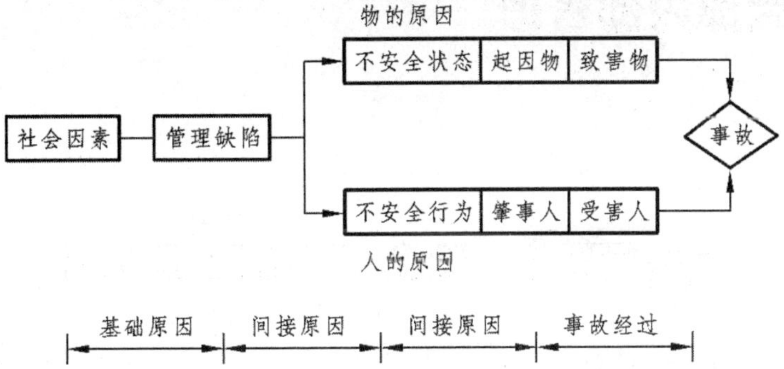

图 1-5　轨迹交叉理论事故模型

轨迹交叉理论反映了绝大多数事故的情况。在实际生产过程中，只有少量的事故仅仅由人的不安全行为或物的不安全状态引起，绝大多数的事故是与二者同时相关的。例如：日本劳动省对 50 万起工伤事故调查后发现，只有约 4%的事故与人的不安全行为无关，而只有约 9%的事故与物的不安全状态无关。

轨迹交叉理论作为一种事故致因理论，强调人的因素和物的因素在事故致因中占有同样重要的地位。按照该理论，可以通过避免人与物两种因素运动轨迹交叉，来预防事故的发生。同时，该理论在调查事故发生的原因时也是一种较好的工具。

第二章

安全部内部管理

第一节 安全部内部管理概述

一、安全部管理的内容

安全部是物业管理公司特别重要的一个部门，是主要负责物业安全管理工作的部门。安全部首先要做好自身的内部管理，才能确保物业的安全。

要做好安全部自身的内部管理，就要制定一定的标准和制度，比如明确保安员、班长、部长等岗位的工作职责和权责范围，以及如何制定员工的长效培训机制，如何制定科学合理的考核制度和查岗制度，如何进行安全部的器材管理等。只有确保人人尽责、人人用心工作，才能使安全部的管理工作井然有序，才能真正为业主提供安全舒适的生活与办公环境。

二、安全部的任务

安全部是公安部门、消防部门对物业进行治安防范、消防安全管理的重要辅助力量。要履行的职责如下：

（1）制定年度、月度工作计划（见表 2-1），让工作人员按工作计划执行实施，并由项目经理或相关职能部门监督管理。

表 2-1　年月工作计划

分公司/项目：

	工作内容		完成情况	完成时间	未完成说明	备注
上月工作完成情况	重点业务工作					
	体系工作					
	专项管理工作					
	培训工作					
	其他					

续表

本月工作计划	工作内容		计划时间	责任人	需说明事项	备注
	重点工作					
	体系工作					
	专项管理工作					
	培训工作					
	其他					

审核：　　　　　　　　　　　　　　　　　　　　制表：

（2）负责做好“防火、防盗、防爆、防破坏”等工作，维护物业范围内的治安秩序。

（3）实行严格的治安管理，做好来访人员登记、日常巡查、进出物品检查等治安防范工作，见表2-2、表2-3。

表2-2　来访人员登记表

日期	姓　名	证件名称	证件号码	进入事由	进入时间	离开时间	值班员	备注

审核：

表2-3　安全（周/月/节前）检查表

检查时间		检查人员			检查区域			
检查内容		整改要求	整改期限	责任部门	复查时间	整改情况	复查人	备注

记录：　　　　　　　　　　　　　　　　　　　　审核：

（4）严格进行消防安全管理，落实消防安全责任制，及时消除火灾隐患。

（5）配合工程部对消防安全系统设施设备的维修、维护和检测工作，负责消防器具的定期检查、维护、检测、年检等业务。

（6）负责用户的治安、消防、交通、车辆、高空坠物和应急管理的宣传、教育和指导。

（7）确保保安队伍上下班交接制度、业务培训和教育等的开展，组织体格训练和考核工作。

（8）定期对员工进行应急演练，应急演练结束后进行总结和分析。应急演练记录见表 2-4。

表 2-4　应急演练记录

项目名称		演练日期	
演练内容		演练地点	
演练过程记录			
演练照片			
演练总结			

记录：　　　　　　　　　　　　　　　　　　　　　　　　审核：

（9）做好消防控制室的值班记录，确保设备设施处于良好的工作状态，见表 2-5。

表 2-5 消防控制室值班记录

年 月 日

<table>
<tr><td rowspan="4">交接班检查情况记录</td><td>时间</td><td>自检</td><td>消音</td><td>复位</td><td>主电源</td><td>备用电源</td><td>交班人</td><td>接班人</td><td>故障及处理情况</td></tr>
<tr><td></td><td></td><td></td><td></td><td></td><td></td><td></td><td></td><td></td></tr>
<tr><td></td><td></td><td></td><td></td><td></td><td></td><td></td><td></td><td></td></tr>
<tr><td></td><td></td><td></td><td></td><td></td><td></td><td></td><td></td><td></td></tr>
</table>

<table>
<tr><td rowspan="10">每日运行情况记录</td><td rowspan="3">时间</td><td colspan="2">火灾报警控制器运行</td><td colspan="3">报警性质</td><td colspan="3">消防联动控制器运行</td><td rowspan="3">报警、故障部位、原因及处理情况</td><td rowspan="3">值班人签名</td></tr>
<tr><td rowspan="2">正常</td><td rowspan="2">故障</td><td rowspan="2">火警</td><td rowspan="2">误报</td><td rowspan="2">故障报警</td><td colspan="2">正常</td><td rowspan="2">故障</td></tr>
<tr><td>自动</td><td>手动</td></tr>
<tr><td></td><td></td><td></td><td></td><td></td><td></td><td></td><td></td><td></td><td></td><td></td></tr>
<tr><td></td><td></td><td></td><td></td><td></td><td></td><td></td><td></td><td></td><td></td><td></td></tr>
<tr><td></td><td></td><td></td><td></td><td></td><td></td><td></td><td></td><td></td><td></td><td></td></tr>
<tr><td></td><td></td><td></td><td></td><td></td><td></td><td></td><td></td><td></td><td></td><td></td></tr>
<tr><td></td><td></td><td></td><td></td><td></td><td></td><td></td><td></td><td></td><td></td><td></td></tr>
<tr><td></td><td></td><td></td><td></td><td></td><td></td><td></td><td></td><td></td><td></td><td></td></tr>
<tr><td></td><td></td><td></td><td></td><td></td><td></td><td></td><td></td><td></td><td></td><td></td></tr>
</table>

<table>
<tr><td rowspan="2">不能当场处理的故障采取的方案、措施等情况</td><td>部门负责人（签名）：
年 月 日</td></tr>
<tr><td>消防安全责任人或消防安全管理人（签名）：
年 月 日</td></tr>
</table>

（10）协助业主、甲方、各部门组织好各项活动（节假日等）及完成领导交代的临时任务。

表 2-6 安全巡查签到表

位置：　　　　　　　　　　　　　　　　　　年　　月

日期		1	2	3	4	5	6	7	8	9	10	11	12	13	14	15	16	17	18	19	20	21	22	23	24	25	26	27	28	29	30	31
白班	时间																															
	巡查人签名																															
	时间																															
	巡查人签名																															
	时间																															
	巡查人签名																															
	时间																															
	巡查人签名																															
领班	时间																															
	巡查人签名																															

续表

日期		1	2	3	4	5	6	7	8	9	10	11	12	13	14	15	16	17	18	19	20	21	22	23	24	25	26	27	28	29	30	31
夜间	时间																															
	巡查人签名																															
	时间																															
	巡查人签名																															
	时间																															
	巡查人签名																															
	时间																															
	巡查人签名																															
领班	时间																															
	巡查人签名																															

审核：　　　　　　　　记录：

三、安全部的工作流程

安全部必须完成交接班等工作流程，具体见图 2-1。

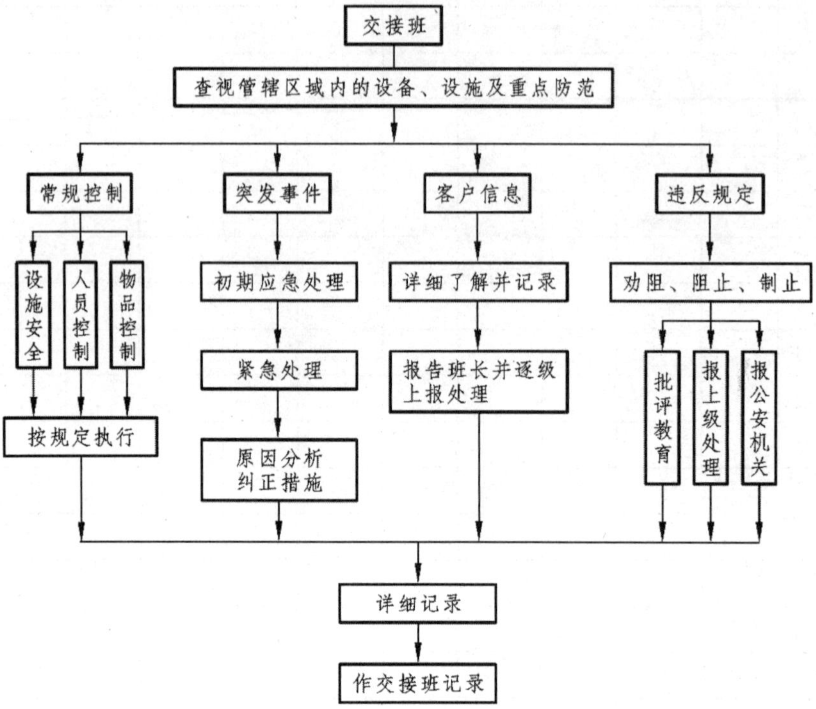

图 2-1　交接班流程

四、安全部的管理规定

（一）仪容仪表

（1）安全管理员上岗、执勤、操练及参加会议，按规定穿着统一配发的制服，佩戴统一样式的武装带、领带，上衣配肩牌，左胸上衣口袋处佩戴工作证。

（2）上班着制服干净、整齐、无异味，纽扣全部扣好，领带系正、武装带系紧。

（3）制服外衣衣袖、衣领、制服衬衣领口处，无显露个人衣物，制服外无显露个人物品，如笔、纸、手机、锁匙扣等，服装衣袋不装过大、过厚物品。

（4）上下班途中着装整齐，戴帽子或将帽子拿在手上。

（5）男员工头发长度不超过 1.5 厘米，女员工长头发应用发网扎成发髻，不涂指甲油、不染发、不留长指甲，化淡妆。

（二）工作态度

（1）服从领导——不折不扣地服从上级的工作安排及工作调配。

（2）严于职守——坚守本职岗位，不得擅自离岗、串岗或睡岗。

（3）正直诚实——对上级领导、同事和客户要以诚相待，不得阳奉阴违。

（4）团结协作——各部门之间、员工之间要互相配合，同心协力地解决困难。

（5）勤勉高效——发扬勤奋踏实的精神，优质高效地完成所担负的工作。

（三）服务态度

（1）礼貌——这是员工对客户和同事最基本的态度，在任何时刻均应使用礼貌用语，“请”字当头、“谢”字不离口。

（2）乐观——以乐观的态度接待客户。

（3）友善——“微笑”是体现友善最适当的表达方式，因此以微笑来迎接客户及与同事相处。

（4）热情——尽可能为同事和客户提供方便，热情服务。

（5）耐心——对客户的要求应认真、耐心地聆听，并尽量在不违背本公司规定的前提下办理。

（6）平等——一视同仁地对待所有客户，不能有贫富之分、厚此薄彼。

（7）熟练运用标准规范用语：您好、谢谢、对不起、请、再见等。

（四）行为举止

（1）举止文明、大方、端庄、稳健。

（2）用语文明，谈吐自然。

（3）精神振作，姿态良好。抬头挺胸，不得弓腰驼背，不得东倒西歪，前倾后靠，不得伸懒腰；不袖手、背手、叉腰或将手插入衣袋内，执勤时不准吸烟、吃零食、看书看报及做与工作无关的任何事情，不得搭肩挽背。

（4）不得哼歌曲、吹口哨、跺脚。

（5）不得随地吐痰，乱丢杂物。

（6）注意检查和保持仪表，但不得当众整理个人衣物。

（7）不得将任何物品夹于腋下，不得敲桌椅或玩弄其他物品。

（五）安全部会议管理规定

（1）班务会每周召开一次，对每周工作进行研讨、总结、讲评，制定工作计划。

（2）队务会每半个月召开一次，协调领班、保安员之间的关系，传达上级部门和领导的工作指示精神，总结上一阶段的工作，布置下一阶段的工作。

（3）保安大会每月召开一次，由安保部领导组织，总结上一阶段工作并进行讲评，根据公司、中心和项目的工作计划安排下一阶段的工作，传达公司、项目的有关精神和指示。

（4）班长根据日常工作情况组织班前班后会，根据日常的工作情况进行会议精神和指示传达。

（5）会议应坚持效率、准确原则，解决实际问题，传达精神、反馈信息。

（6）应做好会议记录并进行保留，会议记录表如表 2-7 所示。

表 2-7　会议记录表

时间		会议主持人	
参会人员签到			
会议内容			

第二节　安全部岗位设置与职责

一、安全部的工作岗位设置

根据不同物业的不同安全管理特点，安全部的工作岗位设置也有所不同。一般情况下，管理层的岗位设置有安全部经理、安全部主管和保安队长等，另外每一班设值班长一名。其他工作岗位有大堂岗、门岗、巡逻岗、车管岗、外围岗等，部分物业公司还会在固定岗的基础上设立流动岗。一些商业物业或综合物业还会设立形象岗。常见的岗位设置如图 2-2 所示。

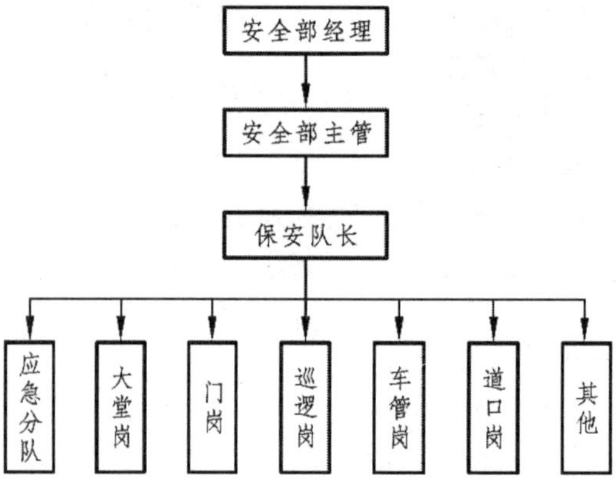

图 2-2　常见的岗位设置

安全护卫服务岗位也是比较常见的岗位设置之一，如图 2-3 所示。安全护卫服务岗位为 24 h 不间断服务，因此，服务人员可分为早、中、晚三个班，每班工作 8 h。每班工作 8 小时员工至少提前半小时进行工作交接。每班应每天执行班前班后会制度。根据法律法规的规定，服务人员应有正常的节假日休息的权利，因此，应在定岗定编的基础上，合理增加人员数量，以备调休，即为调休岗。同时，根据地面外围人行、车辆出入口以及楼宇的数量设置岗位，每个出入口设置一个岗位。如果楼宇的对讲门禁系统比较完善，可以不在每栋楼宇内设置岗位，业主凭 IC 卡出入，其他访客通过对讲设备与业主联系后进入。此类岗位包括大门（人行出入口）岗、车辆道口岗、大堂岗（设在每栋楼宇一楼大堂出入口处）等。

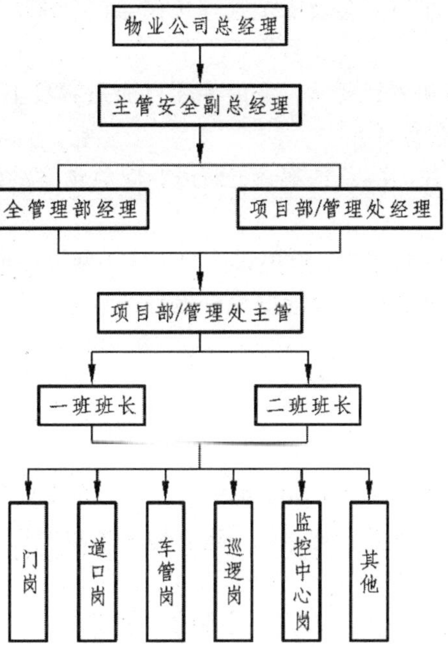

图 2-3　安全护卫服务岗位

二、安全部各岗位的具体职责

1. 安全部的岗位职责

（1）贯彻执行公安机关和上级部门制订的各项法规和制度，努力维护好物业辖区内的治安。

（2）遵守公司规章制度和员工手册，服从领导，完成公司交给的其他工作任务。

（3）负责做好对辖区内的巡逻、值班工作，做好大件物品出物业辖区的登记工作。

（4）负责做好机动车辆的管理和收费工作。

（5）负责做好综合管理费收取工作。

（6）熟悉楼宇情况，以动态和巡查等方式预防、发现、制止各类事故，例如打架斗殴、盗窃等事件，提高应急处理能力。

（7）按规定着装，文明值勤，严格交接班手续，认真做好值班记录和交接班记录。

（8）讲究文明、礼貌待人，耐心说服、教育业户遵守物业辖区各项管理规定。

2. 安全部经理的职责

（1）在公司经理的直接领导下全面负责物业管辖区内的安全保卫和消防管理工作，维护物业管辖区内良好的运营秩序，对物业管辖区内发生的各种火灾、安全事故负全面责任。

（2）结合总公司整体经营思路，组织拟定公司的经营计划、发展规划及经营方针，制定企业经营管理目标，并组织实施。监督分管部门的工作计划及完成情况，协调各分管部门的工作，发现问题及时处理，重大问题应及时汇报总经理，并提出问题的解决方案。

（3）协助总经理建立实施和完善公司质量体系并协调和监督其运行，确保其符合本公司质量管理体系的要求。

（4）定期主持召开各部门例会及安全管理工作会议，总结工作情况，准确传达公司对安全管理工作的安排和决策。

（5）根据国家的政策和方针要求，督促各项目加强对员工进行防火、防盗、防治安、防诈骗等事件的法制和安全教育。

（6）制定各类突发事件的应急预案，定期进行应急预案演练，提高全员处理突发事件的能力。

（7）负责各种突发事件的组织、指挥和报警工作，参与对重大案件、事故的调查和处理。

（8）负责做好公司安全部与社会治安综合治理的日常工作，定期向公司领导汇报安全工作状况及社会安全信息。

（9）完成公司领导交办的其他任务。

3. 安全部主管的职责

安管主管在物业服务中心经理的直接领导下，全面负责安管部的各项管理工作。

（1）根据公司的质量方针及管理目标，建立健全各项安管工作制度，制定部门工作目标及工作计划。

（2）制定部门会议制度，主持部门工作例会，安排布置安管工作。

（3）组织物业区域内安全事件的调查、处理工作，并将处理结果向上级主管部门反映。

（4）监督考察本部门各岗位安管员的工作表现，处理有关安管工作方面的投诉。

（5）严格执行公司制度，随时抽查在岗安管员工作。

（6）组织安管部全体安管员开展各项治安、保卫、急救措施培训工作，加强安管员处理紧急事件的能力。

（7）熟悉公司安全管理各项规章制度，并保证其在本部门的贯彻执行。

（8）负责与政府各治安、消防、防暴等部门的沟通与合作。

（9）负责部门内部以及与其他部门之间的协调和沟通。

（10）检查、监督所有事件的书面报告以及部门工作日志上需进一步处理的事务。

（11）负责建立健全消防管理、安全管理体制，组织和开展各类消防培训及消防演习，确保消防安全。

（12）每周对消防安全设施设备进行检查，每晚不少于一次对夜班岗进行抽查。

（13）树立良好的职业道德，严守机密，并保证其在本部门贯彻执行。

（14）了解和掌握安管部的情况，根据物业服务中心领导的要求和意图，结合实际，建立和健全各项工作细则的奖惩条例，抓好实施组织和监督工作，对物业辖区的治安、消防、车辆交通工作全面实施管理。

（15）掌握队员的思想动态，认真做好思想工作，抓好安管部队伍的思想建设，关心队员的生活状况和业务水平，做好全体队员的思想教育、法制教育和职业精神教育，帮助下属正确处理好工作中的各种问题，为下属解决实际问题。

（16）教育培养所属班长，不断培养他们的组织指挥能力和管理水平。

（17）处理有关安管方面的事务，重大治安问题和事故及时向领导汇报，并采取果断措施，控制事态发展。

（18）完成公司交办的收费等其他工作任务。

4. 安全部保安班长的职责

安管班长在安管主管的直接领导下，负责安管部日常事务的实施工作。

（1）负责组织当班的安管工作，监督和指导认真做好执勤工作，及时纠正和登记违纪违章现象。

（2）检查本班人员的着装仪容、内务卫生，保管好配备的通信器材、安管设施、自卫武器等物品。

（3）负责填写“值班记录”，登记本班奖罚情况，检查各巡逻点情况。

（4）按照安管部制定的培训计划搞好组织实施工作，定期召开班务会，经常对队员进行具体的业务指导和岗位培训，提高本人和全班的整体素质和业务水平，能及时解决当班时间内的各种突发事件。

（5）及时做好上传下达和请示汇报工作，与辖区业主搞好关系。

（6）熟悉在紧急情况下本班的组织指挥，处理好一般性的治安事件和业主的投诉，落实安全措施，预防各种事故，工作中有处理不当的事应及时向上级请示汇报。

（7）团结本班人员，坚持做好经常性思想工作，熟悉和掌握队员的思想动态、工作表现和工作能力。

（8）完成公司下达的其他任务。

5. 安全部保安员的职责

（1）保安员上岗必须穿着统一制服，佩戴规定装备和工作牌。

（2）上岗时要认真检查设备设施，认真做好“四防”（防火、防盗、防破坏、防自然灾害）工作，发现不安全因素立即查明情况，排除险情，并及时报告主管领导，确保小区安全。

（3）熟悉本岗位任务和工作程序，执勤过程中要以敏锐的目光，注意发现可疑的人、事、物，预防案件、事故的发生，力争做到万无一失。

（4）爱护设施设备和公共财物，对小区内的一切设施、财物不得随便移动及乱用，熟悉小区消防系统及消防器材的安装位置，熟练掌握各种灭火器材的使用方法，遇到突发事件能正确进行处理。

（5）坚守岗位，提高警惕，对岗位内发生的各种情况要认真处理，并且做好记录，发现违法犯罪嫌疑人要坚决设法抓获。

（6）遇有紧急突发性重大事情，要及时向班长或主管领导请示报告。

（7）严格执行交接班制度。

（8）积极向业主/物业使用人宣传遵纪守法和消防安全等治安防范知识。

6. 消防员岗位职责

（1）切实贯彻“预防为主，防消结合”的指导方针，认真学习有关消防知识，掌握各种灭火器的使用方法。

（2）积极做好防火宣传和教育，建立消防值班和消防设施台账，定期进行安全检查，一旦发现火警即可投入使用。

（3）物业辖区一旦发生火警，全体员工必须全力投入救火工作，履行义务消防员的职责，不得临阵借故逃避。

（4）发生火警事故时，迅速报告有关领导，拨打火警电话“119”，向消防部门报警，组织人员抢救险情，组织住户撤离危险地带，并做好妥善安排，做好现场安全保卫工作，严防趁火打劫捞取不义之财，协助有关部门查清起火原因。

（5）加强辖区内动用明火的控制和管理。

7. 监控值班员岗位职责

（1）严密监视保安对象的各种情况，发现可疑或不安全迹象，及时通知值班保安处理，并及时通过对讲机或电话向队长报告，且随时汇报变动情况直到问题处理完毕。

（2）熟悉所管理设备的性能、操作程序，能独立进行操作，并能进行简单的维修。

（3）出现异常情况时，监视、确认、汇报，并做好情况记录。

（4）负责设备的日常巡视、情况记录。

（5）保持机房干净、整洁，做好交接班工作。

8. 消防中控室值班员岗位职责

（1）接班时认真听取交班人员的情况汇报并查看值班记录，如有不清楚应当面问清，并补充记录。

（2）查看设备情况，确认设备运转正常（报警器、报警电脑、监控器、联动台等）。无疑问后方可接班。

（3）按消防控制中心值班制度，值班人员要坚守岗位，每班两人，二十四小时不间断值班，每隔一小时两人交换一次位置，值班人员应相互配合，不能擅离职守，如遇问题及时汇报并处理妥当。

（4）对消防设备设施，每天六次巡视检查，检查时要全面细致，保证设备处于完好状态并做好记录。

（5）熟悉中心线各部门所在位置，商场结构，疏散出口，安全出口位置、数量，特别是要害部门所在位置及其安全出口位置、数量及特点。

（6）能熟练操作火灾报警设备、保安监控设备、相关联动设备、现场控制设备，并熟练使用各种灭火器材、灭火设备、逃生设施和器材、救援器材，熟知器材使用要求、特点和规定期限。

（7）熟悉和掌握各类火灾特点和扑救常识，熟知《火灾事故预案处置》的内容和操作程序。

（8）当保安监控发现异常时，立即向安保部的相关人员和所在部门报告，并做好详细记录。

（9）当出现火灾报警后，当班人员迅速携带工具、照明器材、通信器材及灭火器材赶赴现场，从接到报警至到达现场最不利点的时间不超过 3~5 min，对出警情况进行翔实记录。

（10）工作中发现设备出现故障要立即报修，对报修时间、维修结果要做好记录工作。

（11）消防控制中心是中心线的要害部门，外部人员不得入内，如因工作需要，须事先得到安保部经理同意，并做好登记。

（12）消防控制中心任何工作内容不得对外宣讲，监控内容不准外人观看，如需要先征得安保部经理或中心线的副总级以上领导同意。

（13）认真填写值班记录，字迹要清楚、整洁。

9. 车场管理员岗位职责

（1）严格遵守停车场的工作制度，负责停车场的车辆管理及收费工作。

（2）维护好车场秩序，保证车场通道畅通，车辆进场后应迅速指挥车辆慢行，安全地停放在指定的车位上。

（3）车辆管理员要坚持原则，做到客户至上，坚持优质服务。

（4）车主停放车辆时，要提醒司机关锁好车门、窗，保管好自己的贵重物品。

（5）坚持文明用语，注重仪容仪表，不得依靠车辆打闹，随意脱岗。

（6）车辆管理人员要提高警惕，加强责任心，对形象可疑人员要注意其动向，及时查问。发现偷窃、破坏等，及时阻止并立即报警。

（7）车辆管理员及时帮助司机做好车辆停放引导工作，确保车辆安全停放。

（8）按规定和标准收费并开具发票。

（9）负责停车场车辆的管理，包括汽车、摩托车、自行车的管理工作，车场内严禁乱停乱放，按照车场要求一次将车辆停放到泊位上，并认真检查，发现问题及时告知车主。

（10）车辆管理员要维护好车场清洁卫生，做到车辆停放有序，广场卫生整洁干净。

（11）车场管理员因工作失职，不按章办事等致使车辆发生被盗或其他事故，要承担全部责任。

第三节 物业安全管理的考核评价

为了完善物业管理安全区域的安全防范体系，确保落实物业安全管理责任和安全措施，减少物业管辖区域的伤亡事故发生，提高业主的安全感和满意度，形成物业管理公司、业主密切配合的安全工作机制，物业管理公司应建立安全管理考核评价标准。安全管理考核评价标准既是指导和评价工作的依据，也是安全管理工作的规范和要求。

每年年底各物业公司要对各项目的安全管理指标进行考核评价，安全管理考核评价可参考表 2-8 的某小区的物业安全管理服务考核标准、表 2-9 的物业公司突发事件汇总表、表 2-10 的安全管理目标考核表。

表 2-8 某小区的物业安全管理服务考核标准

序号	项目		服务标准	分值
1	出入管理（20分）	人员出入管理（6分）	1. 值班员于上岗之日开始，须熟练掌握本岗位职责和工作规程	1
			2. 上岗 3 个月内对本责任区内业户的基本情况熟知程度达 80%以上，能有效分辨业户与非业户	1
			3. 来访人员进入小区，值班员必须敬礼询问	0.5
			4. 对已识别的来访人员 100%进行询问，经管理处或业户确认（管理处或业户提前通知除外）	1

续表

序号	项目		服务标准	分值
1	出入管理（20分）	人员出入管理（6分）	5．确认后进行登记放行	0.5
			6．登记有效证件不超过 30 s/（人·次）	1
			7．小区所有门禁随时保持关闭状态	1
2		物品搬迁管理（5分）	1．小区业主携带大件、贵重物品离开，值班员须 100%凭管理处放行条放行	1
			2．非业主携带物品离开须客服部及时与业主确认，值班员须 100%凭管理处放行条放行	1.5
			3．值班员发现业主搬家，须做好全程监控，并仔细核对物品放行条所列物品是否相符，并向财务核实有无欠费	1
			4．值班员发现租户搬家，须通知客服部及时与业主联系，做好全程监控	1
			5．仔细核对物品放行条所列物品是否相符，收回放行条并签字	0.5
3		安全巡逻（5分）	1．地面巡逻人员按规定路线每 2 h 巡逻 1 次并签到	1.5
			2．楼层巡逻岗夜班按巡逻路线每 2 h 巡逻 1 次并签到	1.5
			3．对环境卫生和秩序进行监管	1
			4．对可疑人员进行监控、询问、劝离小区	1
4		其他突发事件或异常情况处理（4分）	1．本区域巡逻岗在接到突发事件预警信息后，须在 60 s 内赶到现场	1
			2．巡逻人员到达现场后，须在 20 s 内做出判断及正确反应	1
			3．在接到警报求助信号后，其他巡逻岗到达现场时间最长不得超过 5 min	1
			4．在接到预警信息后，固定岗须坚守岗位，严格控制可疑人员出入，做好应急准备	1
5	安全防范（18分）	红外系统报警处理（3.5分）	1．接到红外线报警信号后，本区域巡逻岗在 60 s 内赶到现场	1
			2．接到地库火警报警信号后，本区域巡逻岗在 60 s 内赶到现场	1
			3．接到楼层火警报警信号后，本区域巡逻岗在 60 s 内赶到现场	1
			4．接到警报求助信号后，其他巡逻岗到达现场时间最长不得超过 5 min	0.5

续表

序号	项目		服务标准	分值
6	安全防范（18分）	室内报警处理（4分）	1. 发现业户室内报警，中控岗须在 10 s 内通知巡逻岗前往现场，同时通过对讲机向业主了解情况	1
			2. 接到室内报警信号后，巡逻岗在 2 min 内赶到现场并做出反应	1
			3. 属误报的及时恢复原状	0.5
			4. 如业户家中无人，中控岗须及时告知管家与业户取得联系，引导巡逻岗做好防范措施，并将处理结果上报安全主管并记录	1.5
7		闭路监控系统（5分）	1. 上岗一周内熟练掌握闭路监控系统的操作技能	1
			2. 每班上岗 15 min 内须对闭路监控系统运行情况进行一次测试	1
			3. 保存一月内录像资料	0.5
			4. 显示画面出现异常情况，中控岗安全员应在 30 s 内做出反应	0.5
			5. 发生红外线、火警报警信号应在 10 s 内做出反应	1
			6. 每班须对室内消防器材的完好情况检查一次	0.5
			7. 掌握各种设备器材的使用方法	0.5
8		电梯系统（3.5分）	1. 时刻监控并保持电梯正常运行，每 2 h 记录一次	0.5
			2. 发现不当使用电梯的，须立即通过电梯对讲系统提醒并引导正确使用	1
			3. 发现故意破坏电梯的，须立即通知该区域安全巡逻员前往现场警告，对造成电梯损坏的，引导安全巡逻员查找肇事者并带往管理处处理，同时做好记录	1.5
			4. 电梯出现异常情况时，中控岗安全员应在 30 s 内通知相关人员到达现场处理	0.5
9		标识系统（2分）	1. 设置必备的安全标识	0.5
			2. 重点部位标识明显	0.5
			3. 小区施工等存在安全隐患的部位设有明显的安全警示标识	1
10	消防安全（20分）	公共部位（3分）	1. 禁止在公共部位堆放杂物、垃圾等物品，确保消防通道畅通，无占用	1
			2. 公共重点部位安全措施到位，无明显安全隐患	0.5
			3. 公共部位设施设备完好，使用功能正常	1
			4. 各单元门前禁止停放车辆占用人行通道	0.5

续表

序号	项目		服务标准	分值
11	消防安全（20分）	消防栓（3分）	1. 熟练掌握使用方法	1
			2. 消防箱标识清楚，玻璃完好	0.5
			3. 消防设施配件齐全，安装牢固，无丢失，无破损，阀门完好、无渗漏水，水压充足、无霉潮	1
			4. 定期对消防栓进行检查	0.5
12		消防门（2分）	1. 每4 h检查消防门关闭情况一次，关闭率达98%以上	1
			2. 门锁、闭门器完好，弹性适度	1
13		灭火器具（4分）	1. 每月检查灭火器一次	1
			2. 定期进行年检，保证灭火器无缺失、无过期	1
			3. 表面清洁，完好率100%	1
			4. 熟悉区域内灭火器摆放位置、数量及特性	1
14		温感、烟感、喷淋（3分）	1. 无缺失	0.5
			2. 外观洁净完好	0.5
			3. 与底座接触良好	0.5
			4. 指示灯闪亮	0.5
			5. 随机取烟感喷烟后，消防主机能收到报警信号	1
15		地下车库卷帘门（1分）	1. 能正常开启、关闭	0.5
			2. 升降按钮操作灵活，表面无锈蚀、无损坏	0.5
16		演习（3分）	1. 制定演习方案： （1）演习方案须结合小区器材装备情况制定，有具体的组织实施时间、具体的演习经费预算及标准的《演习方案》内容； （2）演习方案须明确演习的目的、演习的地点、每次演习的责任人、参加演习的人员、职责及总要求	1
			2. 按演习方案组织实施	1
			3. 对演习进行效果评估	1
17		消防宣传与教育（1分）	1. 每季度不少于1次开展消防知识宣传	0.5
			2. 每年“11·9”举办一次“119宣传活动月”活动	0.5

续表

序号	项目	服务标准	分值
18	车辆管理（9分）	1. 上岗3个月内能正确区分、辨认业户车辆	1
		2. 车辆管理员对进场车辆外观及危险品应例行检查，对于危险品应禁止入场，对车辆损伤与车主进行签字确认	1
		3. 车场入口岗登记、开启车挡器不超过20 s/次	0.5
		4. 车场出口岗收费、登记、开启车挡器不超过90 s/次	0.5
		5. 车场巡逻人员按规定路线每2 h巡逻1次并签到	1
		6. 对外来车辆进行询问，在15 s内通知巡逻岗跟踪、确认后放行	1
		7. 无乱停乱放车辆，无交通堵塞现象	1
		8. 发现异常情况，车场巡逻岗安全管理员在30 s内赶到现场	1
		9. 每班次检查车场内车辆外观和门锁锁闭情况	1
		10. 每班次交接车场内车辆停放数量	1
19	工作环境（3分）	1. 工作间按公司标准配置	0.5
		2. 上班时间不打瞌睡，不脱岗做与工作无关的事	1
		3. 工作台上不摆放与工作无关的资料和物品	0.5
		4. 工作间整齐、清洁，资料摆放整齐、有序	0.5
		5. 上班时间不玩手机、聊天等与工作无关的事情	0.5
20	内务管理（4分）	1. 宿舍物资按标准配置，无损坏、无丢失	0.5
		2. 宿舍管理制度及标识张贴明显、基本统一	0.5
		3. 各宿舍张贴值日表，记录清晰	0.5
		4. 宿舍物品按规定摆放，整齐有序	0.5
		5. 宿舍卫生保持干净整洁，无异味	0.5
		6. 活动室及洗手间地面无积水、灰尘、杂物	0.5
		7. 所有员工熟悉宿舍管理制度及标准，不得私拉电线、做饭、使用明火	1
21	体系运行（5分）	1. 各项记录应使用体系覆盖的有效版本	0.5
		2. 记录内容完整有效，按规定要求及时存档	1
		3. 确保记录信息真实准确，字迹清晰可辨，页面整洁，禁止乱涂乱改	2

续表

序号	项目	服务标准	分值
21	体系运行（5分）	4. 禁止使用私自制作未经公司认可的表格作为存档资料	0.5
		5. 重要文件应及时传达到相关岗位	0.5
		6. 档案借阅有记录，作废文件有标识，销毁文件有记录	0.5
22	应知应会（3分）	1. 熟识小区基本情况、物业法律法规	1
		2. 熟知公司各项行政人事制度	1
		3. 熟记常用电话号码（管理处值班电话、直接上级电话、辖区派出所民警值班电话、紧急报警电话、管理处领导电话等）	1
23	日常监督（6分）	1. 班长每天对巡逻点进行检查，每班抽查各巡逻签到点百分之三十	1
		2. 主管每月对巡逻点进行检查，每月抽查各巡逻签到点百分之三十	1
		3. 班长巡视检查各岗位的值班情况，签字并提出整改意见	1
		4. 主管对各岗位进行巡视签到，检查各岗位的值班情况，查找问题，并提出改正意见[项目占地面积在15万平方米以下每日巡视检查签到一次，项目占地面积在15万平方米（含15万平方米）以上每两日巡视检查签到一次]	1
		5. 主管每日对安全人员及现场进行检查，并填写“日查表”	2
24	培训工作（6分）	1. 年度培训计划按要求上报审批，根据计划分解制定月度培训计划	1
		2. 培训按计划实施，如计划有变化须注明原因且在下月的培训计划中有体现	1
		3. 受训人员到位率100%（特殊情况除外）	1
		5. 关注培训效果，培训合格率90%	2
		6. 记录完整，对每次培训教材进行存档（引用体系文件的需注明章节）	1
25	仪容仪表（6分）	1. 按公司规定着装，工衣和鞋干净、整洁、无异味	1.5
		2. 头发干净整洁、发根不过衣领，不留大鬓角，每天刮胡须，经常修剪指甲	1.5
		3. 站姿、坐姿、行姿端正	1
		4. 上班时禁止在公共区域及小区内抽烟	1
		5. 上班前不吃异味食物以保证口腔清洁	1

表 2-9 ×物业公司 20××年突发事件汇总表

季度	序号	案发地点	案发时间	事件叙述	报告人	责任性质

表 2-10 安全管理目标考核表

分公司	项目	事件类型	数量/起	处罚金额/元	计算依据	实际处罚金额/元	备注

第三章

物业治安管理

第一节 物业治安管理概述

一、物业治安管理的含义

治安，有两个方面含义：一是指社会治安秩序，二是指维护治安秩序的社会活动。

治安管理是指国家为维护公共秩序和社会治安而依法进行的行政管理工作。

物业治安管理是指物业公司依照我国治安管理的法律、法规和规章，运用物业管理的手段和方法，为维护物业管理区域内的治安秩序，预防各种治安危害的发生，针对所管物业实施的一系列活动。

物业活动特点如下。

1. 受制性大

一般来说，物业公司的安保部门在履行其安全管理服务职能的过程中，要受到来自公安主管部门的指导和国家有关法律、法规的制约。譬如，安保管理服务的方式和行为不能超越公安主管机关的管理，不能超出国家的法律规定而自行其是。物业治安管理中一切具有维护社会治安性质的行为和行动都必须在公安主管机关部门的监督指导下进行，其工作活动的性质及全部内容相对于公安主管机关的治安管理工作来说都具有辅助性、从属性。其自主性与机动灵活性也均是以受制性为前提的。

2. 综合性强、管理难度大

一些大型商住区或高层综合楼宇不但楼幢多、楼层高、面积大、隐蔽场所多、进出口多，而且区内业主、用户成分不一，各种配套物业（饮食、文体、娱乐场所）多，人员流量大、成分复杂，且众多单位又有各自的管理部门，物业管理公司不能干预过多，因而其治安形势严峻，治安工作难度大。

3. 服务性强

物业治安管理属物业管理整体工作的一部分，从本质上讲，是为用户提供保卫安全服务的。因此，作为物业管理公司的保安员，要始终树立“服务第一、用户至上”的思想，融严格认真与真诚礼貌于一体，既要坚持原则按章办事，又要文明礼貌，乐于助人。

另外，由于物业安保的内容与要求属于物业服务合同的一部分，即物业治安管理的服务项目、手段、方法措施和所达水平必须满足合同要求，所以物业治安管理又具有一定的履约性特点。

物业治安管理和公安部门的治安管理的区别体现在以下几个方面：

（1）性质不同，前者安全防范服务，后者是刑事执法。

（2）法律权限不同，后者有法律赋予的治安行政管理权、执法权，而前者无此权利。

（3）主要职能不同，前者职能是防范，而后者职能包括管理、预防、打击、改造。

（4）服务形式不同，前者是有偿服务，而后者是无偿服务。

（5）服务对象不同，前者是针对特定客户而开展的服务，而后者针对的是全社会。

（6）管理模式不同，前者是企业化的管理模式，而后者是行政、半军事化的管理模式。

（7）经营来源不同，前者是通过服务获得报酬，而后者的收入来源于财政支付。

二、物业治安管理的任务和方式

1. 物业治安管理的任务

（1）维护物业管理区域治安秩序，是为社会主义现代化建设和人民群众安居乐业创造良好的社会治安环境的重要保证，是治安管理的一项基础性和经常性的任务，它体现了治安管理职能的本质要求。治安管理内容如下：

① 保护各类治安现场，疏导群众，维护秩序。

② 维护小区内的交通秩序。

③ 协助小区内住户的报警。

（2）预防、发现和控制违法犯罪活动，是治安管理的重要的、长期的任务。要通过巡逻检查，及时发现和制止妨碍公共安全的不良行为。

（3）配合公安部门打击辖区内及其周围的违法犯罪活动。协助公安部门查处治安案件、治安事故，处置治安事件，是治安管理日常的艰巨任务，它对于维护社会治安和社会稳定，减少、挽回损失和防止进一步危害，都有着重要意义。

（4）为民排危解难，为人民服务，帮助群众排危解难，是物业保安的管理职能决定的。

治安管理工作与人民群众的接触最多，联系最密切，是党和政府与人民群众之间的桥梁和纽带。做好为民排危解难的工作，可以奠定治安管理广泛的群众基础。

为此，要经常了解群众的困难和疾苦，尽力予以帮助或及时向有关部门反映解决。为行人、住户指引带路，救助突然受伤、患病、遇险等处于无援助的人，帮助遇到困难的伤残病人、老人和儿童；受理拾遗物品，设法送还失主或上交；巡视小区安全防范情况，提示公司有关部门、商铺、住户清除隐患。

2. 物业治安管理的方式

物业管理中的治安工作根据物业使用性质的不同而有不同的管理方式，主要有封闭式管理和开放式管理两种，也有将两种模式结合起来的综合管理方式。

（1）封闭式管理。

封闭式管理方式适用于政府机关、部队等一些部门或一些因其住户有特别要求的物业管理。其管理特点是整个物业为封闭体系，物业入口有保安人员每天 24 小时看守，用户有专用通行证件，外来人员须征得物业内用户同意并办理登记手续方可入内。从目前我国物业管理发展情况来看，封闭式管理已成为多数住宅小区的普遍要求。

（2）开放式管理。

一些大的住宅小区或商业楼宇采用开放型管理方式，不仅用户无须办理专用通行证件，且外来人员只要着装整洁也可自由进出。不过，一些商业楼宇在非办公或营业时间还是会采用封闭式治安管理，以确保业主用户的财产安全。

三、物业治安管理的基本原则

（1）坚持“预防为主、防治结合”的原则。

治安工作同消防工作一样，关键是要做好预防工作，防患于未然。物业管理中的治安工作的根本目的就是保障用户的人身及财产安全，维护用户正常的工作及生活秩序，确保物业的正常使用并使其免遭破坏。衡量治安工作的第一标准就是物业范围内不发生任何刑事案件，不出治安事故。做好各项预防工作是治安工作的关键，故保安员应时刻提高警惕，防止可疑人员进入管辖区域，防止各类刑事案件和治安事故的发生。

（2）坚持物业内的治安管理与社会治安工作相结合的原则。

任何物业，无论其封闭程度多大，也只是所在城市的一个建筑点，是该城市的一个小社区，其治安工作也必然只是城市社会治安的一部分，物业管理中的治安工作有赖于社会力量和公安部门的支持。因此，物业管理公司属下的保安部应与当地公安机关保持密切的联系，及时了解社会治安情况，掌握犯罪分子动向，积极配合公安部门搞好物业周围的治安工作，打击不法分子的违法乱纪行为，确保物业的安全，为社会治安工作作出贡献。

（3）坚持专业治安防范与群防群治相结合的原则。

物业区域内的治安防范也应与社会治安防范一样，应坚持专群结合的原则。即一方面应强调、突出物业管理公司保安部门的保安职责，不断改进工作，提高治安管理工作水平，另一方面应主动向广大住、用户宣传治安政策、知识，宣讲治安动态，通过晓以注意事项来强化他们的安全防范意识，争取他们的理解、支持与配合，只有这样，物业管理区域的治安工作才能更全面、更有效。

（4）坚持重点防范与一般管理相结合的原则。

即不仅要做好平时的门卫、巡逻、监控，还要特别注意重点区域（重要库房，贵重物品存放处，事故易发地段等）、重要时段（夜半更深、重大节庆、活动日等）的保安工作。总之，不同类型物业的保安管理部门应根据自身物业的治安管理特点，分清主次、轻重，将重点防范与一般管理很好地结合起来。

（5）坚持“服务第一、用户至上”的服务宗旨。

管理就是服务，保安也是一种服务。治安管理者必须紧紧围绕这一中心开展工作，既要有公安人员的警惕性，又要有物业管理人员的服务性；既要坚持原则，按制度办事，又要时刻替用户着想，主动帮助用户解决困难；既要与违法犯罪分子坚决斗争，又要为用户提供热情、周到的服务。

（6）坚持治安工作硬件与软件一起抓的原则。

四、治安管理的基本制度

（一）保安人员工作标准

（1）确保所管物业区域公共场所的秩序正常。保证车辆行车安全、维持停放秩序井然。

（2）在日常保安工作中，为节约能源，降低不必要开支，定时关启公共区域照明以及对物业区域提供 24 h 的安全防范服务。

（3）监控在接到报警信号后，在 5 min 或最短时间内派专人赶到现场进行确认。

（4）巡视保安按要求每隔 2 h 或不定时对物业区域进行全方位巡视，旨在发现各种隐患。

（5）对于客户投诉及时予以处理。

（6）采用国家法律规定的权限范围内的各种方式，通过各种工作程序，为维护物业区域建筑物及其附属设施的平安创造安全的环境。

（7）保安上岗应按规定着装，与人交谈应使用文明用语，待人礼貌热情。

（8）通过认真的工作，协助其他部门发现问题，使业户能在舒适的环境中生活、娱乐。

（9）定期和不定期做好与业户的适时沟通与协调，听取业户的意见。

（10）通过宣传教育等工作程序，提高内部员工保密素质及安全意识。

（二）保安人员的交接班制度

（1）按时交接班，接班人员应提前 30 min 到达岗位，接班人员未到之前，当班人员不能离岗。

（2）交接班必须做好接班的准备工作及穿好工作服，佩戴好帽徽、肩章、臂章等，全体巡视小区一周后，交接班。

（3）接班人要详细了解上一班执勤情况和本班应注意事项，做到三明：上班情况明，本班接班情况明，物品、器械清点明。

（4）交班人在下班前必须填好值班记录，应做到三清：本班情况清，交接的问题清，交接的物品、器械清。

（5）当班人员发现的问题要及时处理，不能移交给下一班的事情要继续在岗位处理完成，或在接班人的协助下完成。

（6）交接班时要做好记录并签名，接班人员要详细阅读交接班日记和有关通知单。

（7）保安队长要在每个月月底前把交接班的人员编排表、值班表写好，交到办公室打印。

（8）面对接班人员酒后接班，交班人应坚守岗位，并及时报告保安队长，统筹安排。

（9）在规定的交班时间内，如接班者因故未到，交班者不得离岗，擅自离岗者作旷工处理，发生的一切问题由交班者负责。如接班者不按时间接班，视具体情节做出处理。

（三）保安人员工作细则

（1）物业项目实行 24 h 保安值班制度，固定岗、巡逻岗相结合，实施综合治安管理。

（2）物业项目对物业来访人员实行有效的控制，来访人员必须说明要访房号、业主姓名，由值班护卫员核准登记后方可进入。流动商贩等闲杂人员不得进入小区。

（3）凡进入小区施工的单位、个人必须有管理处核发的出入证才可出入小区，在小区过夜的要到公安机关办理暂住证，来访客人必须经住户确认同意，登记后才可进入。

（4）大件或贵重的物品搬出小区，须由业主或业主书面委托人到管理处办理放行手续才可放行。

（5）管理处负责小区的机动车辆、摩托车、自行车的管理；所有进出收费机动停车场的机动车辆一律发卡、登记；自行车停放在指定位置。车辆不得乱停放，维护小区交通秩序，保障小区车辆安全。

（6）小区内严禁一切非法或危险活动，不准在小区内进行卖淫、嫖娼、赌博、诈骗等违法犯罪活动，不得有打架、斗殴、滋扰、煽动闹事者，违者将扭送公安机关处理。严禁有人携带枪支、弹药、易燃易爆、剧毒物品进入小区。

（7）小区发生治安、消防、交通等方面的突发事件时，护卫员要挺身而出，依法维护住户的合法权益，及时采取措施，维护现场秩序，及时通知有关部门，并做好善后工作。

（8）对下列行为，护卫员将给予劝阻，不听劝阻的，采取强制措施坚决制止：

① 堵塞消防通道、楼梯、出口或侵占其他公共区域的行为。

② 无故使用消防栓、消防带、消防用水。

③ 在走廊、通道等公共场所随地吐痰，乱倒污物、垃圾，向楼下丢弃物品。

④ 在小区内散发、张贴各种广告、传单等。

⑤ 聚众喧闹，酗酒闹事。

⑥ 破坏公共设施。

（9）业主要勇于制止、举报破坏小区治安秩序，造成治安隐患的人、事，不得让陌生人尾随业主跟进住宅楼。发现紧急情况，及时与管理处联系或告知当班护卫员。

（四）保安员奖惩制度

为保证公司各项规章制度贯彻执行，充分调动队员工作积极性，实行“奖勤罚懒”的用人机制并制定队员奖惩制度。实施奖惩时应当以奖励为主，惩戒为辅，严格标准，按绩施奖，人人平等。

1. 奖励范围及奖励规定

（1）奖励范围。

① 在执勤和日常管理中圆满完成任务，无违规行为者；

② 见义勇为，敢同坏人坏事作斗争，成绩显著者；

③ 对改进公司工作，提高服务质量有重大贡献者；

④ 为客户提供热情、耐心、周到的服务并受到客户表扬者；

⑤ 发现事故苗头及时采取措施，防止重大事故发生者；

⑥ 拾金（物)不昧主动上交者；

⑦ 爱岗敬业、工作勤恳、任劳任怨，遵守公司规章制度者。

（2）奖励标准。

以上内容视情况给予 20~200 元的奖励。

（3）奖励程序。

凡符合奖励条件者，由所在部门将队员事迹以书面形式报告并填写奖励建议书呈报人事部，由人事部核实无误，报公司领导批准后实施。

2. 惩罚范围及惩罚规定

（1）惩罚范围。

① 不按规定着装，仪表、仪容不整；

② 不使用文明礼貌用语；

③ 不认真填写交接班记录；

④ 值班时间吃东西、看报纸、在岗位上抽烟；

⑤ 违反国家法律法规构成犯罪或违反治安管理条例；

⑥ 值班时睡觉、酗酒、赌博、打架；

⑦ 偷窃公司及客户财物；

⑧ 恶意破坏公司或他人财物造成公司或他人重大损失；

⑨ 擅自离岗或脱岗者，无故不参加公司培训或军事训练。

（2）惩罚规定种类。

① 口头警告。

② 严重警告。

③ 降职或降底工资待遇。

④ 开除。

（3）以上内容视情况给予 50~500 元的罚款。

（4）申诉。

以上内容凡有队员不服或有不同意见可以在处罚当日向有关部门提起申诉。

（5）惩罚程序。

队员有违纪事实，由所在部门提出处理意见上报人事部，由人事部经理审批。

第二节 出入管控

出入管控是指对指定的大门或道口履行职责，严格把守，对进出的车辆、人员、物品等进行检查、验证和登记的一系列工作过程，以维护物业辖区内部的治安秩序，保护业主（用户）及其财产安全的一种安保业务活动。

一、出入管控要求

1. 门岗保安员上岗要求

保安出入口守卫也叫保安门卫，是保安守护服务的一种形式。守护是指保安员以门卫、守护等方式对服务单位特定目标进行看护和守卫的一种形式。保安守护，主要通过出入口守卫（门卫）和目标部位守护为服务单位提供安全保障。

保安业务中，门卫是一项十分重要的保安工作，它不仅涉及面广，而且在保安业务中所占比例较大，可以说是保安业务工作的窗口。保安门卫不仅直接影响到一个单位或部门的工作安全，而且涉及整体保安业务及其形象。

出入口守卫方案即出入口守卫执勤方案，是出入口守卫的依据和勤务指南。方案是否符合服务单位实际情况，方案内容是否严密周全，直接关系到出入口守卫任务能否圆满完成。因此，出入口守卫方案要在对服务单位及周边环境进行实地调查的基础上，根据服务单位的特点和要求来制订。

出入口守卫方案的主要内容包括：

（1）出入口守卫的职责、任务和方法。

（2）上岗保安员的人数、具体岗位和要求、交接班时间。

（3）出入口守卫工作重点，包括重点时段、重点控制对象等。

（4）保安装备及应急措施等。

为了不折不扣地执行出入口的守卫方案，履行门卫保安职责，保安员上岗前必须充分做好下列相关工作：

（1）熟悉出入口守卫方案的内容。

（2）熟悉服务单位领导及相关人员的情况。

（3）熟记服务单位内部规章制度，以便在执勤中自觉遵守和严格执行。

（4）了解服务单位使用的各种出入证件以及相关车辆的颜色、车型和号牌等情况。

（5）掌握出入口区域内的安全防范措施、安全设施使用方法及注意事项等。

上岗前，保安员必须根据岗位任务和工作要求做好如下准备：

（1）按规定着装，佩戴保安标志。

（2）携带必要的通信、照明、自卫等保安装备，并确保其性能良好。

（3）备好守卫勤务登记簿等用品。

保安员上岗时，要按照出入口守卫方案设定的内容和要求执勤，具体措施包括：

（1）按规定的时间到达指定的出入口岗位执行守卫任务。出入口守卫是一个单位与安全息息相关的关键岗位，上班要求提前到岗，做好执勤准备工作，办理交接班手续，严禁上岗迟到和旷岗。

（2）严格遵守出入口守卫相关制度，按规定做好验证、登记、报告、交接班等工作。出入口守卫有严格的工作职能和具体规定，上岗人员要熟悉并且严格执行与遵守，否则即为失职，会给服务单位的安全造成隐患甚至产生直接危害。

（3）塑造保安员的良好形象，做到语言文明、手势规范、站姿端正、精神饱满。出入口守卫的保安员，既是单位安全的卫士，又是单位窗口和形象的标志。保安人员执行出入口守卫任务时，一定要规范服务，文明执勤。

（4）协助接待来访人员。来访人员是指前来服务单位联系工作、洽谈业务或者办理其他事项的人。门卫保安员协助接待来访人员时应按照服务单位的要求，因人而异地做好相应的工作。

询问来访者的有关情况，并正确予以应答。询问内容主要包括来访事由、寻访对象等。如果来访事由不当或者寻访对象外出的，应向来访者做出解释、说明，拒绝其入内。如果来访者无理取闹，应报告服务单位处置。

查验来访者的身份证件，并履行登记手续。在满足来访条件、准予来访人进入服务单位前，保安员应按规定对来访者进行验证。在此基础上，将来访人的姓名、证件名称及号码、工作单位、联系电话和寻访对象姓名或工作部门等信息记录在执勤登记簿上或会客单上。如果是来访人登记的，保安员应核对准确。

将会客凭证复印联交给来访者，并为其进入服务单位会见寻访对象指路。

来访人办完有关事项离去时，向其收回由寻访对象签字的会客凭证复印联，作为门卫档案资料留存备查。若会客凭证复印联上未见签字的，保安员应让来访人返回补签。服务单位对接待来访有特别规定的，应按特殊情况应做特殊处置。例如，服务单位规定接待来访需先征得寻访对象同意的，保安员应在查明来访人身份后，电话征求寻访对象意见。同意接访的，再履行登记等相关手续；不同意接访的，应婉言拒绝对方入内。如果服务单位规定在会客室会客的，在确认来访人正常的情况下，应将其领进会客室等候寻访对象来会见。

（5）正确操作出入口控制设备。正确操作出入口控制设备是履行门卫职责的基本要求。出入口控制设备主要有电动移动（伸缩）门或道闸（道杆）遥控器开关电闸、按钮闸机口等。门卫保安员应在上岗前掌握这些出入口控制设备的使用方法及其故障排除方法，以保障执勤中正确熟练地操作，既能有效地控制出入人员、车辆，又能保持出入口畅通。

出入口控制设备应注意日常维护，保持其性能良好，在出入口控制设备发生故障时，门卫保安员应及时设法排除，以发挥其对出入口实施控制的作用。

2. 物业用户出入的服务规程

（1）保安员应熟悉所服务物业用户的基本情况，包括姓名、楼座号、人口状况、亲友状况、相貌特征、经常出入物业的时间等，物业用户、公司领导及员工进出物业时不用登记。

（2）有物业用户出大堂时，保安员应主动点头微笑，并用“您早！”“您好！”“早晨好！”等以示问候；有物业用户进大堂时，应主动点头微笑，并用“您回来啦！”“您下班啦！”“您好！”等表示迎接和问候。

（3）当发现有提（抱）着重物的物业用户及访客进出大门有困难时，保安员要主动帮助其开启门锁，并立于门把手外侧，做出“请”的手势。当物业用户及访客说“谢谢！”表示感谢时，保安员应用清晰诚恳的话语回答说：“应该的，不用谢！”等，然后轻轻地关门。

（4）当物业用户搬出或有新物业用户入住时，保安员应请其到管理处办理有关手续，再开启门锁，并主动维持大堂秩序和电梯运行秩序，提醒搬家的物业用户使用专用电梯，以免造成大堂秩序混乱，同时对搬家情况做好记录。

（5）当遇有特殊情况，如接到匪警、火情报警等，保安员应把好大门关，同时要协助其他保安员，直到警报解除。

3. 出入证发放与回收登记表

对于物业用户进入物业，需要对其发放出入证，对于在某一段时间经常进出物业的装修人员，可发放临时出入证，但在装修完毕后须收回。表 3-1 为“出入证发放与回收登记表”，以供读者参考。

表 3-1　出入证发放、收回登记表

发放证件								验证收回				
房号	业户办证人姓名	证件号码	办证时间	装修办证人号码	出入证件号	办证时间	经办人	持证人姓名	证件号码	回收时间	经办人	备注

二、外来人员出入管理

1. 外来人员的出入服务规程

（1）对外来客人（包括业主或住户的亲友、各类访客、装修队等作业人员、物业公司员工的亲友等）一律实行进出物业登记（或存、取）有效身份证件制度。

（2）当有客人来访时，保安员应主动点头微笑示意，并用“先生（小姐），您好！请问您拜访哪位，住哪座楼、哪层？”“请您出示身份证件登记”“请您用对讲与您朋友联系一下”“对不起，让您等候了，谢谢合作，请上楼”“对不起，实行验证登记是我们的工作制度，请您谅解”等话语予以提示或表示。

（3）准予登记的有效证件，特指有效期内的身份证、暂住证、边防证、回乡证和贴有照片并加盖公安机关印鉴的边境证等。

（4）细心检查证件，将证件号码、被访单位、住户姓名、来访原因、时间等记录在表 3-2 所示的来访登记表后给予放行。

表 3-2　来访登记表

时间	来访人姓名	性别	身份证号码	被访人姓名	被访原因	住址	来访时间	离开时间	值班人	备注

续表

时间	来访人姓名	性别	身份证号码	被访人姓名	被访原因	住址	来访时间	离开时间	值班人	备注

（5）有与物业用户直通对讲设施的值班岗位应与物业用户联系，经同意后可将外来人员予以放行。

（6）对形迹可疑的外来人员应通知班长或巡查保安员，由班长或巡查保安员负责监视。

（7）值班保安员有权拒绝身份不明的外来人员进入物业。

（8）严禁外来人员进入物业推销、收废品、捡破烂等。

（9）对不按规定强行进入物业的外来人员必须予以阻止，并报告班长、管理处经理，必要时报辖区派出所或拨打“110”报警电话。

（10）当物业用户带有亲友或访客时，保安员应有礼貌地请其出示有效身份证件予以登记，并向物业用户做好必要的解释工作，以消除物业用户的不满情绪。

（11）若有由物业公司（管理处）领导陪同到物业检查、参观、学习的人士，保安员应立即敬礼，以示欢迎，并热情回答客人的询问。等客人离开后，将来访人数、单位、职务等情况记录清楚，备查。

（12）当外来人员出物业时，保安员应及时核准，主动将所押证件退还给访客，说“谢谢合作！”“再见！”“慢走！”等礼貌语，并记录离开时间。

2. 暂住人员的出入管理规定

（1）出租屋暂住人员的“出租屋治安管理许可证”及“暂住证”的办理。

① 对于物业内的出租屋暂住人员，在其入住小区7天内通知其办理两证。

② 按所在地“租住房屋治安管理规定”“暂住证申领办法”的规定和要求，对业主填写的出租屋许可证申请表、业主与租屋方签订的租屋合同和治安责任书或暂住人员填写的暂住人口登记表等有关办证资料进行审批。

③ 将审批办证的有关申请资料及办证工本费用统一送交当地派出所办理。

④ 自出租屋业主或暂住人员的办证申请当天起，15天内办好“出租屋治安管理许可证”，3天内办好“暂住证”。

⑤ “出租屋治安管理许可证”的有效期分为一年、半年两种；“暂住证”的有效期分为3个月、半年、一年三种。

（2）在“出租屋治安管理许可证”到期年审或“暂住证”到期时，应提前7天通知出租屋暂住人员进行证件的年审或补办。

（3）对暂住人员的管理。

对于物业内的出租屋暂住人员的分布及流动情况，要准确掌握并登记存档，填写“租户登记表”（见表3-3）。

表 3-3　租户登记表

房号：　　　　　　　　　　　办理入住日期：　　　　　　　　　　　编号：

<table>
<tr><td colspan="16">租户基本情况</td></tr>
<tr><td colspan="2">承租人姓名</td><td colspan="3"></td><td>性别</td><td colspan="3"></td><td>生日</td><td colspan="2"></td><td>民族</td><td></td><td>籍贯</td><td></td></tr>
<tr><td colspan="2">证件类型</td><td colspan="3"></td><td colspan="4">身份证号码</td><td colspan="5"></td><td>电话</td><td></td></tr>
<tr><td colspan="2">工作单位</td><td colspan="11"></td><td colspan="2">房屋使用性质</td><td>□自住　□出租</td></tr>
<tr><td colspan="2">联系电话</td><td colspan="8"></td><td colspan="5">电子邮箱</td><td></td></tr>
<tr><td colspan="2">联系地址</td><td colspan="14"></td></tr>
<tr><td colspan="16">紧急联系人情况</td></tr>
<tr><td colspan="4">第一联系人姓名</td><td colspan="4"></td><td colspan="3">联系方式</td><td colspan="2"></td><td colspan="2">与承租人关系</td><td></td></tr>
<tr><td colspan="4">第二联系人姓名</td><td colspan="4"></td><td colspan="3">联系方式</td><td colspan="2"></td><td colspan="2">与承租人关系</td><td></td></tr>
<tr><td colspan="16">家庭成员情况</td></tr>
<tr><td>序号</td><td colspan="3">姓名</td><td colspan="4">性别</td><td colspan="3">年龄</td><td colspan="2">籍贯/国籍</td><td colspan="2">与承租人关系</td><td>联系电话</td></tr>
<tr><td></td><td colspan="3"></td><td colspan="4"></td><td colspan="3"></td><td colspan="2"></td><td colspan="2"></td><td></td></tr>
<tr><td></td><td colspan="3"></td><td colspan="4"></td><td colspan="3"></td><td colspan="2"></td><td colspan="2"></td><td></td></tr>
<tr><td></td><td colspan="3"></td><td colspan="4"></td><td colspan="3"></td><td colspan="2"></td><td colspan="2"></td><td></td></tr>
<tr><td></td><td colspan="3"></td><td colspan="4"></td><td colspan="3"></td><td colspan="2"></td><td colspan="2"></td><td></td></tr>
<tr><td></td><td colspan="3"></td><td colspan="4"></td><td colspan="3"></td><td colspan="2"></td><td colspan="2"></td><td></td></tr>
<tr><td></td><td colspan="3"></td><td colspan="4"></td><td colspan="3"></td><td colspan="2"></td><td colspan="2"></td><td></td></tr>
<tr><td colspan="11">车　辆　情　况</td><td colspan="5">宠　物　情　况</td></tr>
<tr><td colspan="3">品牌及型号</td><td colspan="4">车身颜色</td><td colspan="4">车牌号码</td><td colspan="2">品种</td><td>体高</td><td>颜色</td><td>是否办证</td></tr>
<tr><td colspan="3"></td><td colspan="4"></td><td colspan="4"></td><td colspan="2"></td><td></td><td></td><td></td></tr>
<tr><td colspan="3"></td><td colspan="4"></td><td colspan="4"></td><td colspan="2"></td><td></td><td></td><td></td></tr>
<tr><td colspan="8">填表人：</td><td colspan="8">审核人：</td></tr>
</table>

声明：1. 以上资料属实，如有变更本人将及时书面知会物业服务中心。

2. 由于资料不真实或变更后未通知物业服务中心，而造成的任何损失，由本人承担相应的责任。

① 经批准，对辖区内的出租屋暂住人员进行不定期的检查，填写“房屋出租登记表”。

② 及时掌握辖区内的出租屋暂住人员的搬迁情况。

③ 协助公安机关对辖区内的出租屋暂住人员进行清查，对漏办的对象应督促其办理“出租屋治安管理许可证”“暂住证”。

④ 对出租屋的卫生、用电安全、暂住人员的变动、治安责任等实施管理，掌握租住人或暂住人员的活动情况，预防违法犯罪行为发生。

3. 施工人员的出入管理规定

（1）施工人员必须佩戴施工证出入物业。每人当日首次进物业时，应自觉接受检查登记。禁止施工人员乘搭客梯载运货物，一律乘货梯载运。

（2）只在物业内施工一天或到施工现场清运垃圾的施工人员，在施工单位负责人担保下，可凭身份证登记进入。首次进入物业施工未办理施工证的，可凭身份证登记进入，但必须限定在当日内办好出入证。

（3）转借他人证件的施工人员，一律收缴证件并将其清离物业。由保安班长将此情况告知施工单位负责人。

（4）从施工场带出电动工具时，必须到安全部办理物品携出单，否则，施工人员不得私自带出施工工具。

4. 送餐人员的出入管理规定

（1）未经安全部批准不允许送餐人员进入物业，经批准的送餐单位和送餐人员应在物业公司安全部备案，领取临时出入证。

（2）送餐人员需佩戴临时出入证，由指定出入口进出物业。

（3）乘坐电梯送餐时送餐人员应乘坐货梯去楼层送餐，不准进入与服务无关的楼层，不得在物业内到处乱窜、游荡。

（4）送餐人员应衣冠整洁干净，不得穿背心、短裤、拖鞋进入物业。

（5）送餐人员应自觉维护物业整洁，使用旅行袋装盒饭，不得污染物业环境。

第三节 治安巡逻管理

巡逻是指在一定的物业区域内有计划地巡回观察，以确保该区域安全。巡逻的目的有两个：一是发现并消除各种安全隐患，如门窗未关好、各种设施设备故障和灾害隐患、值班与守护不到位或不认真等；二是及时处理各种违法犯罪行为。

巡逻的主要任务有以下几条：

维护物业区域内正常的治安秩序；

保护物业区域内重点目标的安全；

预防灾害事故发生；

协助制止和打击违法犯罪活动；

保护灾害事故现场和犯罪现场；

处置巡逻中发现的突发事件和意外事件。

一、巡逻工作的规划与准备

为了防止保安员在巡逻过程时出现失误和漏检，秩序维护主管应提前制定完备的巡逻路线和时间，并严格要求保安员按巡逻路线和时间进行巡逻，以保证巡逻任务的顺利完成。

1. 确定巡逻路线应考虑的因素

（1）必须根据小区实际状况制定巡逻路线；

（2）要方便、快捷、全面；

（3）要设巡更点，巡逻要定时、定量；

（4）注意岗位间的交叉巡逻；

（5）执行人在巡逻时要灵活变换路线，以免被他人掌握保安的巡逻规律

（6）要有实时的巡逻情况记录

2. 确定巡逻时间应考虑的因素

巡逻时间是指保安员在一定的区域或路线上巡逻执勤所需用的时间，合理安排巡逻时间是巡逻勤务工作中非常重要的环节。必须考虑任务、地理环境和违法犯罪规律特点等多种因素来安排巡逻时间，巡逻时间选择的原则是：第一，全天候巡查。保安员巡查执勤是在动态中进行的，必须安排保安员实行昼夜 24 h 执勤巡查，实现全天候控制。第二，灵活机动。既要坚持全天候的巡逻，又要在节假日、重大活动期间及遇到突发事件时增派力量，加强巡查。所以，采取的巡查时间应因时、因地、因人、因任务而定，具有一定的机动灵活性。第三，科学合理。由于保安员巡逻工作的特殊性和对人员体能、技能的特殊要求，建议每名保安员每天巡查时间不宜过长，时间过长容易疲劳。一般有效巡查时间为每天平均 5~6 h。第四，全面考虑。巡逻时间的选择应考虑到季节、气候、地理环境、区域治安状况、巡逻速度、巡逻方式及方法、作息时间、保安员身体状况等因素。

二、巡逻岗工作流程

1. 巡逻岗工作内容

（1）巡视各楼层所有消防器材（灭火器、消火栓）等是否齐全，是否处于正常状态，并做好书面记录。在检查高压配电间消防器材时，必须有专业人员陪同。

（2）巡视大楼各楼层管道井房、风机房、电梯机房等门是否关闭，防止人为损坏设备、藏匿物品。

（3）巡视各通道以及外围区域的灯光是否足够或需要调换，并做好记录，及时通知维修人员进行维修或更换。

（4）巡逻时，留意设施设备运行情况，如发现设施设备损坏，应及时报告领班，并书面记录于“保安巡逻记录表”中。

（5）巡逻时，留意建筑物本体、道路、停车场地、绿化等的损坏和清洁情况，发现问题，做好记录并及时通知相关人员进行处理。

（6）巡视空置房的门窗是否关闭，如发现异常情况须及时报告领班/主管。

（7）巡视楼层各通道，禁止任何人在公共走道及消防通道处堆放任何物品。

（8）仔细地检查每一处死角细节，于规定时间关闭各处门窗及设施电源，检查非工作时间的楼层人员滞留情况，予以记录并做好跟进工作；在客户非工作时间内发现客户单元门未锁好的，应立即向领班汇报，并按“保安巡逻规程”进行处理。

（9）巡逻中发现可疑人员时应予以询问或监视，必要时应及时报告监控中心及当值保安领班安排支援力量以应不测。

（10）阻止无关人员在物业区域闲逛、推销、派发传单广告等活动。

（11）巡逻时，如接获投诉，应仔细礼貌听取，并做好记录且立即汇报领班处理。

（12）根据“装修客户一览表”对二次装修单元进行巡视，严格检查现场施工人员佩戴

证件情况，灭火器配备情况，噪声、气味等情况，及时阻止破坏公共区域设施的行为。

2. 巡逻岗工作程序

（1）上班前准备工作。

接岗前 1 个小时开始准备，内容包括：

① 起床整理内务、洗漱、整理着装、饮水、就餐、排除大小便等。

② 接班前 10 分钟在班长带领下到达打卡点打卡。

③ 统一集合整队、整齐报数。

④ 整理着装（帽、衣裤、皮鞋、腰带、手套等）。

⑤ 明确岗位及岗位职责。

⑥ 针对前一天工作中存在的问题做出相应的改进措施。

（2）交接班。

① 当接班人员行至交班人员 2 m 处时，接班人员应向交班人员敬礼，交班人员应当还礼。礼毕后接班人员行至交班人员一侧面向同一方向进行交接。

② 交接的内容包括笔、本、对讲机、腰包等岗位所需物品及该岗位负责的所有物品，核实清楚后接班人员在值班记录本上签字，交接过程中一旦发现问题应及时汇报接班班长，并在登记本上注明，尤其是巡逻过程中发现的公共设施问题及各类安全隐患，接班人员签字后，向接班班长汇报接班情况，交接班后岗位责任由接班人员承担。

③ 交班人员经接班人员确认无误签字后交班人员正式下岗，交班人员行至接班人员对面 2 m 处向接班人员敬礼，接班人员应当还礼。交接完毕后，自行回到集合地点。

④ 交接班实行上不清下不接制度，交接班责任划分实行签字负责制。

（3）上班。

① 携带巡查记录本、巡更棒，保持良好形象，按照规定的巡逻路线每小时在小区内巡逻一次。

② 对小区内的秩序、设施、环境卫生进行检查，发现问题及时处理报告并在巡视表上做好记录。

③ 检查小区内施工人员是否在规定区域内施工以及是否佩戴证件，对离开施工区域或两次以上不佩戴证件人员没收证件清理出场。

④ 检查施工现场秩序，并在装修巡查表上记录。

⑤ 对各岗位履行职责，有无违反纪律情况进行检查督导。

⑥ 为各岗位送换岗位上需要的物品。

⑦ 每半小时向班长报告所在位置。

（4）下班。

在班长的带领下完成以下工作：

① 做好交班工作。

② 集合整队、整齐报数。

③ 汇报当日巡逻岗情况及处理情况。

④ 班长讲评当日工作。

三、物业巡逻作业要点

（1）小区巡逻，每 30 min 巡逻打卡一次，不制定固定路线，但不留死角、偏角。大厦巡逻，90 min 巡逻打卡一次，先从天台起，自上而下，从每层楼依次巡逻到地下室，最后到室外。

（2）秩序维护员在开展巡逻之前，与上一班做好交接班工作，熟悉上一班巡查到的注意点，要准备好巡逻器材、装备，带上巡逻用的检查表后才能出发。

（3）交接班要做到“三明”：前班情况明，下班交代的问题明，物品器械清点明。

（4）巡查每层楼时，眼睛要多看有无异常情况，耳朵要多听有无异常响动，鼻子要多嗅有无异常气味等，当发现有业主（用户）室内有冒烟并伴有焦煳味，歹徒撬门抢劫行凶，可疑人员在楼道徘徊，室内有水溢出门外，业主（用户）房门大开且呼叫无人应答，业主室内有打闹、哭叫、呼救声等情况时，应立即采取行动，按有关规定处理。

（5）及时发现和消除各种隐患。巡逻时要仔细检查房屋本体、公共设施和消防、防盗设施是否完好无损。若有损坏或异常情况应填写故障通知单，情况严重的要立即报告班长或管理处及时处理，并做好值班记录。

（6）仔细巡查地下室各机房重地，包括发电机房、水泵房、高低压配电房、消防控制中心等重点部位，一旦发现不安全因素，迅速与相关值班人员取得联系，及时消除隐患。特别是台风和暴雨期间，更要加强巡查，做好应急准备工作。

（7）特别注意空置房的防火、防盗工作。如发现空置房内有异常情况，应及时向班长汇报。

（8）巡查车况，发现有未关车门、窗和漏水、漏油等情况，应及时通知车主，并做好记录，上报管理处及时处理。

（9）每班对停车场进行至少 4 次全面巡查，实行首接责任制，本班发现的问题由本班负责跟进。

（10）巡逻时必须在固定的签到箱签到。无论责任区内有多少个签到箱，都应签到。每张签到卡，不允许同时签到。

（11）空置房的巡查周期是每 10 天 1 次。异常情况处理完成后 2 日内，秩序维护班长须将本表交主管，主管须对结果进行签字确认。

（12）巡逻路线必须将巡逻范围内的所有重点目标都包括进来，以最短为佳，不能让外人知道巡逻规律。

（13）巡逻时间的安排要依据治安动向和刑事犯罪活动的规律、特点来进行，要符合小区对外控制和治安管理要求。

（14）巡逻路线定点不定线，确定必须途经的重点（要害部位），如配电间、空调机房等。对重点部位进行反复巡逻，以加强控制。

（15）巡查电梯机房和水箱等门边暗角，发现不安全因素及时与维修人员取得联系，力争尽快处理，并做好记录。

四、巡逻作业失误和漏检的预防

（一）做好交接班工作

大量事实证明，许多治安事件和犯罪活动都是出现在保安交接班的时候。因此，必须通过加强交接班管理，来加强辖区的治安管理。

当班执行巡逻的保安员应在规定的时间到达交接班地点，并在交接班地点周围一边巡逻，一边等候接班。

交接班时，保安员应互相敬礼。

当班保安员在交班时，要将当班巡逻时管辖区域内的详细情况介绍给接班的保安员，并按照规定履行防护器械等装备的交接。接班保安员必须做到“三明”，即明白前班情况、本班接班的事情、物品器械清点。

交班保安员必须在下班前认真填好“值班记录”，交班前做到三清，即清理前班情况，向下班交代清问题和点清物品器械。

接班保安员未到，当班保安员在报告上级的同时，应继续巡逻，不得擅自撤岗。

（二）巡逻签到和记录制度

为了保证小区内的治安安全，及时发现问题及时解决，特制定本制度。该制度包含的内容如下。

1. 职责

（1）保安部主管负责对此规程的落实和监督。

（2）保安部主管负责对保安人员的考核和检查。

2. 程序

（1）巡楼程序。

① 工作一般由一名巡逻警卫进行。

② 从外车场巡逻至大院各签到点。

③ 在巡视过程中看到“保安巡逻记录”，必须签到并清楚写明签到时间。

④ 巡逻过程中纠正违章或盘查他人时保持三米距离，先敬礼，讲文明用语。

（2）巡楼检查内容。

① 装修房间。

a. 使用明火：有无电气焊作业。

b. 有无违章用电；有无私拉、乱接电线（是否从公共区域偷接电）；电源取用是否合乎规范（主要是插头、接线板）；其他违反用电安全行为。

c. 施工噪音：是否在规定时间以外产生噪音，是否初犯或者获得领导批准。

d. 其他施工行为：如有无私自拆改水、电、气管线或计量表；有无私自拆改承重墙；有无乱倒垃圾或在公共区域堆放材料、垃圾等。

② 公共区域消防设施、设备（包括地下和车库）。

a. 消火拴箱：箱体是否完好；水带、枪头是否齐全、完好；手动报警器外观是否完整。

b. 灭火器：外观是否完好（管与喷嘴有无损坏）；压力指示是否处在非红色区域内；手

提瓶体有无空瓶感觉；检查是否处在有效期之内。

c. 手动报警器、烟感、温感、电梯轿箱内控制键盘、电梯厅控制按钮等：外观是否完整（干净、清洁）；有无垂挂或脱落；有无损坏、划痕等。

③ 消防通道。

a. 有无杂物堆放（自行车、物品或垃圾）；

b. 应急疏散指示灯是否正常（按下试验按钮可以测试是否正常）；

④ 公共区域治安检查。

a. 安全防范：

（a）检查所有公建部位的门、窗是否关闭锁好。

（b）检查机动车和非机动车存放处车辆是否摆放得整齐有序。

（c）检查各重点部位的周边环境和设施状况，确认是否对上述部位构成威胁。

b. 安全检查：

（a）对所有公共区域内的可疑人员进行盘查。

（b）对于各保安岗发现或其他部门转达的员工、业主反映的问题，应及时核实并采取措施。

（c）遇到疑难问题及时请示汇报。

（3）巡逻工作内容。

① 看：电梯机房、风机房、公共照明情况、电梯按钮、消防设施、火险隐患、防火门、消防通道、可疑人及物品、装修、公共设施、卫生、住户防盗门、住户是否有水溢出门外等。

② 嗅：石油气味、煤气味、各种特殊（可疑）气味等。

③ 听：超时装修声、住户屋内的异常响声、求助声等。

④ 问：盘查可疑人。

⑤ 做：发现问题及时做出相应的处理。如：发现火警立即报告并采取相应的行动，发现有公共设施损坏的，记录下来报有关部门及时处理,看到地面上的烟头、纸屑等顺手拾起来等。

（4）巡车场。

① 按规定的巡逻路线巡视。

② 在巡视过程中看到“保安巡逻记录”，必须签到并清楚写明签到时间。

（三）执行情况报告制度

执行情况报告制度是指物业公司通过规范化的管理制度，对各项业务进行监管、评估、总结等工作，形成一套既有利于公司运转，有利于满足业主及住户的实际需求，又有助于推动物业行业良性发展的管理模式。

作为物业公司，制定报告制度有着重要的现实意义。无论是为了检验公司内部运作的成效，还是为了向外部提供对物业管理情况的解释和说明，都需要物业公司制定一套全面、完善、高效的报告制度。

（四）执行辖区查岗制度

为了稳定地向客户提供优质的物业服务，确保管辖物业各班次工作稳健开展，把控服务质量，特制定此查岗制度。该制度主要内容如下。

1. 职责

（1）物业品质部职责。

① 负责对公司各单位查岗工作执行情况进行检查。

② 每月对公司各单位的查岗比例不少于30%。

（2）保安部职责

① 物业负责人负责组织实施查岗工作，并拟定查岗计划。

② 查岗责任人严格按查岗计划和本制度执行。

2. 规定

查岗主要由物业公司所管项目采取重点抽查与全面抽查的形式，白天与夜间检查相结合的办法，其目的是防止各类违章违纪现象的发生，督促员工认真履行职责。

（1）各岗位查岗频率。

项目物业负责人每月不少于1次；客户服务部负责人每月不少于1次；安管部负责人每月不少于3次；工程部负责人每月不少于1次。安管部班长每月不少于1次，并实行交叉互查方式查岗。查岗工作必须由两人进行，避免单人进行查岗，以确保查岗工作的客观性和安全性。

（2）查岗内容。

① 主要检查各项目中夜班当值员工当值情况，杜绝着装不整、睡觉、打牌、下棋、喝酒或酒后上班、会客闲谈、脱岗、串岗、迟到、私自调班、不按规定交接班、不按规定巡查签到、值勤不文明等各种违规违纪现象。

② 管辖物业公共照明开关情况，检查是否浪费用电和是否还有可节省空间。

③ 是否有按公司相关规定巡视设备设施运行情况并签到。

（3）质量记录。

查岗发现员工违规违纪行为，查岗人员要在现场立即给予教育和指正，在《查岗记录》上做好检查情况登记后让被查人员签名确认，并在被查岗位的《值班日志》上签名和注明查岗时间。

第四节 物品出入管理

一、物品出入管理人员的职责

（1）安全部负责审查签发“物品放行条”。

（2）安全部负责按“物品放行条”检查、核对搬出物品的品种和数量，并回收放行单据。

（3）安全部主任负责检查执行情况。

（4）安全部当值班长、保安员负责实施物品出入管理。

二、住宅物业的物品出入管理

（1）安全部的保安员、大堂值班人员对物品出入要严格控制。

（2）租户、来访者进入小区携带有易燃、易爆、剧毒等危险物品时，当值保安员应礼貌地拒绝物主将此类物品带入小区。

（3）物业用户若将物品搬出小区，须提前到管理处办理手续，进行登记，由管理处签署放行条。

（4）物业用户若搬出小区居住，应提前3天到管理处结清有关的费用，进行登记，并由管理处签署放行条。

（5）物业用户、来访者携带物品离开小区时，当值保安员应礼貌检查放行手续，认真核查搬出物品的名称、数量是否与搬出申请物品相符合。确认无误后给予放行，并在放行条记录栏注明搬出物品的名称、数量、日期及签名确认。物品放行后，值班保安员应及时将物品种类、数量等登记在物品放行登记表上。

（6）下班前，值班保安员应收集所有的放行条交给班长，并由班长上交办公室统一保管。

（7）物业用户搬运物品时，请勿将物品堆放于过道上，以免影响他人。

（8）搬运物品的车辆严禁停放在消防通道上；搬运过程中，必须爱护公共设施，防止磕碰或损坏，否则照价赔偿。

（9）管理处和保安员均有责任对所携带物品搬出的人员进行查验。盘查时应注意礼节，不得无故刁难当事人。大门岗执勤人员应密切注意出入车辆及人员，发现情况及时检查处理。

三、商业物业的物品出入管理

（1）凡从商场及售楼部范围内运出的箱式商品和物品、大件工具材料、办公用品、电脑、复印机等必须到商场物业部办理“物品出门单”相关手续，“物品出门单”一式三联，一联留物业部留存，一联交携物外出客户，另一联交保安部存放，由客户出门时交予物业保安人员检查、核对。物业部须在“物品出门单”上加盖公章，方可放行，如公章管理人员未在现场，可由物业部授权人员签字代替，授权人员签字样本及授权书须在物业保安部备案，对于大件物品及重要物品，保安员有权再次核对。

（2）物品运出商场时，携物人应主动出示“物品出门单”接受值岗保安员的检查核实。“物品出门单”上所登记的物品与实际运出物品的数量、种类应保持一致。

（3）物品运出后，值岗保安员须及时将“物品出门单”收回，在上面写明自己的姓名及物品运出商场的时间，并在“门岗值岗记录表”上进行详细的记录。

（4）业户搬运大件物品出入商场时，需听从保安人员指挥，按照指定路线搬运，并要有专人进行成品防护。

（5）搬运完毕后，及时清理检查现场，防止公共设施及成品发生损坏。如搬运过程中发生意外，保安人员应及时将时间、当事人姓名、所在单位及联络方式记录下来，同时报告上级，保安部有权就损坏情况，要求当事人写明事情经过，并做出相应处理。

（6）在非营业办公时间内，大批物品需要出入商场时，应事先知会物业管理处或保安部，负责物品出入的单位应留有人员值班看护。

（7）门岗保安、巡视保安发现租户（不涉及业主）大量搬出家具、办公设备的，或由搬家公司核实，得到物业部许可后，门岗才可放行，以防租户逃租。

（8）保安部应保留“物品出门单”一年，以备业户查验，见表 3-4。

表 3-4　物品出门单

编号：

公司名称：					
单元号：			预计出门时间：　年　月　日　时　分		
物品名称	单位	数量	物品名称	单位	数量
携物人签字： 物业对接人签字： 电　话：　年　月　日			客服部签字： 电话：　年　月　日		
备注：1. 需开具出门条的重要/大件物品系指：尺寸为 50 cm×30 cm 以上的材料、工具、物品、纸包装箱；价值不低于 500 元的物品、材料、工具；1 人携带 2 台笔记本电脑。2. 公司重要/大件物品运出大厦前，请携物人填写该出门条并经贵司物业对接人签字认可并报物业客服部签字确认后，方可搬离大厦；3. 携物人运输物品须乘坐大厦货梯；4. 携物人请将出门条交给物业值勤保安；5. 保安员对出门条信息及出门物品类别、数量核对无误后，方可运出。如有需要，保安员有权致电核实或拍照取证，请租户予以配合。 保安签字确认：　年　月　日					

第四章

物业消防管理

第一节 消防管理概述

消防管理是指物业在日常管理中通过有效措施预防火灾发生，在火灾发生时采取应急措施以最大限度地减少火灾的损失。因此，消防工作包括灭火和防火，消防管理的内容包括消防队伍的建设、消防制度的订立以及消防设备管理和火灾中的应急措施。

一、消防队伍的建设

1. 消防人员的选择

从建设高素质消防队伍的角度出发，在选择消防队伍人员时，应注意以下几点：年轻力壮，身体素质好；反应灵敏，行动迅速；责任心强；勇于献身；要有一定的文化水平；最好为男性。

选定人员后，应对其进行思想品德和业务技能教育与培训，使消防队伍人员既有较高的思想素质，又有较强的业务水平。一般来说，消防队伍人员应具有一定的消防业务知识，掌握国家有关消防的法规和制度，熟悉消防监控中心的各种仪表、信号开关的性能和作用，熟悉各种消防器材的使用等等。

2. 消防人员的具体工作

（1）负责消防监控报警中心的日常值班。

消防监控报警中心是接受火灾报警、发出火灾信号和安全疏散指令，控制消防水泵，固定灭火、通风、空气调节系统和防烟排烟设施等，并能操纵电梯到达指定位置和保证消防电梯的运行。因此，中心应实行 24 h 值班制，值班人员要忠于职守，工作严肃认真，密切注意主机和监视仪表信号，认真做好值班记录，定期向上级汇报。

（2）普及防火知识教育，落实防火岗位责任制。

安全部消防队伍人员要广泛开展防火宣传，动员和组织职工与区内群众积极地学习掌握防火知识。只有群众发动起来，“防”才有基础，“消”才有力量，宣传的方式包括专人上门、发通知、张贴广告、出墙报、利用闭路电视等等。宣传的内容有防火的重要性，防火灭火的基本方法，各物业内消防设施及其功能与使用，安全疏散和人员抢救等。同时，还要制订各单位、各部门及重要部位的防火责任制，并负责检查和落实。

（3）定期进行消防安全检查。

进行消防安全检查，是预防火灾的一项基本措施。专职消防人员须每天巡视大厦或小区的每个角落，及时发现和消除火险隐患，这是一种日常安全检查。对防火责任制、防火岗位责任制执行情况的检查，一般可以每月进行一至二次。消防设备的硬件也要定期检查，检查时要会同管理公司工程部门有关人员共同进行，或者结合消防演习，每半年演习一次。在进行安全检查时，一旦发现火险隐患，都要记录在案，并向主管领导报告，通知有关部门限期整改。对消防设施方面的故障和不足，还要写出专门报告，经主管领导批准，由工程部门制定计划进行整修。

对于消防人员来说，通过日常的具体工作，不但能起到预防火灾发生的效果，也提高了自身的思想素质和业务能力，从而促进了防火、灭火水平的上升。

（4）义务消防队的建立和培训。

3. 三级防火机构

为了预防物业火灾的发生，最大限度地减少火灾损失，为业主（住户）提供安全环境，保障居民生命及财产安全，消防管理应设立消防中心，建立三级防火管理机构，任命三级防火机构责任人，做到职责明确，并制定“防火安全”管理检查制度。三级防火机构组织人员由总经理根据实际需要进行调整。

三级防火管理机构的具体分级如下。

（1）管理公司负责人为公司消防责任人。

① 负责公司消防组织机构的建立和消防工作的组织及安排。

② 负责成立公司防火安全领导小组。

③ 负责有关消防法规的贯彻，消防规章制度的建立。研究解决消防人员、设备中的重大问题。定期组织消防安全检查及消防演习。

④ 公司防火安全领导小组由总经理、副总经理、保安部及技术部负责人、义务消防队长等组成。

⑤ 三级消防机构组织人员由公司总经理根据实际需要进行调整。

（2）保安部经理作为第二级消防机构的责任人。

① 对公司防火责任人负责。

② 负责制定小区防火及检查计划。

③ 负责保安员、管理员培训工作。制定小区灭火应急措施。

④ 监督、指导各区防火工作的开展和实施。

⑤ 负责各管理处消防责任制的制定和日常消防工作的监督、指导。

⑥ 负责组织住户消防疏散演练。

⑦ 负责消防器材的购置及更换。

（3）各区域经理作为第三级消防机构的责任人。

① 对本区的消防工作负责。

② 负责对本区消防设备、设施的日常检查工作。

③ 监督消防专业公司对设备、设施维修保养，保证设备处于良好的使用状态。

4. 防火安全委员会

（1）《中华人民共和国消防条例实施细则》第十九条规定，物业公司各管理处应建立防火安全委员会，并明确一名管理处领导为防火责任人，组织和领导全中心的消防安全工作，如图 4-1 所示。

（2）安全部是物业管理处的消防安全职能部门，应配有专职防火干部，并设置消防办公室，消防办公室既是安全部的职能机构，也是防火委员会的常设办事机构，负责物业管理处的日常消防管理工作。

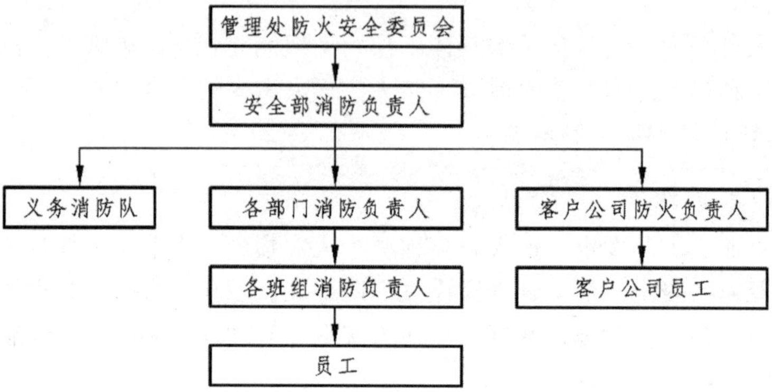

图 4-1　某物业的防火委员会组织机构图

二、消防管理人员的职责

1. 防火安全委员会的职责

物业公司防火安全委员会由管理处总经理及各部门经理组成，全面负责物业的消防安全工作。其职责如下：

（1）认真贯彻执行《中华人民共和国消防法》《机关、团体、企业、事业单消防安全管理规定》及上级主管单位有关消防安全工作的指示、规定。

（2）将防火安全纳入经营管理工作中，切实做到有计划、有部署、有落实、有检查、有总结、有评比、有奖罚。

（3）根据政府部门的要求及工作部署，有针对性地召开防火工作会议，研究解决消防工作中存在的问题，并制订改进措施。

（4）组织大厦级防火安全检查，对存在火险隐患的单位、部门发出整改通知单。

（5）对物业的各项防火安全制度和消防安全管理规定的落实情况进行监督和检查。

（6）组织所在物业的防火安全宣传教育，加强消防组织的管理。

（7）指导、监督对消防器材的配备、维修、使用、保养和管理工作。

（8）发生火灾、火险事故时，组织指挥义务消防人员扑救，负责查明原因，提出处理意见。

2. 管理处防火责任人的职责

（1）贯彻执行《中华人民共和国消防法》及其细则和其他有关消防法规。

（2）组织实施逐级防火责任制。

（3）建立健全防火制度和安全操作规程。

（4）把消防工作纳入日常经营管理，做到“五同”。

（5）组织对职工进行消防知识教育和业务培训。

（6）组织防火检查，消除火险隐患，改善消防安全条件，完善消防设施。

（7）组织制订灭火方案，带领员工扑救初起火灾，保护火灾现场。

（8）追查处理火灾事故，协助调查火灾原因。

3. 各部门防火责任人的职责

各部门防火责任人由各部门经理担任，其职责如下：

（1）领导本部门的消防工作，贯彻执行公司安全领导小组的指示和消防管理规定，布置、检查、落实本部门的消防安全工作。

（2）经常对员工进行防火宣传教育，使员工不断提高防火意识，掌握灭火技能。

（3）建立健全岗位防火安全责任制，把责任落实到每个人，进行定人、定点管理，奖优罚劣。

（4）负责制订本部门的防火安全制度及安全操作规程，并认真贯彻落实。

（5）经常组织本部门人员进行消防安全检查，切实做到落实制度，消除隐患，改善消防安全条件。

（6）对本部门区域设置的各种消防设备、器材要明确责任人，定期进行保养、检查，对发现的问题及时上报安全部。

（7）发生火灾时，要积极组织本部门员工进行扑救并及时报警，组织人员疏散，保护火灾现场，协助有关部门调查。

（8）要经常向主管领导汇报本部门的消防工作情况，对合理化建议要给予重视，积极采纳。

4. 安全部消防组织的职责

（1）协助防火安全委员会认真执行《中华人民共和国消防条例》和有关的管理规定，贯彻“预防为主、防消结合”的方针，依靠各级领导充分发动群众，把消防工作做到经常化、群众化、制度化。

（2）逐步健全各级消防组织，逐级完善防火责任制及各项防火措施和应急方案。经常检查各部门执行防火安全制度和预防安全防火措施的落实情况，定期向管理处防火安全委员会汇报工作。

（3）结合重大节日、活动，会同有关部门定期进行安全检查，发现火险隐患，督促有关部门及时清除，对重大火险隐患要及时报告管理处防火安全委员会解决。

（4）协同各部门组织安排对员工进行防火安全教育，进行义务消防队的培训、演习及管理工作。

（5）负责管理处的所有灭火器的管理，定期检查，保持器材的良好状态。

（6）一旦发生火灾，应积极组织人员扑救，负责保护火灾现场，并协助领导会同公安部门查清火灾事故发生的原因，提出处理意见。

5. 各班组防火责任人的职责

（1）各班组防火责任人逐级向上一级负责，做到“谁主管，谁负责”，对消防器材、消防设备设施实行层层责任管理。

（2）组织员工定期进行消防知识学习和消防业务培训。

（3）每日检查自己管辖区域的消防设施、设备。

（4）每日检查器材位置、编号、数量是否相符相关规定，有无过期、损坏及丢失现象，及时做好记录并报告安全部。

（5）要求员工做好灭火器材清洁工作，保持灭火器材外表干净美观，摆放整齐。

（6）教会员工学习使用一般灭火器材及火警处理的操作技能，做到“一灭火、二抢救、三疏散、四保护”。

（7）检查消防通道是否畅通，消防设施是否被堵塞或占用，发现问题应及时处理或报安全部。

（8）根据部门经理的指令做好各项预防工作。

6. 其他员工的防火职责

（1）严格遵守防火安全制度和操作规程。

（2）发现问题要及时报告，有权制止任何违反消防安全制度的行为。

（3）爱护消防设施，不得随意挪动损坏。

（4）发现火情要及时报警，积极参加火灾扑救，按命令疏散。

（5）积极参加各项员工防火职责培训。

7. 义务消防员的职责

管理处应根据《中华人民共和国消防法》的规定，建立义务消防队，以达到“自防自救”的目的，义务消防队由管理处防火安全委员会领导。义务消防员的职责如下：

（1）遵守执行消防法规及公司消防管理规定。

（2）认真学习消防知识，掌握灭火技能，达到“两知三会”，即“知防火常识，知灭火常识，会报警，会疏散，会协助救援”。

（3）经常开展防火安全宣传教育和防火安全检查。

（4）维护保养消防器材。

（5）一旦发现火情，应及时报警，并积极参加火灾扑救，保护火灾现场。

（6）制止一切违反消防管理规定的行为，并及时向安全部汇报。

（7）积极参加公司组织的各项消防活动，对火险隐患要积极整改并报安全部。

（8）在认真贯彻上级各项消防工作指示的同时，积极提出建议，当好领导的参谋。

8. 消防设施工程技术员的职责

（1）确保消防供水系统、消防栓等设备的正常运行。

（2）确保火灾自动报警系统、自动灭火系统的正常运行。

（3）保证烟感和温感探测器、水喷淋喷头、防火门、防烟门、防火卷帘门、防排烟设施、消防水枪和水带、疏散标志和指示灯等消防设施处于完好待用状态。

（4）定期保养、维修物业的消防设备设施。

9. 消防监控室人员的职责

（1）消防中控室是物业的要害部位，无关人员禁止入内，非本部门人员因公需进入中控室时应在“要害部位进出登记表”上登记，消防中控室人员负责室内设备的清洁，保持室内干净卫生。

（2）中控室执行 24 h 坐岗值班制度，值班人员须经消防机关专业培训，持证上岗。

（3）值班人员应提前 10 min 到岗，按规定着装，履行交接班制度。

（4）值班人员当班时不准脱岗、串岗、空岗，值班期间不准睡觉、洗澡、看报纸、打私人电话、饮酒，不准做与工作无关的事情。

（5）值班时精神集中，认真观察火灾报警系统的工作状态，按操作规程操作。

（6）消防主机报警时，中控室值班人员必须立即到现场确认，密切关注不明原因的火警信号部位，并通报给下一班。

（7）熟练操作使用闭路监控设备，每日按规定清洁监控设备，使其保持良好状态。

（8）密切观察电视画面，发现可疑问题时，应及时识别、跟踪和报告。

（9）24 小时不间断录像，录像资料保留两周。对于重要资料要在“异常情况录像记录”上登记，并适当延长其保存期限，一般保存至案件处理结束。

（10）当系统设备故障不能排除时，应及时向领导汇报。

（11）室内线路、电器设备的安装要符合防火要求；禁止在室内乱拉、乱接临时电线和使用电加热器具。

（12）禁止在室内吸烟和使用明火。严禁在室内堆放、存放易燃易爆物品。

（13）严格执行交接班手续。对正在进行的事务和工作中需注意的问题，应表述在工作记录表上。

（14）保管好室内消防器材，掌握灭火器材的使用方法。

第二节 消防管理工作

一、消防管理工作的要点

物业的安全问题始终是物业管理人员无法回避的问题，物业的安全根据性质不同可分为治安安全与消防安全两大类。随着现代物业规模的日趋完善，设施设备的日趋高档，现代化的保安系统也走进了各类型物业，也就是说治安安全在很大范围内可以通过技防措施得以解决。而现代物业的规模越大、配套设施设备的功能越齐全，就意味着消防安全渐渐被摆上了物业管理的案头。实践证明，一旦发生火灾事故，它所造成的损失和破坏极大，甚至会危及整个物业的安全。因此，要消灭每一处消防隐患，把每一起火灾事故消灭在萌芽状态，就必须要求物业管理人员贯彻执行“预防为主、防消结合”的方针，实行全面细致的巡查制度和周密使用防火应急方案。

（1）物业的防火工作根据“预防为主，防消结合”的方针，本着自救的原则，依靠物业用户实行综合治理，并接受上级领导监督，同时根据物业楼层平面建立消防疏散通道，制订消防安全管理方案等。

（2）管理处加强宣传消防法律、法规和防火安全知识工作，所有物业管理员必须培训上岗，并对业主进行经常性的防火安全宣传教育。

（3）管理处制订防火管理制度，定期组织防火安全检查，掌握物业内的防火情况，协调有关方面采取相应措施，并监督实施。

（4）管理处负责组织业主开展防火自查，督促其整改火险隐患，保证物业内外消防通道的通畅。

（5）实行人防、技防的有效结合，除加强员工的消防意识培训和技能培训外，还应对物业的消防系统和内部消防设施进行定期联动测试。在气候干燥、火灾高发期，需特别注意防火，应制订严格的消防管理制度，结合物业的具体情况制订切实可行的灭火方案，在出入口处的醒目位置设置“严禁火种入内”“严禁吸烟”“严禁烟火”等标示牌，禁止物业用户和外来人员携带易燃、易爆物品进入物业内，在物业入口处设置存物柜，以便大件物品、提包等在入口处存放。

（6）定期进行消防实战演习，内容包括：人员逃生、救生、常用消防工具的使用、火灾时人员紧急疏散、物业各消防系统的功能检测等。

（7）小区内各地点要配备符合标准的消防设备，工程维修人员应每月对消防监控设备设施进行维修保养，每日按班巡查，确保其运行正常。消防监控应保持 24 小时由专业人员监控，随时记录监控情况。小区各地点应配备的消防设备如表 4-1 所示。

表 4-1 小区各点配备的消防设备

序号	地点	消防设备配置要求	管理规定
1	消防控制中心	手提二氧化碳灭火器 4 个； ABC 干粉灭火器 4 个 消防斧 1 把； 消防扳手 2 把； 消防服 1 套； 防毒面具 4 个； 消防腰带 3 条； 消防锤 1 把 消防桶 2 个，沙子 2 袋； 铁铲 2 把； 铁撬杆 4 支	1. 消防器材由管理处统一管理； 2. 所有消防器材均作为消防应急使用，严禁擅自使用； 3. 配置的消防器材由存放地点的人员统一管理； 4. 公共场地、楼层、停车场的消防器材由消防管理员于每月下旬全面巡视检查一遍，相关记录在消防器材检查记录上
2	保安岗亭	ABC 干粉灭火器 2 个	
3	设备房	ABC 干粉灭火器 2 个	
4	停车场	手提二氧化碳灭火器 2 个； 推车式 ABC 干粉灭火器 1 个； 推车式二氧化碳灭火器 1 个	
5	大堂	ABC 干粉灭火器 4 个	

（8）保安员要每 2 h 巡查一次，确保各处消火点设备齐全，道畅无阻，随时发现隐患，把事故处理在萌芽状态，保安及消防工程人员每月对物业内消防系统及消防存在的问题隐患进行总结，并报告给管理处主任。

（9）任何情况下消防设施停水、停电不得过夜。

（10）管理处积极组织义务消防队员及物业用户进行初期火灾扑救和安全疏散演练。

（11）严禁外来装有危险品车辆进入住宅区停放，制止儿童在住宅区内玩火。

（12）管理处员工及物业用户有责任在发现初期火灾后按规范进行处理，对情况严重的，应及时拨打“119”火警电话求救，并协助维持火灾现场秩序，配合事故处理工作。

（13）管理处接到火灾报警后，在向消防机关准确报警的同时，应迅速奔赴现场，启用消防设施进行扑救，并协助消防部门查清火灾原因。

（14）消防事故必须记录在案，事后应组织人员总结，对事故责任人进行追究。

二、消防管理规定

1. 物业用户的消防管理规定

（1）严禁存放易燃易爆、有毒和腐蚀性物品，确因工作需要使用时，事前必须报告地方主管消防的政府部门批准后方可带入，违者追究当事人和使用单位的责任，造成事故者交送公安机关处理。

（2）禁止占用物业内各安全通道、安全出口及消防通道等部位，必须保持通道畅通，严禁堆放物品。

（3）配电室、变压器房、空调机房、消防控制中心等重点部位严禁堆放可燃物品，严禁吸烟及禁止非相关人员入内。

（4）严禁挪用、损坏物业内配置的消防器材、设备、设施，人为的损坏除照价赔偿外还将给予处罚处理。

（5）不得损坏物业内安装的疏散指示灯、应急灯、安全防火门等。

（6）商业物业在日常营业中使用的易燃气体、酒精、天那水（香蕉水）、汽油等要配备专人负责，统一保管，用后残液要带出场外进行处理。

（7）严格执行用火用电管理，物业各部门、各用户不准乱拉乱接电线，严禁使用电热器具，各类电器要配备相应的保险装置。

（8）严禁摆弄、玩耍消防设备设施和消防器材，避免影响其功能的发挥。

（9）遵守安全用电管理规定，严禁超负荷使用电器，以免发生事故。

（10）各住户进行室内装修时，须向客户服务中心提出书面申请，经批准后方可动工。需要增设电气线路时，必须符合安全规定，严禁乱拉、乱接临时用电线路。装修时应采用不燃材料，使用易燃或可燃材料的，必须经消防部门批准按规定进行防火处理。

（11）发生火警，应立即告知客户服务中心或拨打“119”火警电话，并关闭电闸，迅速离开住所。消防指挥部在发生火灾时，统一组织和指挥火场扑救工作，有权调动管理各住户、各部门工作人员。安全部负责火场的扑救，抢救人员及物资，同时协助公安消防部门调查火灾原因。

（12）根据相关消防管理规定，有下列情形之一的，依其情况，予以直接责任人处罚，经报请有关部门批准，可处行政拘留。

① 占用或封堵楼梯、走道或安全疏散出口。

② 封闭或损坏安全疏通指示、事故照明设施或消防栓。

③ 不按规定使用液化石油气。

④ 乱拉、乱接电器线路。

⑤ 擅自挪用灭火工具、器材或消防备用水源。

（13）有下列情形之一的，责令停止作业，并分别按相应情况予以直接责任人相应处罚。

① 未办理申请报批手续即进行室内装修。

② 室内装修所用材料不符合防火要求，不进行防火处理。

③ 烧焊、用火、用电作业，防火安全保障措施不落实。

④ 物业用户必须服从消防部门和管理处有关防火方面的管理。刁难辱骂或以暴力、威胁等手段妨碍消防监督工作人员依法执行职责的，予以直接责任人处罚，经报请有关部门批准，可处行政拘留，直至依法追究刑事责任。

2. 二次装修的消防管理规定

（1）为了更好地实行消防安全管理，应加强物业用户二次装修的消防管理，以保证装修施工场地及物业用户人身财产的安全。

（2）施工现场须按装修的实际面积和使用材料配备相应数量的灭火器（2 kg 以上）：100 m^2 以下配 2 ~ 3 支；100 m^2 以上配 3 ~ 4 支；半层配 3 ~ 4 支；全层配 8 ~ 10 支。

（3）对于复杂装修、大面积装修及相关商铺的装修，装修施工单位必须提供消防报批手续及灭火方案后方可开工。

（4）施工现场严禁吸烟及使用明火烧杂物、弯胶管等。

（5）禁止将易燃、易爆、腐蚀性、有毒等危险物品带入物业内。

（6）装修工程所需的有机溶剂、油漆等材料只允许带进当天装修所需用量，当天离开时一律带走，不得储存、堆放在物业内。

（7）严格遵守安全用电规定，未经批准不得乱拉乱接电线或超负荷用电。

（8）室内布装电线时须使用阻燃性绝缘导线，并穿硬塑料管或钢管进行明、暗敷设，绝缘导线的绝缘强度应符合电源电压要求。

（9）室内装修时须严格按消防安全要求执行，使用不燃或难燃的防火材料，不得使用易燃材料。

（10）动用明火时，在计划动火作业前，须先向物业公司安全部提出申请，严格按临时动火作业安全管理规定作业。

（11）未经申报批准，不得擅自改动烟感器、喷淋头、紧急广播喇叭和消防栓等消防设备。

（12）室内装修间隔必须符合消防安全规定要求，如间隔封顶，间隔内无烟感喷淋的须加装等。

（13）装修施工不得遮挡消防设施、疏散指示标志及出口，不得妨碍消防设施和疏散通道的正常使用。

（14）为避免施工场地粉尘过大引起烟感报警，每日施工前须报经安全部同意后用胶纸袋将烟感器包住，施工结束后将包裹物去掉，恢复烟感器的正常工作状态。

（15）每日施工结束离场前，须通知安全部主管派专人到场进行消防安全检查，确认无安全隐患后方可锁门离开。

3. 易燃物品存放的消防管理规定

应严格执行《危险化学品安全管理条例》的有关规定。

（1）性质特别危险的物品，必须单独储存；性质互相抵触的、灭火方法不同的物品，应分开隔离储存。

（2）遇水发生危险的物品不得存放在露天或低洼容易受潮的地方；遇热分解、自燃物品应储存在阴凉、通风的库房内。

（3）对存放的物品必须定期进行检查，一旦发现有破损、残缺或物质变质分解等情况，应立即采取措施。

（4）定期检查库内电气、照明设备，做好清理、更换工作。

（5）在库内开启易燃物品的容器时，严禁使用能够产生电火花的工具。

4. 临时动火的管理规定

为了加强物业公司自身及外单位在辖区内的动火管理，切实保证消防安全措施的落实，确保业主（租户）的生命、财产安全，物业公司必须制订临时动火规章制度。该制度主要包括下列内容：

（1）本单位及外单位在物业辖区内进行临时动火工程时，必须事先通知消防监控中心，在管理处办理动火作业手续。施工单位动火前必须采取切实有效的防火安全措施，管理处应派人监督，待动火完毕后立即清查现场。

（2）对私自动火作业的，一经发现，对施工单位除责令其补办动火作业手续外，还要对施工人员及负责人进行处罚。一旦造成事故，除加重处罚外，还应追究其法律责任。

在重点部位、危险地段（变压器室、配电房、汽车库、发电机房、楼层、办公室等处）动火，必须经管理处主任批准并做好防范工作方能动火。

（3）配电房及重要机房内不准堆放可燃物品，不准吸烟，消防设备旁边不准堆放任何杂物。

要保持各走道、楼梯口等部位畅通，保证疏散标志和安全指示灯完好，禁止物业用户在走道、楼梯、垃圾桶旁烧纸、焚香。

（4）物业内所有人员必须遵守国家有关消防法律、法规和物业公司制订的消防管理规定。

（5）动火申请。

在物业任何部位动用电焊、气焊、喷灯等明火，必须经部门领导同意，书面报安全部审核、批准（或持工作单）领取动火许可证后方可作业，由安全部负责审核、管理和签发动火许可证。安全部在审核“动火作业申请表”的同时，必须到现场勘察，确认一切措施齐全，由消防负责人签字确认后方可发放动火许可证。

（6）动火审批。

根据用火危险程度，审批动火管理权分为三级：

一级动火须由用火部门防火负责人提前向物业公司安全部申请，提出初步动火施工方案和意见。由安全部认真检查施工现场后，制订可靠的防火措施，填写动火许可证（一级），对重大动火项目还要写出专题备忘录，再经公司防火委员会主任批准。批准后的动火许可证须报当地公安消防监督部门审批，经现场检查确认安全措施可靠，逐条落实后，方可准予动火。

二级动火必须由用火部门防火负责人制订消防措施，填写动火许可证（二级）后，报公司防火委员会主任和安全部经理批准，安全部派专人到现场进行全程检查监督。

三级动火必须由用火部门防火负责人制订消防措施，填写动火许可证（三级）后，报安全部经理批准，安全部派专人到现场进行全程检查监督。

（7）动火前准备。

① 防火、灭火措施不落实不动火。

② 周围的易燃杂物未清除不动火。

③ 附近有难以移动的易燃结构未采取安全措施不动火。

④ 凡盛装过油类等易燃液体的容器、管道，未经洗刷干净、未排除残存的油质不动火。

⑤ 凡盛装过气体受热膨胀有爆炸危险的容器和管道不动火。

⑥ 凡储存有易燃、易爆物品的房间、仓库和场所，易燃、易爆危险品未经排除时不动火。

⑦ 在高空进行焊接或开始焊割作业时，如下方可燃物品未清理或未采取保护措施，一律不准动火。

⑧ 未配备相应灭火器材的，不准动火。

（8）动火中的注意事项。

① 动火时，要指定现场安全负责人。

② 现场安全负责人和动火人员必须经常注意动火情况，发现不安全因素时，要立即停止动火。

③ 发生火灾爆炸事故时，要及时扑救。

④ 动火人员要严格执行安全操作规程。

（9）动火后清理。

动火人员和现场安全责任人在动火后应彻底清理现场火种，确保火种完全熄灭，留现场观察 15~30 min 才能离去。

（10）违反规定的处理。

在物业范围内进行临时动火的单位或个人，违反上述各项规定时，物业公司安全消防现场负责人有权视情节轻重采取以下处理措施：限时整改，责令立即停止动火作业，移交消防管理部门处理。

三、消防设备设施标识管理

物业管理区域内消防设备设施的标志，由管理室（处）分别负责管理。物业公司按照消防规范要求，配备各种消防设备设施的标志，并将其安装在合适、醒目的位置上。各种标志不得随意挪为他用，责任部门应认真落实每月进行全面普查的规定，保证各种标志的完好性。

（一）总平面布局标识

1. 标识内容

在单位总平面图上标明消防水源（天然水源、单位室外消火栓及可利用的市政栓）、水泵接合器、消防车通道、消防安全重点部位、安全出口和疏散路线、主要消防设施位置、建筑消防设施消防标识图例等内容。

设有专职消防队的单位还应标明专职消防队及车辆位置、特殊灭火剂储存位置及量等内容。

对多层公众聚集场所还应当每层设置平面布局标识，着重标明本层疏散路线、安全出口、室内消防设施位置等内容；在宾馆、饭店等住宿场所的房间内应设置消防安全疏散示意图。

2. 设置位置

物业区域内主要出入口附近等醒目位置，且材料采用荧光膜。

3. 标识规格

总平面布局标识设置在室内的，标识设置面积不应小于 1 m^2，设置在室外的，标识设置面积不应小于 1.5 m^2；楼层布局标识设置面积不应小于 0.35 m^2，具体如图 4-2 所示。

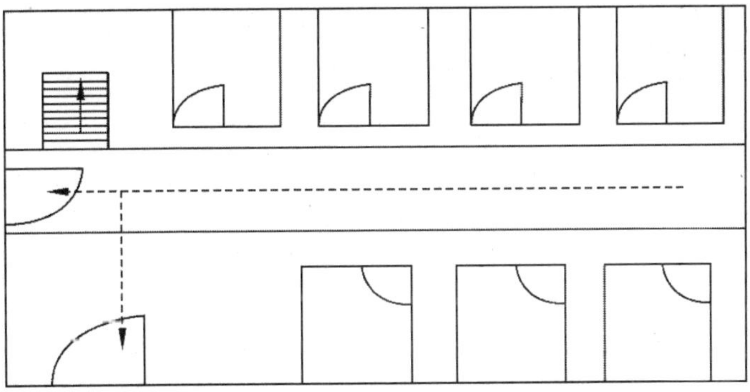

图 4-2　消防疏散示意图

（二）消防车道标识

（1）标识内容："消防车道　严禁占用"字样，如图 4-3 所示。

图 4-3　消防通道严禁占用图

（2）标识的设置位置：消防车道地面上或与邻近建筑相邻的墙面上，应与消防车道同宽，涂刷材料采用荧光漆涂刷。

（三）防火间距标识

（1）标识内容：“此处 x 米内为防火间距，严禁占用”字样，如图 4-4 所示。

（2）标识的设置位置：与邻近建筑相邻的墙面或地面上，应与防火间距同宽，涂刷材料采用荧光漆。

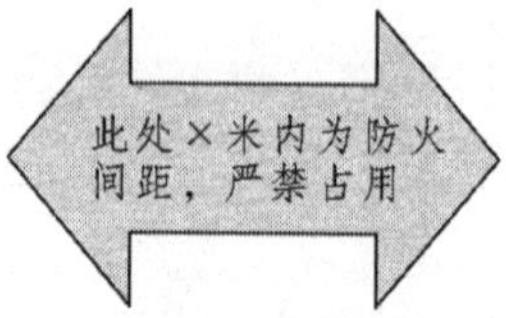

图 4-4　防火间距标识图

（四）认识标识

（1）标识内容：根据规范要求标明消防器材、设施名称及所在位置。

（2）标识的设置位置：可在消防器材、设施上或其上方、侧方设置。

（五）操作使用标识

1. 标识内容

根据规范要求标明使用方法、操作空间及维护责任人、检查维护时间等内容。消火栓、防火卷帘门等消防设施操作场地易被埋压、圈占的部位必须标明操作场地。

2. 设置位置

可在消防器材、设施上或其上、侧方设置，也可与消防设施认知标识一并设置。

3. 标识规格

标识设置面积不应小于 0.05 m²，不应大于 0.1 m²。

4. 消防设施器材标识图例

（1）火灾自动报警系统标识图例如图 4-5 所示。

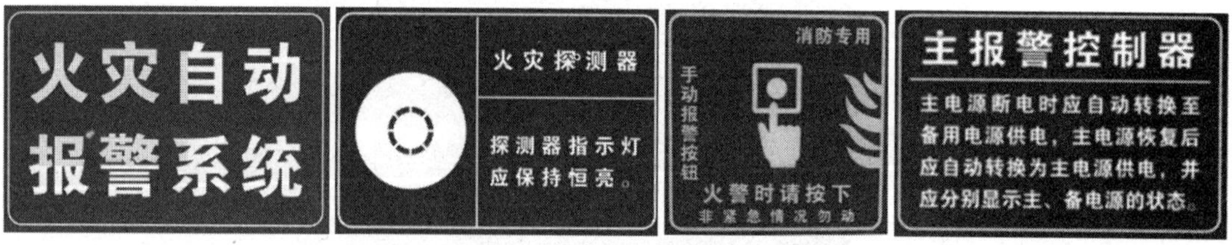

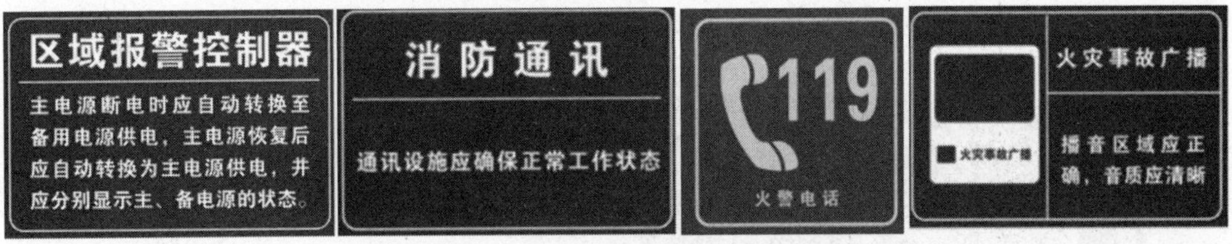

图 4-5　火灾自动报警系统标识图

（2）自动喷水灭火及室内消火栓系统标识图例如图 4-6 所示。

图 4-6　自动喷水灭火及室内消火栓系统标识图

（3）防排烟及通风空调系统标识图例如图 4-7 所示。

图 4-7　自动喷水灭火及室内消火栓系统标识图

（4）防火卷帘、防火门设施标识图例如图 4-8 所示。

图 4-8　防火卷帘、防火门设施标识图

（5）气体灭火系统标识图例如图 4-9 所示。

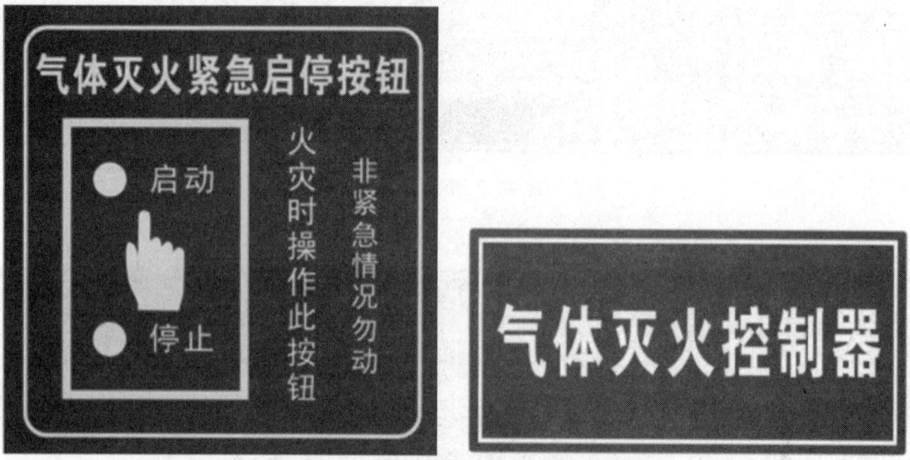

图 4-9　气体灭火系统标识图

（6）消防电源控制柜侧方应设置认知和操作使用标识。
（7）灭火器材标识图例如图 4-10 所示。

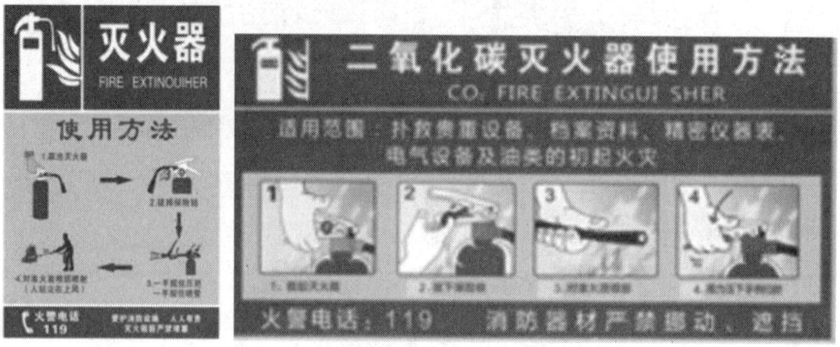

图 4-10　灭火器材标识图例

（六）建筑自动消防设施管理标识

（1）标识内容：系统（设施）名称、生产厂家、型号、安装单位、安装时间、维保单位等，如图 4-11 所示。

<table>
<tr><th colspan="4">自动消防设施管理标牌</th></tr>
<tr><td>器材名称</td><td></td><td>规　格</td><td></td></tr>
<tr><td>生产厂家</td><td></td><td>出厂日期</td><td></td></tr>
<tr><td>安装单位</td><td></td><td>安装时间</td><td></td></tr>
<tr><td>维保单位</td><td colspan="3"></td></tr>
<tr><td>管理编号</td><td></td><td>责 任 人</td><td></td></tr>
</table>

图 4-11　管理铭牌

（2）设置位置：消防控制室墙面醒目位置。
（3）标识规格：标识设置面积不应小于 0.35 m^2。

（七）消防安全疏散标识

1. 疏散指示标识

（1）标识内容：疏散指示，如图 4-12 所示。

图 4-12　疏散安全标识

（2）设置位置：疏散指示标识应根据国家法律法规、消防技术标准设置在安全出口、疏散通道的上方、转角处及疏散走道 1 m 以下的墙面上，并应采用符合法律规定的灯光疏散指示标志、安全出口标志，标明疏散方向、疏散宽度。

2. 疏散警示标识

（1）标识内容：“禁止锁闭”“禁止堵塞”“提示性禁行”等。
（2）设置位置：单位安全出口、疏散楼梯、疏散走道应设置疏散警示标识，标明“禁止锁闭”“禁止堵塞”等警示性内容。火灾时禁用的出口、楼梯、电梯应设置提示性禁行标志。
（3）标识规格：标识设置面积不应小于 0.05 m^2，不应大于 0.1 m^2。

（八）危险场所安全警示标识

标识的具体内容如下。
（1）标示出危险物品的名称或禁止事项，如图 4-13 所示。

图 4-13　禁止标识

（2）设置位置：设置于放置危险物的危险场所。
（3）标识规格：标识设置面积不应小于 0.05 m^2，不应大于 0.1 m^2。

（九）消防安全管理规程标识

（1）标识内容：消防安全管理规程、操作程序等，如图 4-14 所示。
（2）设置位置：墙面上醒目位置。
（3）标识规格：标识设置面积不应小于 0.35 m^2。

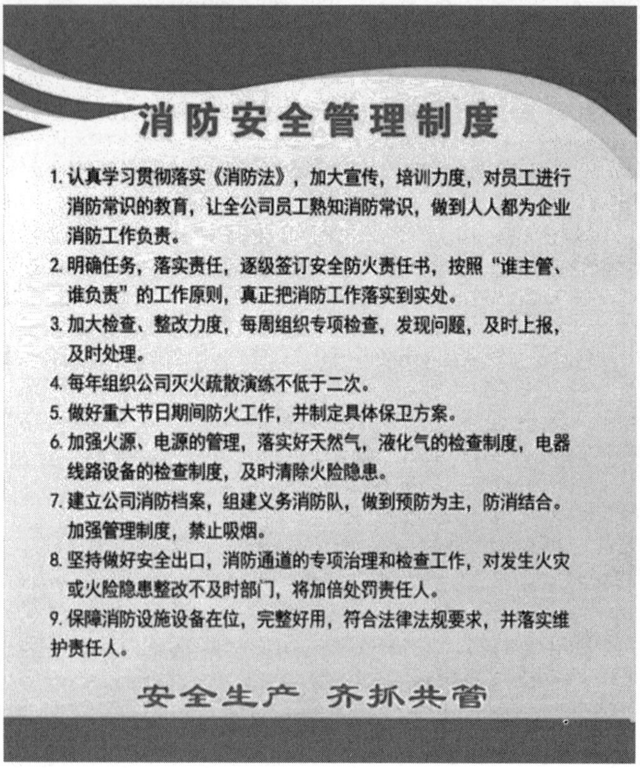

图 4-14 消防安全管理规程标识示例

（十）消防宣传标识设置

1. 消防安全法规标识

（1）标识内容。

《中华人民共和国消防法》《机关、团体、企业、事业单位消防安全管理规定》《人员密集场所消防安全工作通告》等消防法律法规、消防安全规定如图 4-15 所示。

××单位（场所）消防安全告知书

我单位（场所）属具有火灾危险性的人员密集场所，为了您和他人的安全，请您：

一、熟悉本单位（场所）内的疏散通道和安全出口；

二、火灾时，请按疏散指示标志指引方向从安全出口或楼梯间疏散；

三、不要在本单位（场所）内吸烟；

四、不要携带易燃易爆物品进入本单位（场所）；

五、爱护消防设施，非火警时请勿使用；

六、请记住以下标志，它将在紧急情况下帮助您。

图 4-15　消防法律法规、消防安全规定

（2）设置位置：人员密集场所大门前、主要疏散通道或者人员聚集部位。

（3）标识规格：标识设置面积不应小于 0.35 m^2。

（4）制作要求：可利用电子屏、固定宣传版面等方式进行设置。

2. 消防职责制度标识

消防安全法规标识示例。

（1）标识内容：消防安全管理承诺内容或单位规定制度、岗位消防安全职责等。

（2）设置位置：重点部位、重要场所、生产岗位、消防办公室的墙面上及公众聚集场所的主要疏散通道上。

（3）标识规格：标识设置面积不应小于 0.35 m^2。

3. 消防安全常识标识

（1）标识内容：宣传单位安全生产经营理念的标语口号、公共场所防火事项、火灾报警、安全疏散、逃生自救常识等。

（2）设置位置：单位重点部位、重要场所、生产岗位及人员密集场所的主要疏散通道、人员聚集部位等适当的位置。

（3）标识规格：标识设置面积不应小于 0.35 m^2。

十一、配备常规消防器材装备

1. 消防器材一般配置要求

（1）楼层配置。

消防器材的配置应结合物业的火灾危险性，针对易燃易爆物品的特点进行合理配置。一般在住宅区内，多层建筑中每层楼的消火栓（箱）内均配置两瓶灭火器；高层和超高层物业每层楼放置的消火栓（箱）内应配置 4 瓶灭火器；每个消火栓（箱）内均配置 1 ~ 2 盘水带、水枪 1 支及消防卷盘。

（2）岗亭配置。

物业管理项目的每个保安岗亭均应配备一定数量的灭火器。在发生火灾时，岗亭保安员应先就近使用灭火器扑救本责任区的初起火灾。

（3）机房配置。

各类机房均应配备足够数量的灭火器材，以保证机房火灾的处置。机房内主要配备固定灭火器材和推车式灭火器。

（4）其他场所配置。

其他场所配置灭火器材应保证在发生火灾后，能在较短时间内迅速取用并扑灭初期火灾，以防止火势进一步扩大蔓延。

2. 大型物业管理区域配备种类

大型物业管理区域的一般配备应包括消防头盔、消防战斗服、消防手套、消防战斗靴、消防安全带、安全钩、保险钩、消防腰斧、照明灯具、个人导向绳和安全滑绳等。

第三节 消防培训与演习

要想在关键时刻能迅速、安全、彻底地扑灭火灾，消防人员必须坚持灭火管理的平时训练，通过训练，发现自身存在的不足；通过训练，找到适合自己的消防办法；通过训练，摸索防火、灭火的措施和技术；等等。

平时训练还要和定期演习相结合。物业管理公司应根据自己的实际情况，最好每年进行一次消防演习，通过演习来检验小区（或商业大厦）防火、灭火的整体功能，如防火、灭火预定方案是否科学，指挥是否得当，专职消防队员是否称职，消防设施是否发挥作用。另外，通过演习还能检查业主的心理承受能力。演习后，消防队伍要及时总结经验，找出不足，以便采取措施，改进以后的工作，提高物业管理公司防火、灭火、自救的能力。开展消防演习时宜请消防部门来人指导，帮助讲评和总结，并请他们提供改进的办法或途径。

一、消防知识的培训制度

（1）开展经常性的消防安全宣传教育，每年对消防维保人员进行一次消防安全教育培训。

（2）对新上岗和进入新岗位的员工进行上岗前消防安全培训。

（3）宣传教育培训采取单位与部门、集中与分散、定期与不定期相结合的方式进行。

（4）对重点工种人员进行专门培训，做到持证上岗。

（5）单位、部门对所组织培训的时间、内容及接受培训人员进行认真详细地记录并存档，如表 4-2 所示。

（6）宣传教育培训内容：

① 有关消防法规、消防安全制度和保障消防安全的操作规程；

② 本单位、本岗位的火灾危险性和防火措施；

③ 有关消防设施的性能、灭火器材的使用方法；

④ 报火警、扑救初起火灾以及自救逃生的知识和技能；

⑤ 组织引导人员疏散的知识和技能。

培训要形成记录，统计表格见表 4-3。

表 4-2　消防重点工种（岗位）人员情况

Q/XDZ QED-YY-AQ-34

工种	姓名	性别	年龄	学历	消防培训情况	工作部门

注：重点工种包括石油化工操作工、电工、焊接工、油漆工、仓库保管员、自动消防系统操作人员、易燃易爆管理人员、警卫人员、更值人员、公共娱乐场所员工、用火用电维修人员等。

表 4-3　消防安全教育培训记录

教育培训时间	年　月　日		组织单位		
教育培训地点					
接受培训部门				讲课人	
教育培训内容：					
接受教育培训人员					
序号	姓　名	序号	姓　名	序号	姓　名

注：1. 单位对新上岗和进入新岗位的员工组织上岗前的消防安全培训。消防安全重点单位对每名员工应当至少每半年进行一次消防安全培训。消防安全责任人、消防安全管理人、专兼职消防管理人员、志愿消防队员应专门组织培训。

2. 附：培训图片、签到表。

二、消防理论知识

（一）火灾的基本知识

1. 火灾的定义

在时间或空间上失去控制的燃烧，称为火灾（见 GB/T 5907—2014 系列标准）。

燃烧具备的三个必要条件分别是可燃物、助燃物和着火源，被称为燃烧三要素。这三个要素同时具备并相互作用时就会产生燃烧，缺少其中任何一个，燃烧便不能发生。

燃烧的充分条件指燃烧发生需要的必要条件达到一定量的要求，并且存在相互作用的过程。对于有焰燃烧，还包括未受抑制的链式反应。

（1）可燃物：指能与空气中的氧或其他氧化剂起燃烧反应的物质，如木材、纸张、布料等。可燃物中有一些物品，遇到明火特别容易燃烧，称为易燃物品，常见的有汽油、酒精、液化石油气等。

（2）助燃物：能帮助和支持可燃物质燃烧的物质，即能与可燃物发生氧化反应的物质，如空气、氧气。

（3）着火源：供给可燃物与助燃剂发生燃烧反应能量的来源。除明火外，电火花、摩擦、撞击产生的火花及发热，造成自燃起火的氧化热等物理化学因素都能成为着火源。

2. 火灾的性质

（1）火灾的发生既有确定性又有随机性。

火灾作为一种燃烧现象，其规律具有确定性，并且又具有随机性。可燃物着火引起火灾，必须具备一定条件，遵循一定规律。

条件具备时，火灾必然会发生；条件不具备时，物质无论如何不会燃烧。但在一个地区、一段时间内，什么地方、什么单位、什么时间发生火灾，往往是很难预测，即对于一场具体火灾来说，其发生又具有随机性。火灾随机性由火灾发生原因极其复杂所致。因此，必须时时警惕火灾发生。

（2）火灾发生是自然因素与社会因素共同作用的结果。

火灾发生首先与建筑科技、消防设施、可燃物燃烧特性，以及火源、风速、天气、地形、地物等物理化学因素有关。但是火灾发生不是纯粹的自然现象，还与人们生活习惯、操作技能、文化修养、教育程度、法律知识，以及规章制度、文化经济等社会因素有关。因此，消防工作是一项复杂、涉及各个方面的系统工程。

3. 火灾的分类

（1）按照可燃物的类型和燃烧特性分类可分为以下六个类别。

① A 类火灾。

A 类火灾是指固体物质火灾。这种物质通常具有有机物性质，一般在燃烧时能产生灼热的余烬。例如，木材及木制品、棉、毛、麻、纸张、粮食等物质燃烧导致的火灾。

② B 类火灾。

B 类火灾是指液体或可熔化的固体物质火灾。例如，汽油、煤油、原油、甲醇、乙醇、沥青、石蜡等物质燃烧导致的火灾。

③ C 类火灾。

C 类火灾是指气体火灾。例如，煤气、天然气、甲烷、乙烷、氢气、乙炔等气体燃烧或爆炸导致的火灾。

④ D 类火灾。

D 类火灾是指金属火灾。例如，钾、钠、镁、钛、锆、锂、铝镁合金等金属火灾。

⑤ E 类火灾。

E 类火灾是指带电火灾，即物体带电燃烧的火灾。例如，变压器、家用电器、电热设备等电气设备以及电线电缆等带电燃烧的火灾。

⑥ F 类火灾。

F 类火灾是指烹饪器具内的烹饪物火灾。例如，烹饪器具内的动物油脂或植物油脂燃烧的火灾。

（2）按照火灾损失严重程度分类。

火灾损失是指火灾导致的直接经济损失和造成的人身伤亡。火灾直接经济损失包括火灾直接财产损失、火灾现场处置费用、人身伤亡所支出的费用。火灾直接财产损失包括建筑类损失、装置装备及设备类损失、家庭物品类损失、汽车类损失、产品类损失、商品类损失、文物建筑等保护类财产损失和贵重物品等其他财产损失；火灾现场处置费用包括灭火救援费（含灭火剂等消耗材料费、水带等消防器材损耗费、消防装备损坏损毁费、现场清障调用大型设备及人力费）及灾后现场清理费。人身伤亡包括在火灾扑灭之日起 7 日内，人员因火灾或灭火救援中的烧灼、烟熏、砸压、辐射、碰撞、坠落、爆炸、触电等原因导致的死亡、重伤和轻伤三类。

依据《生产安全事故报告和调查处理条例》（国务院令第 493 号）规定的生产安全事故等级标准，相关职能部门下发的《关于调整火灾等级标准的通知》中按照火灾事故所造成的损失严重程度不同，将火灾划分为特别重大火灾、重大火灾、较大火灾和一般火灾四个等级。

① 特别重大火灾。

特别重大火灾是指造成 30 人以上死亡，或者 100 人以上重伤，或者 1 亿元以上直接财产损失的火灾。

② 重大火灾。

重大火灾是指造成 10 人以上 30 人以下死亡，或者 50 人以上 100 人以下重伤，或者 5 000 万元以上 1 亿元以下直接财产损失的火灾。

③ 较大火灾。

较大火灾是指造成 3 人以上 10 人以下死亡，或者 10 人以上 50 人以下重伤，或者 1 000 万元以上 5 000 万元以下直接财产损失的火灾。

④ 一般火灾。

一般火灾是指造成 3 人以下死亡，或者 10 人以下重伤，或者 1 000 万元以下直接财产损失的火灾。

上述所称的“以上”包括本数，“以下”不包括本数。

4. 火灾的危害

火灾是各种自然与社会灾害中发生概率高、突发性强、破坏性大的一种灾害。国际消防技术委员会对全球火灾调查统计显示，近年来在世界范围内，每年发生的火灾数高达 600 万~700 万，每年有 6 万~7 万人在火灾中丧生。当今，火灾是世界各国所面临的一个共同的灾难性问题，对人类社会的发展进步、人民的生命及公私财产安全已构成了十分严重的危害。具体体现在人员伤亡、财产损失、生态环境破坏、影响社会和谐稳定等方面。

① 烟气的定义及成分。

烟气是指物质高温分解或燃烧时产生的固体和液体微粒、气体，连同夹带和混入的部分空气形成的气流。

火灾烟气的主要成分有：燃烧和热分解所生成的气体，例如一氧化碳、二氧化碳、氰化氢、氯化氢、硫化氢、乙醛、丙醛、光气、苯、甲苯、氯气、氨气、氮氧化合物等；悬浮在空气中的液体微粒，例如蒸气冷凝而成的均匀分散的焦油类粒子和高沸点物质的凝缩液滴等；固态微粒，例如燃料充分燃烧后残留下来的灰烬和炭黑固体粒子。

② 烟气的危害性。

建（构）筑物发生火灾时，建筑材料及装修材料、室内可燃物等在燃烧时所产生的生成物之一是烟气。无论是固态物质、液态物质还是气态物质，在燃烧时，都要消耗空气中大量的氧，并产生大量炽热的烟气。烟气是一种混合物，其含有的各种有毒性气体和固体碳颗粒具有以下危害性：

a. 毒害性。

火灾中产生的烟气中含有的各种有毒气体，其浓度往往超过人的正常生理所允许的最高浓度，极易造成人员中毒身亡。例如，人的正常生理所需要的氧浓度应大于16%，而烟气中的氧浓度往往低于此数值。据有关试验测定：当空气中含氧量降低到15%时，人的肌肉活动能力下降；降到10%~14%时，人就会四肢无力，智力混乱，辨不清方向；降到6%～10%时，人就会晕倒；低于6%时，人的呼吸会停止，约5 min后就会死亡。实际的着火房间中氧的最低浓度仅有3%左右，可见在发生火灾时人要是不及时逃离火场是很危险的。此外，火灾烟气中常含有卤化氢、光气及醛、醌等多种有毒刺激性气体，使眼睛不能长时间睁开，不能较好地辨别方向，这势必影响逃生。另有试验表明：一氧化碳浓度达到1%时，人会在1~2分钟内死亡；氢氧酸的浓度达到0.027%时，人立即死亡；氯化氢的浓度达到0.2%时，人会在数分钟内死亡；二氧化碳的浓度达到20%时，会人在短时间内死亡。在对火灾遇难者的尸体解剖中发现，死者血液中往往含有瑛基血红蛋白，这是吸入一氧化碳和氰化物等的结果。

b. 窒息性。

二氧化碳在空气中的含量过高，会刺激人的呼吸系统，使呼吸加快，引起口腔及喉部肿胀，造成呼吸道阻塞，从而产生窒息。例如，河南省某商厦“12·25”特别重大火灾事故，造成较大伤亡。事后调查表明，这起火灾的遇难人员全部是因为吸入有毒烟气中毒、窒息而亡。

c. 减光性。

火灾烟气中存在大量的悬浮固体和液体烟粒子，烟粒子的粒径大于可见光的波长，这些烟粒子对可见光是不透明的，对可见光有完全的遮蔽作用。当烟气弥漫时，可见光因受到烟粒子的遮蔽而大大减弱，能见度大大降低，这就是烟气的减光性。烟气的减光性，会使火场能见距离降低，进而影响人的视线，使人在浓烟中辨不清方向，不易找到起火点和辨别火势发展方向，严重妨碍人员安全疏散和消防人员灭火扑救。

d. 高温性。

火灾烟气是燃烧或热解的产物，在物质的传递过程中，携带大量的热量离开燃烧区，其温度非常高，火场上烟气往往能达到 300~800℃甚至超过多数可燃物质的热分解温度，人在火灾烟气中极易被烫伤。试验表明，短时间内人的皮肤直接接触烟气的安全温度范围不宜超过65℃，接触超过100℃的烟气，不仅会出现虚脱现象且几分钟内就会严重烧伤或烧死。

e. 爆炸性。

烟气中的不完全燃烧产物，如一氧化碳、氯化氢、硫化氢、氨气、苯、烃类等都是易燃物质，这些物质的爆炸下限都不高，极易与空气形成爆炸性混合气体，使火场有发生爆炸的危险。

f. 恐怖性。

发生火灾时，烟气和火焰冲出门窗孔洞，浓烟滚滚，烈火熊熊，高温烘烤，使人陷入极度恐惧状态，惊慌失措，失去理智，会给火场人员疏散造成严重混乱。

（二）建筑火灾的发生和发展过程

建筑火灾的发生和发展过程与其他类型火灾一样，都有一定的规律性。通常情况下，都有一个由小到大、由发展到熄灭的过程。最初是发生在室内某个房间或某个部位，然后由此蔓延到相邻的房间或区域，以及整个楼层，最后蔓延到整个建筑物。这里的“室”不仅指民用建筑、工业建筑、农业建筑、文物古建筑等建筑室内的房间，而是泛指所有具有顶棚、墙体和开口结构的受限空间。

根据建筑室内火灾温度随时间的变化特点，通常将建筑火灾发展过程分为四个阶段，即火灾初起阶段（*OA* 段）、火灾成长发展阶段（*AB* 段）、火灾猛烈燃烧阶段（*BC* 段）和火灾衰减熄灭阶段（*CD* 段），如图 4-16、图 4-17 所示。

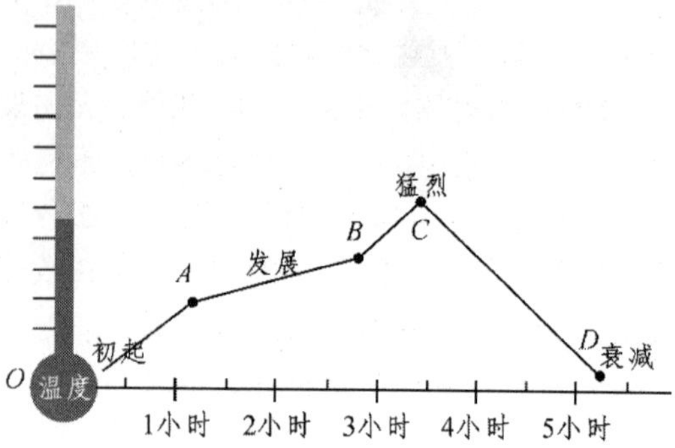

图 4-16　建筑火灾发展过程示意图

图 4-17　火灾的初起阶段

1. 火灾初起阶段

建筑物发生火灾后，最初阶段只是起火部位及其周围可燃物着火燃烧，这时火灾燃烧好像在敞开的空间里进行一样。在火灾局部燃烧形成之后，可能会出现下列三种情况之一：一是最初着火的可燃物燃尽而终止；二是通风不足，火灾可能自行熄灭，或受到通风供氧条件的支配，以缓慢的燃烧速度继续燃烧；三是存在足够的可燃物，而且具有良好的通风条件，火灾迅速成长发展。火灾初起阶段的特点是：燃烧面积不大，仅限于初始起火点附近；在燃烧区域及附近存在高温，室内平均温度低，室内温差大；火灾发展速度较慢，供氧相对充足，火势不够稳定；火灾持续时间取决于引火源的类型、可燃物性质和分布、通风条件等，其长短差别较大。

由此可见，火灾初起阶段燃烧面积小，用少量的灭火剂或灭火设备就可以把火扑灭，该阶段是灭火的最佳时机，故应争取及早发现，把火灾消灭在起火点。为此，在建筑物内设置火灾自动报警系统和自动灭火系统、配备适量的消防器材是十分必要的。同时，火灾初起阶段也是人员应急疏散的有利时机，火场被困人员若在这一阶段不能及时安全疏散出房间就有危险了。初起阶段时间持续越长，就越有更多的机会发现火灾和灭火，更有利于人员安全疏散撤离。

2. 火灾成长发展阶段

在火灾初起阶段后期，火灾燃烧面积迅速扩大，室内温度不断升高，热对流和热辐射显著增强。当发生火灾的房间温度达到一定值（见图 4-18 中的 *B* 点）时，聚集在房间内的可燃物分解产生的可燃气体突然起火，整个房间都充满了火焰，房间内所有可燃物表面部分都卷入火灾之中，使火灾转化为一种极为猛烈的燃烧，即产生了轰燃。

轰燃是一般室内火灾最显著的特征和非常重要的现象，是火灾发展的重要转折点，它标志着室内火灾从成长发展阶段（见图 4-19 中的 *AB* 段）进入猛烈燃烧阶段，即火灾发展到了不可控制的程度。若在轰燃发生之前火场被困人员仍未从室内逃出，就会有生命危险。

轰然：标志火灾从成长期进入猛烈燃烧阶段。

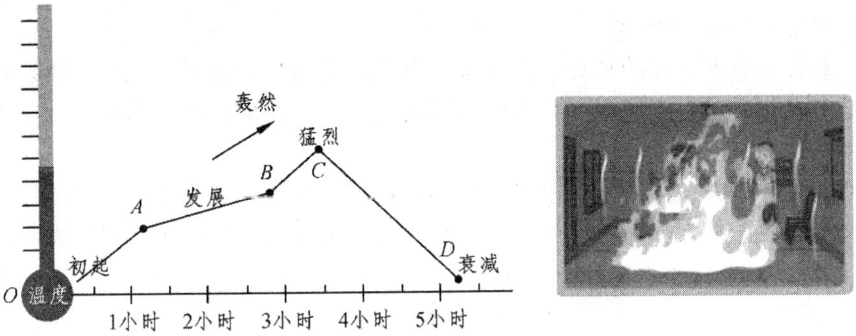

图 4-18　火灾的成长发展阶段

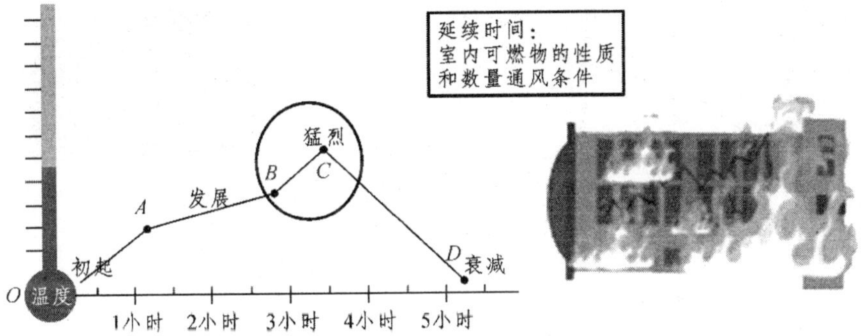

图 4-19　火灾的猛烈燃烧阶段

3. 火灾猛烈燃烧阶段

轰燃发生后，室内所有可燃物都在猛烈燃烧，放热速度很快，因而室内温度急剧上升，并出现持续性高温，最高温度可达 800~1 100 ℃。这个阶段是火灾最盛期，即火灾进入猛烈燃烧阶段（见图 4-19 中 *BC* 段），该阶段特点是：室内可燃物已被全面引燃，且燃烧速度急剧加快，火灾以辐射、对流、传导方式进行扩散蔓延，高温烟火从房间的门、窗等开口处向外大量喷出，使火灾蔓延到建筑物的其他部位，邻近区域遭受到火势的威胁。火灾猛烈燃烧阶段的破坏力极强，门窗玻璃破碎，室内高温还对建筑构件产生热作用，使建筑构件的承载能力下降，混凝土和石材墙柱等构件可能产生爆裂，甚至造成建筑物局部或整体倒塌破坏。

针对火灾猛烈燃烧阶段的特点，为了减少人员伤亡和火灾损失，防止火灾向相邻建筑蔓延，在建筑防火中应采取的主要措施是：在建筑物内划分一定的防火分区，设置具有一定耐火性能的防火分隔物，把火灾控制在一定的范围之内，防止火灾大面积蔓延；选用耐火极限较高的建筑构件作为建筑物的承重体系，确保建筑物发生火灾时不倒塌破坏，为发生火灾时人员疏散、消防救援人员扑灭火灾以及建筑物灾后修复使用创造条件。

4. 火灾衰减熄灭阶段

经过猛烈燃烧之后，室内可燃物大都被烧尽，随着室内可燃物的挥发物质不断减少，火灾燃烧速度递减，室内温度逐渐下降，燃烧向着自行熄灭的方向发展。一般来说，室内平均温度降到温度最高值的 80%时，则认为火灾进入衰减熄灭阶段（见图 4-20 中的 *CD* 段）。该阶段前期，燃烧仍十分猛烈，火灾温度仍很高。火场的余热还能维持一段时间的高温，200~300℃衰减熄灭阶段温度下降速度是比较慢的，当可燃物全部烧光之后，室内外温度趋于一致，火势即趋于熄灭。

针对火灾衰减熄灭阶段的特点，灭火救援时除防复燃外，还应注意防止建筑构件因较长时间受高温作用和灭火射水的冷却作用而出现裂缝、下沉、倾斜或倒塌破坏，确保消防救援人员的人身安全。

由此可见，建筑火灾在初起阶段容易控制和扑灭，如果发展到猛烈燃烧阶段，不仅需要动用大量的人力和物力进行扑救，而且可能会造成严重的人员伤亡和财产损失。

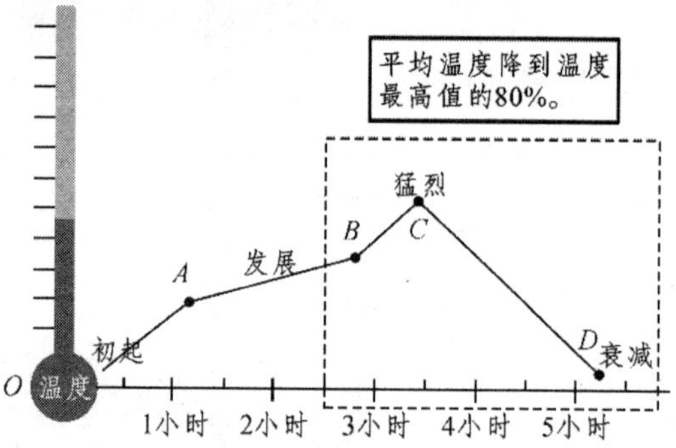

图 4-20　火灾衰减熄灭阶段

第四节　消防设施设备管理

一、认识建筑消防系统

建筑消防系统在建筑物防火灭火中意义重大，建筑消防系统的设计、施工与应用是贯彻“预防为主，防消结合”这一消防工作指导方针的重要内容。 根据消防法，物业管理中履行的义务包括：维护消防安全、保护消防设施、预防火灾、 报告火警、组织灭火等。

（一）建筑消防系统的组成

一个完整的建筑消防系统应该包括火灾自动报警系统、灭火及消防联动控制系统，如图 4-21 所示。火灾自动报警系统主要由火灾探测器和火灾自动报警控制器等组成。灭火及消防联动控制系统包括紧急广播系统、事故照明系统、消防给水系统、自动喷淋装置、气体灭 火控制装置、防排烟控制系统等子系统，如图 4-22 所示。

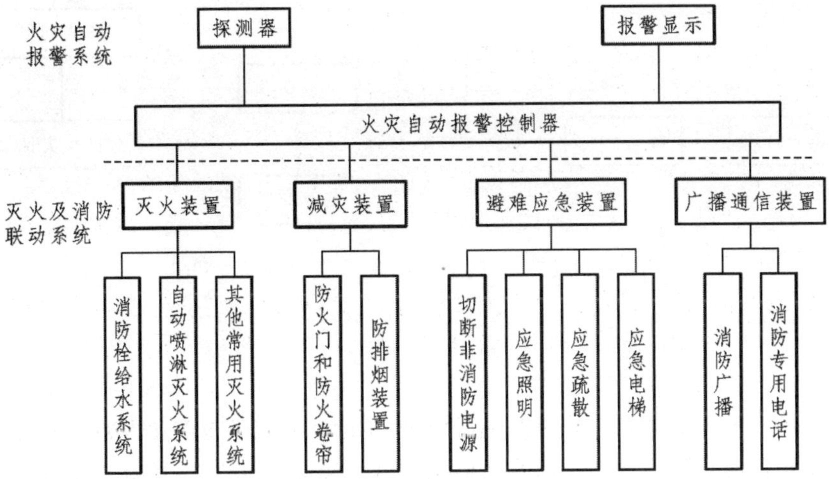

图 4-21　建筑消防系统组成

火灾自动报警系统的定义及作用如下。

火灾自动报警系统是指探测火灾早期特征，发出火灾报警信号，为人员疏散、防止火灾蔓延和启动自动灭火设备提供控制与指示的消防系统。它是一种能够在早期发现和通报火情，并能够向各类消防联动设施发出控制信号，实现预设消防功能而设置在建（构）筑物中的自动消防设施。该系统一般设置在工业与民用建筑内部和其他可对生命和财产造成危害的火灾危险场所，与自动灭火系统、防排烟系统以及消火栓系统等消防设施一起构成完整的建筑消防系统。火灾自动报警系统包括火灾探测报警系统和消防联动控制系统。火灾探测报警系统的作用是通过探测保护现场的火焰、热量和烟雾等相关参数发出报警信号，显示火灾发生的部位，发出声、光报警信号以通知相关人员进行疏散和实施火灾扑救。消防联动控制系统的作用是控制及监视消防水泵、排烟风机、消防电梯以及防火卷帘等相关消防设备，发生火灾时执行预设的消防功能。

（二）建筑消防系统的工作原理

建筑消防系统的工作原理，是由火灾探测器不断向监视现场发出检测信号，监视烟雾浓度、温度、火焰等火灾信号，并将探测到的信号不断送给火灾自动报警器（见图 4-22）。报警器将代表烟雾浓度、温度数值及火焰状况的电信号与报警器内存储的现场正常整定值进行比较，判断和确定是否为火灾。为防止探测器或火警线路发生故障，现场人员发现火灾时也可手动启动报警按钮或通过火警对讲电话直接向消防控制室报警。当确认发生火灾时，在报警器上发出声光报警，显示火灾发生的区域和地址编码并打印出报警时间、地址等信息，同时向火灾现场发出声光报警信号。消防联动控制系统启动，值班人员打开火灾应急广播通知火灾发生层及相邻两层人员疏散，各出入口应急疏散指示灯亮，指示疏散路线。在火灾报警器发生报警信号的同时，火警控制器可实现手动/自动控制消防设备，如关闭风机、防火阀、非消防电源、防火卷帘门、迫降消防电梯；开启防烟、排烟（含正压送风机）风机和排烟阀，为人员疏散创造条件。自动喷淋灭火系统等启动，对火灾区域实施灭火处置，封闭火灾区域，并向消防控制室显示水流指示器、报警阀、闸阀的工作状态等。

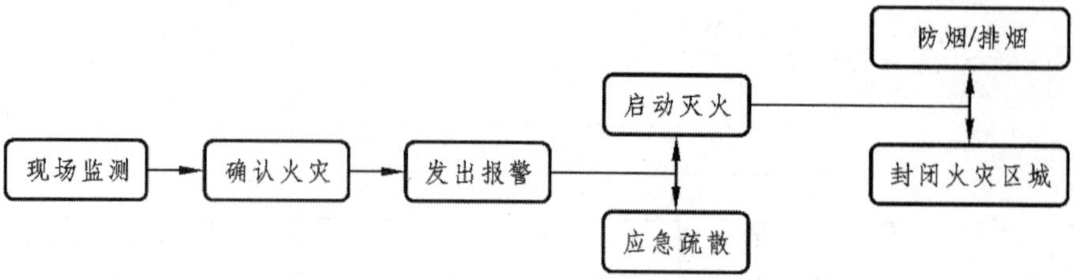

图 4-22　建筑消防系统的工作原理图

（三）建筑防火分区与防烟分区

火灾自动报警系统的报警区域应根据防火分区或楼层划分，可将一个防火分区或一个楼层划分为一个报警区域，也可将发生火灾时需要同时联动消防设备的相邻几个防火分区或楼层划分为一个报警区域。这样的划分，是因为建筑物内发生火灾，开始时燃烧的房间往往只有一个，最后发展到整个建筑，为了能够控制火灾的蔓延，有效地把火势控制在一定的范围内，减少火灾损失，同时可以为人员安全疏散、消防扑救提供有利条件，在火灾蔓延的路径上通过防火、防烟、排烟设施将建筑划分为一定的区域就显得十分必要了。

建筑物内某一房间发生火灾，当发展到轰燃之后，火势猛烈，就会突破该房间的限制向其他空间蔓延。建筑火灾的蔓延途径包括水平和竖直两个方向。

1. 火灾在水平方向的蔓延途径

建筑火灾沿水平方向蔓延的途径主要包括：

（1）通过内墙门蔓延。

建筑物内发生火灾，开始时燃烧的房间往往只有一个，而火灾最后蔓延至整个建筑物，其原因大多数是内墙的门没能把火挡住，火烧穿内墙门，窜到走廊，再通过相邻房间敞开的门进入邻间。如果相邻房间的门关得很严，走廊内没有可燃物，火灾蔓延的速度就会大大减慢。内墙门多数为木板门和胶合板门，是房间外壳阻火的薄弱环节，是火灾突破外壳到其他房间的重要途径。因此，内墙门的防火问题非常重要。

（2）通过隔墙蔓延。

当房间隔墙采用木板等可燃材料制作时，火就很容易穿过木板缝，窜到隔墙的另一面；当隔墙为板条抹灰墙时，一旦受热，内部首先自燃，直到背火面的抹灰层破裂，火才能够蔓延过去；当隔墙为非燃烧体制成但耐火性能较差时，在火灾高温作用下易被烧坏，失去隔火作用，使火灾蔓延到相邻房间或区域。

（3）通过吊顶蔓延。

有不少装设吊顶的建筑，房间与房间、房间与走廊之间的分隔墙只到吊顶底部，吊顶上部仍为连通空间，一旦起火极易在吊顶内部空间蔓延，且难以及时发现，导致灾情扩大。如果没有装设吊顶，隔墙如不砌到结构底部，留有孔洞或连通空间，也会成为火灾蔓延和烟气扩散的途径。

2. 火灾在竖直方向的蔓延途径

建筑火灾沿竖直方向蔓延的途径主要包括：

（1）通过楼梯间蔓延。

建筑的楼梯间若未按防火要求进行分隔处理，则在火灾时犹如烟囱一般，烟火会很快由此向上蔓延。

（2）通过电梯井蔓延。

若电梯间未设防烟前室及防火门分隔，发生火灾时则会抽拔烟火，导致火灾沿电梯井迅速向上蔓延。

（3）通过空调系统管道蔓延。

建筑通风空调系统未按规定设防火阀，采用可燃材料风管或采用可燃材料做保温层等，都容易造成火灾蔓延。通风空调管道蔓延火灾一般有两种方式：一是通风管道本身起火并向连通的空间（房间、吊顶、内部、机房等）蔓延；二是通风管道把起火房间的烟火送到其他空间，在远离火场的其他空间再喷吐出来。因此，在通风管道穿通防火分区处，一定要设置具有自动关闭功能的防火阀门。

（4）通过其他竖井和孔洞蔓延。

由于建筑功能的需要，建筑物内除设置楼梯间、电梯井、通风竖井外，还设有管道井、电缆井、排烟井等各种竖井，这些竖井和开口部位常贯穿整个建筑，若未进行周密完善的防火分隔和封堵，会使井道形成一座座竖向"烟囱"，一旦发生火灾，烟火就会通过竖井和孔洞迅速蔓延到建筑的其他楼层，引起立体燃烧。

（5）通过窗口向上层蔓延。

在现代建筑中，当房间起火，室内温度升高到250℃左右时，窗玻璃就会膨胀、变形，受窗框的限制，玻璃会自行破碎，火焰蹿出窗口，向外蔓延。从起火房间窗口喷出的烟气和火焰，往往会沿窗间墙及上层窗口向上窜越，烧毁上层窗户，引燃房间内的可燃物，使火灾蔓延到上部楼层。若建筑物采用带形窗，火灾房间喷出的火焰会被吸附在建筑物表面，甚至会卷入上层窗户内部。这样逐层向上蔓延，会使整个建筑物起火。

由此可见，做好防火分隔，设置防火间距，对于阻止火势蔓延和保证人员安全，减少火灾损失，具有举足轻重的作用。

二、火灾自动报警系统

火灾自动报警及联动控制系统是建筑消防系统的核心。它不仅能够实时自动监控探测现场，发现火情信号，而且也为建筑内其他消防装置，如灭火系统、防排烟系统、广播与疏散系统等提供自动控制信号，从而实现自动灭火、自动排烟等功能。

随着科学技术的发展，当前的火灾自动报警及联动控制系统已经是融计算机控制技术、微电子技术、传感器技术、通信技术等为一体的现代自动控制系统。所涉及的设备和组件也日趋智能化、微型化、多功能化，不仅反应灵敏、结构紧凑，而且操作简便、可靠性高。

（一）火灾自动报警系统的定义及作用

火灾自动报警系统是指能探测火灾早期特征，发出火灾报警信号，为人员疏散、防止火灾蔓延和启动自动灭火设备提供控制与指示的消防系统。它是一种能够在早期发现和通报火情，并能够向各类消防联动设施发出控制信号，为实现预设消防功能而设置在建（构）筑物中的自动消防设施。该系统一般设置在工业与民用建筑内部和其他可对生命和财产造成危害的火灾危险场所，与自动灭火系统、防排烟系统以及消火栓系统等消防设施一起构成完整的建筑消防系统，如图 4-23 所示。

火灾自动报警系统包括火灾探测报警系统和消防联动控制系统。火灾探测报警系统的作用是通过探测保护现场的火焰、热量和烟雾等相关参数后发出报警信号，显示火灾发生的部位，发出声、光报警信号以通知相关人员进行疏散和实施火灾扑救。消防联动控制系统的作用是控制及监视消防水泵、排烟风机、消防电梯以及防火卷帘等相关消防设备，发生火灾时执行预设的消防功能。

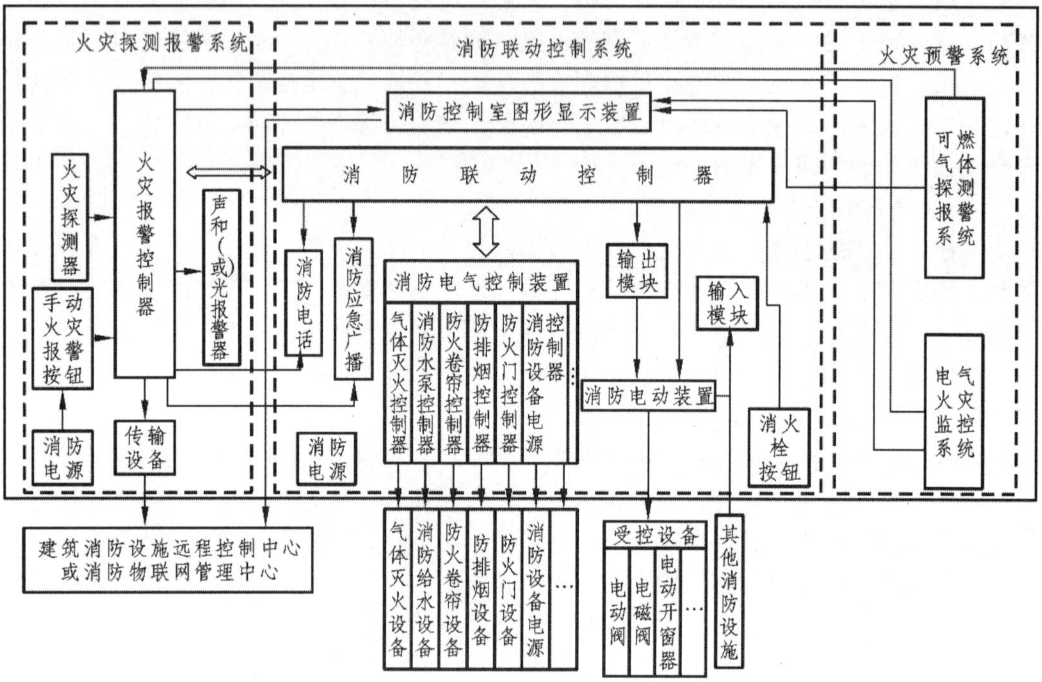

图 4-23 火灾自动报警系统的示意图

（二）火灾自动报警系统的种类及适用范围

根据现行国家标准《火灾自动报警系统设计规范》（GB 50116—2013）规定，火灾自动报警系统可以分为区域报警系统、集中报警系统和控制中心报警系统三种基本形式。

1. 区域报警系统

区域报警系统由区域报警控制器、火灾探测器、手动报警按钮、警报装置等组成，如图 4-24 所示。区域报警系统虽然比较简单，但使用很广泛，是一个最基本的系统。它适用于规模较小、危险程度较低，仅需要报警、不需要联动自动消防设备的场所，经济性比较好。一般来说，使用这类系统的火灾探测和报警区域内最多不设置超过 3 台的区域火灾报警控制器。

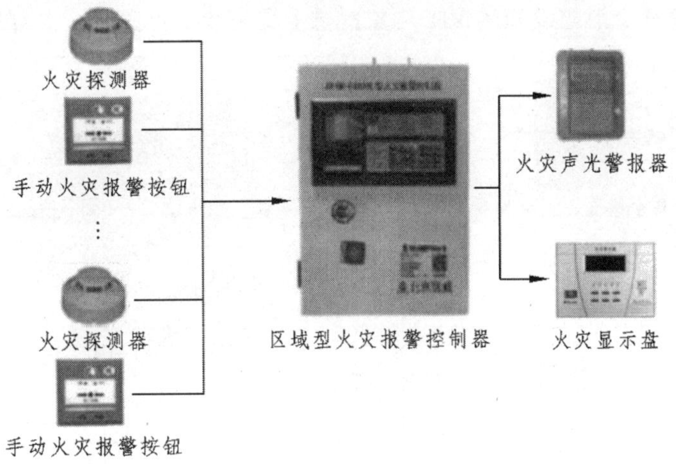

图 4-24　区域报警系统示意图

2. 集中报警系统

集中报警系统是由集中报警控制器、区域报警控制器和火灾探测器等组成的火灾自动报警系统。集中报警系统除具有区域报警系统的基本功能外，还能控制两台以上的区域报警控制器，所以，它的控制规模更大、回路更多，适用于不仅需要报警，同时需要联动自动消防设备的场所，并应设置一个消防控制室（见图 4-25）。

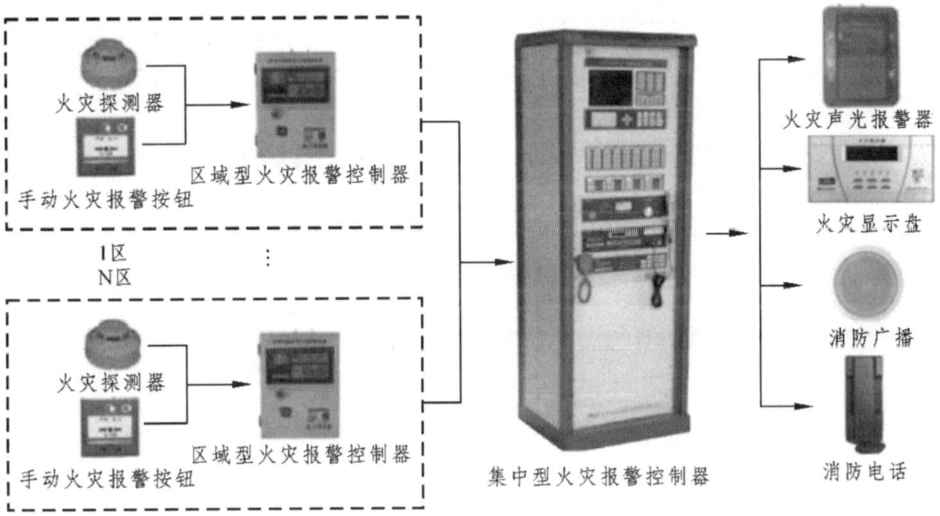

图 4-25　集中报警系统示意图

3. 控制中心报警系统

控制中心报警系统由设置在消防控制室的消防控制设备、集中报警控制器、区域报警控制器和火灾探测器等组成。它与上述两个系统相比，功能更全、更完善，增多了消防控制联动功能和设备：如火灾警报装置、火警电话、火灾事故广播、火灾事故照明、防排烟、通风空调和消防电梯、固定灭火系统等，如图 4-26 所示。控制中心报警系统包含两个及两个以上的集中报警系统，是高层建筑及智能建筑中自动消防系统的主要类型，是楼宇自动化系统的重要组成部分，为整个消防设施的保护对象提供了更完善、更安全、更可靠的安全保障。

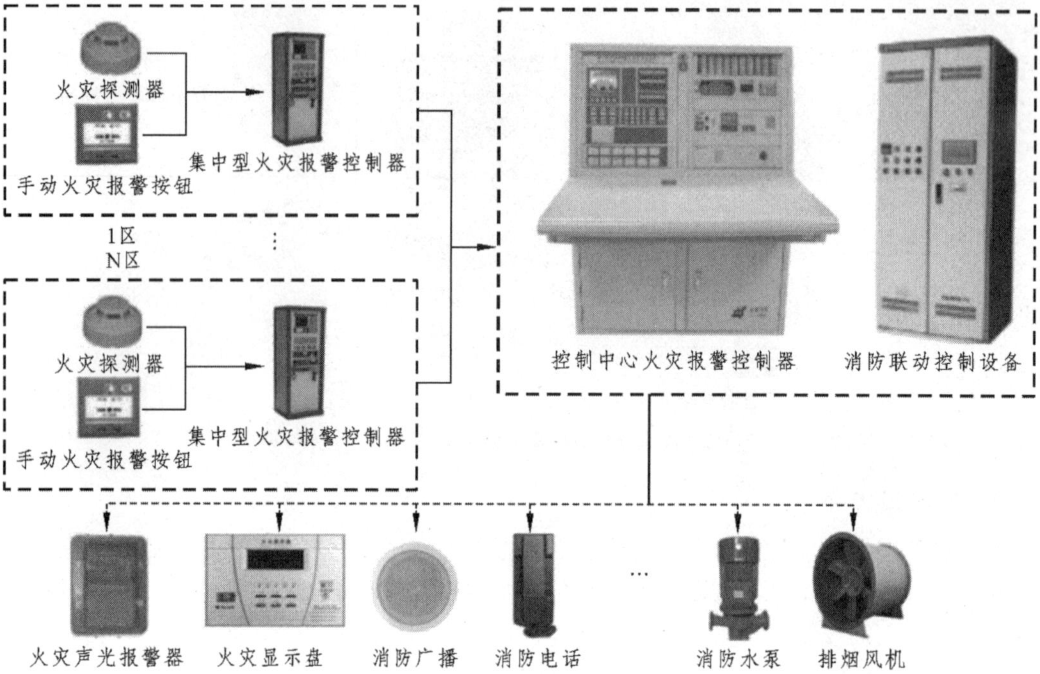

图 4-26　消防控制设备的组成

这三种系统相比较，控制中心报警系统的安全性和可靠性比其他两个系统更好，但在实际应用中，要根据保护对象的危险等级、重要程度、经济可能，组成能够满足安全要求的报警系统。

（三）火灾报警控制器

火灾报警控制器是火灾自动报警系统的“心脏”，可向探测器供电，具有下述功能：

（1）用来接收火灾信号并启动火灾报警装置。该设备也可用来指示着火部位和记录有关信息。

（2）能通过火警发送装置启动火灾报警信号或通过自动消防灭火控制装置启动自动灭火设备和消防联动控制设备。

（3）自动的监视系统的正确运行和对特定故障给出声、光报警。火灾报警控制器的联动范围是判断火灾自动报警系统类型的主要指标。

（4）能发出区别于环境声、光的火灾报警信号，警示人们迅速进行安全疏散和采取火灾扑救措施。

区域型火灾报警控制器，仅需启动火灾警报装置，发出火灾警报，向保护区域内的相关人员警示火灾的发生。集中报警系统中有消防联动控制系统，故在系统发生报警后，火灾报警控制器对消防联动控制器下达联动控制指令，消防联动控制器按照预设的逻辑关系对接收到的触发信号进行识别判断，当满足逻辑关系条件时，消防联动控制器按照预设的控制时序启动相应自动消防系统，实现预设的消防功能，与此同时，消防联动控制器接收并显示消防系统动作的反馈信息；消防控制室的消防管理人员也可通过操作消防联动控制器上的手动控制盘直接启动相应的消防系统，从而实现相应消防系统预设的消防功能，消防联动控制器接收并显示消防系统动作的反馈信息。

控制中心报警控制器位于主消防控制室，应能显示所有火灾报警信号和联动控制状态信号，并应能控制重要的消防设备；各分消防控制室内消防设备之间可相互传输、显示状态信息，但不应相互控制。

（四）火灾探测报警系统

1. 火灾探测器

（1）火灾探测器的作用。

火灾探测器是消防火灾自动报警系统中，对现场进行探查，发现火灾的设备。火灾探测器是系统的“感觉器官”，它的作用是监视环境中有没有火灾的发生。火灾探测器是火灾探测系统最重要的组成部分之一，它至少含有一个能连续或以一定频率周期探测物质燃烧过程中所产生的各种物理、化学现象的传感器，并且至少能向控制和指示设备提供一个适合的信号。其基本功能就是对物质燃烧过程中产生的各种气、烟、热、光（火焰）等表征火灾信号的物理、化学参量做出有效响应，并转化为计算机可接收的电信号，供计算机分析处理。

（2）火灾探测器的种类。

① 按对现场的信息采集类型分为：感烟探测器、感温探测器、火焰探测器、特殊气体探测器，如图 4-27 所示。

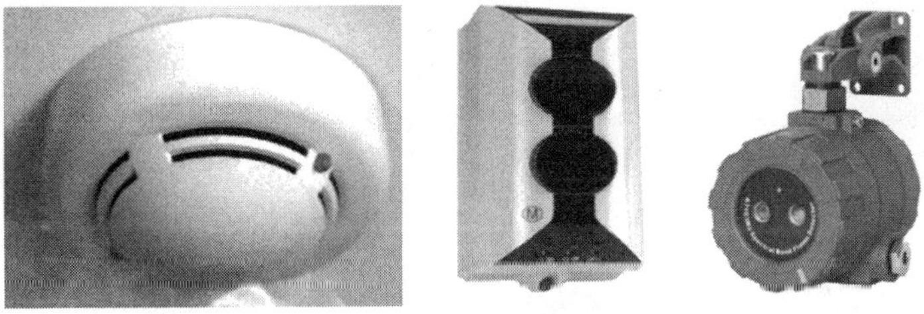

烟感探测器　　线性光束感烟探测器　　火焰探测器

图 4-27　火灾探测器类型

按设备对现场信息采集原理分为：离子型探测器，光电型探测器，线性探测器。

② 按设备在现场的安装方式分为：点式探测器，缆式探测器，红外光束探测器。

③ 按探测器与控制器的接线方式分为：总线制，多线制。其中总线制又分编码的和非编码的，而编码的又分电子编码和拨码开关编码，拨码开关编码的又叫拨码编码，它又分为二进制编码、三进制编码。

2. 手动火灾报警按钮

手动火灾报警按钮（俗称手报）安装在公共场所，当人工确认火灾发生后按下按钮上的有机玻璃片，可向火灾报警控制器发出信号，火灾报警控制器接收到报警信号后，显示出报警按钮的编号或位置并发出报警音响。手动火灾报警按钮，可直接接到控制器总线上。按下手动报警按钮过 3~5 s 后手动报警按钮上的火警确认灯会点亮，这个状态灯表示火灾报警控制器已经收到火警信号，并且确认了现场位置。在每个防火分区应至少设置一个手动火灾报警按钮。从一个防火分区内的任何位置到最邻近的一个手动火灾报警按钮的距离不应大于30 m。手动火灾报警按钮宜设置在公共活动场所的出入口处且应设置在明显的和便于操作的部位。安装在墙上时，其底边距地高度宜为1.3~1.5 m，且应有明显的标志。

三、认识室内消火栓给水系统

（一）室内消火栓给水系统的组成

消火栓给水系统一般由消火栓、水带、水枪、消防管道、消防水池、水箱、增压设备和水源等组成。当室外给水管网的水压不能满足室内消防要求时，应当设置消防水泵和水箱。

1. 消火栓

室内消火栓是具有内扣式接口的球形阀式龙头。它的一端与消防竖管相连，另一端与水带相连。消火栓的出口直径不应小于所配备的水带的直径。消火栓有单出口和双出口两种。如图4-28所示。单出口消火栓直径常分为50 mm、65 mm两种，双出口消火栓直径不应小于65 mm。通常，在每支水枪的最小流量不小于2.5 L/s的建筑物内，可选用直径为50 mm消火栓；每支水枪最小流量不小于5 L/s的建筑物内，宜选用直径为65 mm的消火栓。高层建筑室内消火栓的栓口直径应为65 mm。

(a) 单出口室内消火栓　　(b) 单阀双出口室内消火栓　　(c) 双阀双出口室内消火栓

图4-28　消火栓的种类

2. 水　枪

水枪是灭火的主要工具。室内消火栓一般采用直流式水枪。水枪喷嘴口径一般为13 mm、16 mm、19 mm。喷嘴口径13 mm的水枪配用50 mm的水带。喷嘴口径16 mm的水枪配用50 mm或65 mm的水带，喷嘴口径19 mm的水枪配用65 mm的水带。低层建筑室内消火栓设备，应根据消防流量和充实水柱长度要求，选择水枪的规格。

一般情况下，每支水枪最小流量不小于2.5 L/s的建筑内，可选用口径16 mm（个别情况下，根据流量计算，也可采用口径13 mm）的水枪；在每支水枪最小流量不小于5 L/s的建筑物内，宜选用口径19 mm的水枪。高层建筑室内消火栓设备，应配备喷嘴口径不小于19 mm的水枪。

3. 水　带

室内消火栓设备一般采用直径为50 mm和65 mm的麻质或衬胶水带。每个消火栓处配备水带一条，水带长度可为15 m、20 m、25 m或30 m四种。高层建筑室内消火栓，配备的水带长度不应超过25 mm。

4. 消火栓箱

消火栓箱用来放置消火栓、水龙带、水枪，一般嵌入墙体暗装，也可以明装和半暗装，如图 4-29（a）所示。消火栓箱应设置在建筑物中经常有人通过、显眼及便于使用之处，如走廊、楼梯间、门厅及消防电梯等处的墙龛内。平时封锁，使用时击碎玻璃，按电钮启动水泵，取枪开栓灭火。

5. 消防卷盘

消防卷盘是设置在高级旅馆、综合楼和建筑高度超过 100 m 的超高层建筑内的重要辅助灭火设备，由口径为 25 mm 或 32 mm 的消火栓，以及内径 19 mm、长度 20~40 m 卷绕在可旋转盘上的胶管和喷嘴口径为 6~9 mm 的水枪组成，见图 4-29（b）所示。

6. 水泵接合器

建筑消防给水系统中应设置水泵接合器。水泵接合器是消防车从室外水源取水，向室内管网供水的接口，如图 4-29（c）所示。当室内消防用水量不足时须通过消防车从室外水源抽水向室内消防给水管网（或消防水池）补充消防用水；室内消防水泵压力不足时，可通过它将水送至室内消防给水管网；室内消防水泵因检修、停电或发生故障时，利用消防车从室外水源取水，通过它将水送至室内消防管网。水泵接合器分为地上式、地下式、墙壁式三种。

（a）消火栓箱　　（b）消防卷盘　　（c）水泵接合器

图 4-29　消火栓箱组成

7. 消防储水池

消防灭火需要大量用水，消防水箱的蓄水远远不够，此时可用消防泵直接从消防水池抽水灭火。消防水池既可设于室外的地下或地上，也可设在室内地下室，可与游泳池、水景水池兼用。

8. 消防水箱

室内消防水箱用于提供扑救初期火灾的水量和保证扑救初期火灾时灭火设备必要的水压。消防水箱宜与生活、生产水箱合用，以防止水质变坏。水箱内应储存 10 min 的室内消防用水量。消防与生活或生产合用水池、水箱时，应有保证消防用水平时不作他用的技术措施。

（二）消火栓给水系统的给水方式

1. 低层建筑室内消火栓给水系统的类型

根据建筑物的高度、室外消防给水管网所提供的水压和水量以及室内消防对水压、水量等的要求，常见的有三种系统。

（1）无加压消防水泵、无水箱的室内消火栓给水系统。

当室外为常高压消防给水系统，或室外给水管网的水压、水量任何时刻均能满足室内最不利点消火栓处的设计水压和水量时，可采用无加压消防水泵、无水箱的室内消火栓给水系统。采用这种系统时，当消防、生活、生产合用管网，则其进水管上所设的水表应考虑消防流量。仅设一条进水管时，可在水表的节点处设置旁通管，旁通管上设阀门，平时阀门关闭。发生火灾时，应能自动开启该阀门，也可由消防值班人员开启。但此水表节点应设在值班人员易于接近或便于开启的地方，且应有明显的消防标志。

（2）设有消防水箱的室内消火栓给水系统。

在水压变化较大的城镇或居住区，室外给水管网的水压在昼夜内间断性满足室内消防、生活和生产用水要求。如白天用水高峰时外网水压不能满足要求，而在夜间或其他时间，外网供水均能满足室内消防、生活和生产用水要求，常设消防水箱储存 10 min 的消防用水量，同时调节生活、生产用水量。该系统的生活、生产给水管网与消防给水管网应分开，但应共用消防水箱。生活生产给水管道与消防给水管道之间的连接管（或水泵出水管与消防给水管道的连接管）上应设单向阀，防止水压较低时消防管网内的水向水源倒流。

（3）设有消防水泵和水箱的室内消火栓给水系统。

当室外给水管网的水压经常不能满足室内消火栓给水系统最不利点消火栓灭火设备处的水量和水压时，应采用这种系统。

消防水泵的扬程应满足室内最不利点消火栓灭火设备的水压，同时应保证火警后 5 min 之内开始启动供水，以保证火场用水不中断。消防水箱应储存 10 min 的室内消防用水量，合用水箱时，应保证消防用水不作他用，且发生火灾后由消防水泵供给的消防用水，不应进入消防水箱，以利维持管网内的消防水压。消防水箱的补水应由生活或生产泵供给，严禁消防水箱采用消防水泵补水。

2. 高层建筑室内消火栓给水系统的类型

高层建筑室内消火栓给水系统，按消防给水系统服务范围，分为独立的室内高压（或临时高压）消火栓给水系统和区域集中的室内高压（或临时高压）消火栓给水系统；按建筑的高度不同，分为高度低于 50 m 的高层建筑一次供水室内消火栓给水系统和高度超过 50 m 的高层建筑分区供水室内消火栓给水系统。

（1）独立的室内高压（或临时高压）消火栓给水系统。

每幢高层建筑物内设立消防专用、管网内经常保持高压（或当接到火警后，临时加压使管网内的水压达到消防要求的高压）的消防给水系统，均称为独立的室内高压（或临时高压）消火栓给水系统。通常在地震区、人防要求较高以及重要的建筑物采用这种系统。

（2）区域集中的室内高压（或临时高压）消火栓给水系统。

数幢高层建筑物共用一个消防水泵房，管网内经常保持高压或临时高压的消防给水系统，称为区域集中的室内高压（或临时高压）消火栓给水系统。为了便于集中管理，在有合理规划的高层建筑区常采用这种系统。

（3）高度低于 50 m 的高层建筑一次供水室内消火栓给水系统。

建筑高度超过 24 m 但不超过 50 m 的高层建筑，发生火灾时，消防队使用消防车，从室外消火栓（或消防水池）吸水，通过水泵接合器往室内管网供水，仍可帮助室内消火栓给水系统工作，所以这种情况均可采用一次供水室内消火栓给水系统。

（4）高度超过 50 m 的高层建筑分区供水室内消火栓给水系统。

建筑高度超过 50 m 或消火栓处所受静水压力超过 800 MPa 的室内消火栓给水系统，为便于火场扑救和加强供水安全，宜采用分区给水系统。

3. 室内消火栓的使用与检查

（1）室内消火栓检查。

检查消火栓的组成等情况，具体内容参见表 4-4。

表 4-4　消火栓检查表

检查时间	检查人	消防栓箱	消防报警器	闸阀	消防水袋	消防水枪	消防软管	水带接口	清洁卫生	备注
消防栓箱及其配件完好、在位、正常打“√”。有问题立即更换或检修，每月检查一次										
为了你的安全			请爱护消防设施				自编号：			

（2）使用方法 （见图 4-30）。

① 打开或击碎箱门，取出消防水带。

② 把水带接口一端与消火栓接口连接。

③ 另一端接上消防水枪。

④ 按下箱内消火栓启动按钮，启动消防水泵。

⑤ 打开消火栓上的水阀开关。

⑥ 对准火源根部，进行灭火。

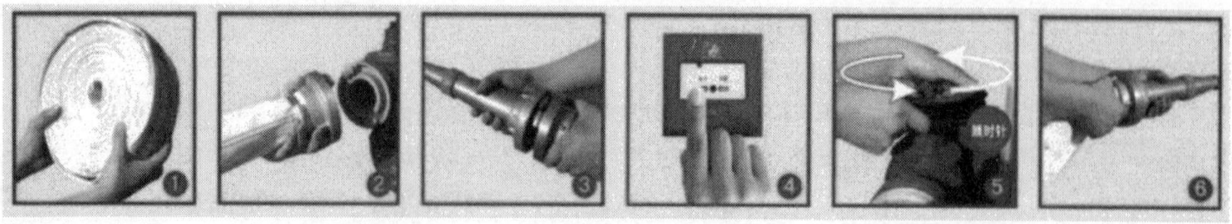

打开或击碎箱门，取出消防水带。　水带一头接在消火栓接口上。　另一头接上消防水枪。　按下箱内消火栓启泵按钮。　打开消火栓上的水阀开关。　对准火源根部，进行灭火。

图 4-30　消火栓使用方法

四、认识自动喷水灭火系统

（一）自动喷水灭火系统的分类

自动喷水灭火系统由洒水喷头、报警阀组、水流报警装置（水流指示器或压力开关）、管道系统、供水设施等组成。

自动喷水灭火系统，根据被保护建筑物的性质和火灾发生、发展特性的不同，可以有许多不同的系统形式。通常根据系统中所使用的喷头形式的不同，可分为闭式自动喷水灭火系统和开式自动喷水灭火系统两大类（见表 4-5）。

闭式自动喷水灭火系统包括湿式自动喷水灭火系统、干式自动喷水灭火系统、干湿交替式自动喷水灭火系统、预作用自动喷水灭火系统。

开式自动喷水灭火系统包括雨淋灭火系统、水幕灭火系统、水喷雾灭火系统。

表 4-5　各种类型自动喷水灭火系统适用范围

系统类型			适用范围
自动喷水灭火系统	闭式系统	湿式自动喷水灭火系统	因管网及喷头中充水，适用于环境温度 4~70℃的建筑物和场所
		干式自动喷水灭火系统	系统报警后充有压气体，故适用于室内任何温度
		干湿交替式自动喷水灭火系统	把干式和湿式两种系统的优点结合在一起的一种自动喷水灭火系统。在温度高于 70℃，或低于 4℃时为干式系统，环境温度在 4~70℃之间时转化为湿式系统
		预作用自动喷水灭火系统	平时预作用阀后管网充以低压压缩空气或氮气（也可以是空管），火灾时，由火灾探测系统自动开启预作用阀，使管道充水呈临时湿式系统
	开式系统	雨淋喷水灭火系统	雨淋系统适用于燃烧猛烈、蔓延迅速的严重危险建筑构成场所，要求快速扑灭火灾的特别危险场所
		水幕灭火系统	可以起冷却、阻火、防火分隔作用，故适用于建筑需要保护或防火隔断部位
		水喷雾灭火系统	喷雾主要起冷却、窒息、冲击乳化和稀释四种作用，故适用于飞机制造、电气设备、石油化工等处

（二）闭式自动喷水灭火系统

1. 湿式自动喷水灭火系统

湿式自动喷水灭火系统，是世界上使用时间最长，应用最广泛，控火、灭火中使用频率最高的一种闭式自动喷水灭火系统，目前世界上已安装的自动喷水灭火系统中有 70%以上采用了湿式自动喷水灭火系统。湿式自动喷水灭火系统组成如图 4-31 所示。

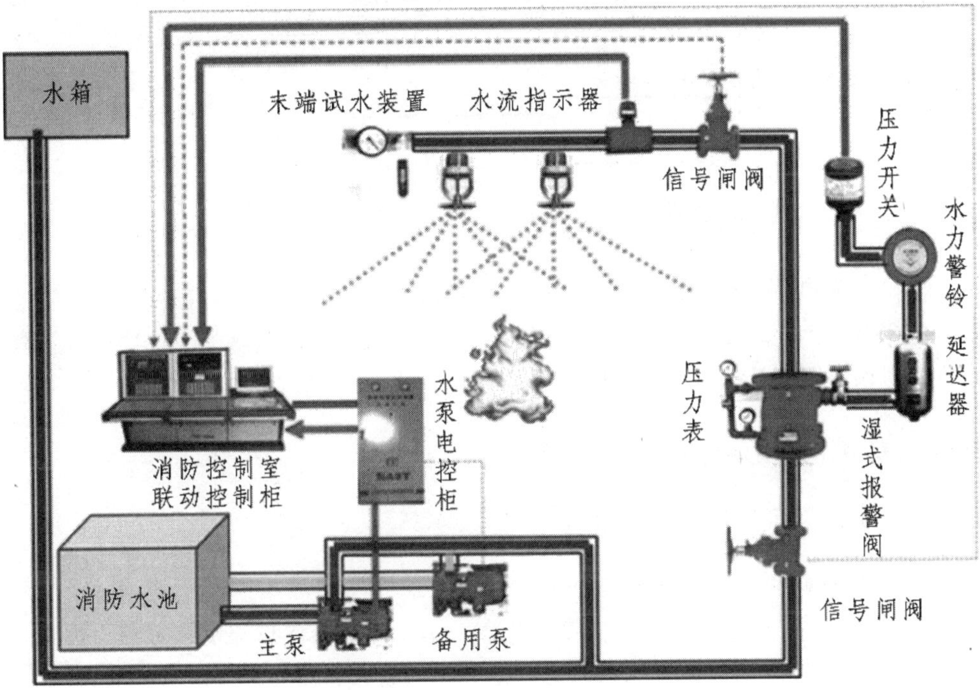

图 4-31 湿式自动喷水灭火系统组成

2. 系统的组成和工作原理

湿式自动喷水灭火系统一般包括：闭式喷头、管道系统、湿式报警阀和供水设备。湿式报警阀的上下管网内均充以压力水。

保护区域内发生火灾时，温度升高使闭式喷头玻璃球炸裂而使喷头开启喷水。这时湿式报警阀系统侧压力降低，供水压力大于系统侧压力（产生压差），使阀瓣打开（湿式报警阀开启），其中一路压力水流向洒水喷头，对保护区洒水灭火，同时水流指示器报告起火区域；另一路压力水通过延迟器流向水力警铃，发出持续铃声报警，报警阀组或稳压泵的压力开关输出启动供水泵信号，完成系统启动。系统启动后，由供水泵向开放的喷头供水，开放喷头按不低于设计规定的喷水强度均匀喷水，实施灭火。湿式自动喷水灭火系统动作流程如图 4-32 所示。

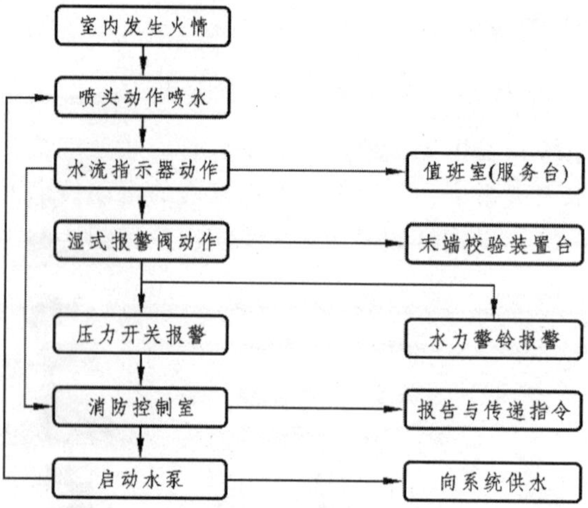

图 4-32 湿式自动喷水灭火系统动作流程图

3. 系统的适用范围

湿式自动喷水灭火系统在环境温度不低于 4℃且不高于 70℃的建筑物和场所（不能用水扑救的建筑物和场所除外）都可得到采用。

五、建筑消防系统的维护与管理

（一）自动灭火系统的维护和管理

1. 消防控制室相关设备保养

保养集中火灾报警控制器、消防联动控制器、消防控制室图形显示装置和火灾显示盘。

（1）使用钥匙打开箱门，将控制器主、备电源切断（见图 4-33）。

（2）用小毛刷将机柜（壳）内设备空隙和线材上的灰尘和杂质清扫出来，然后用吸尘器清理干净（见图 4-34）。

（3）用抹布将装置柜（壳）内设备和线材清洁干净，确保表面无污迹。如果发现机柜有水存在，应该用干燥的抹布擦拭干净保证柜（壳）在干燥情况下才能通电。机壳外表面的指示灯、显示屏应清洁干净，指示及字符清晰可见。

（4）检查线路接头处有无氧化或锈蚀痕迹，若有则应采取防潮、防锈措施，如镀锡和涂抹凡士林等。发现螺栓及垫片有生锈现象应予以更换，确保接头连接紧密。

（5）保养结束后，给控制器送电，用钥匙将箱门锁闭。

（6）做好相关记录工作。

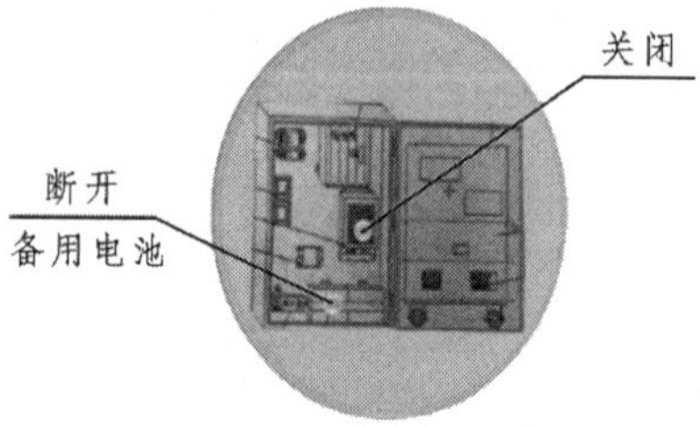

图 4-33 控制器主、备电源

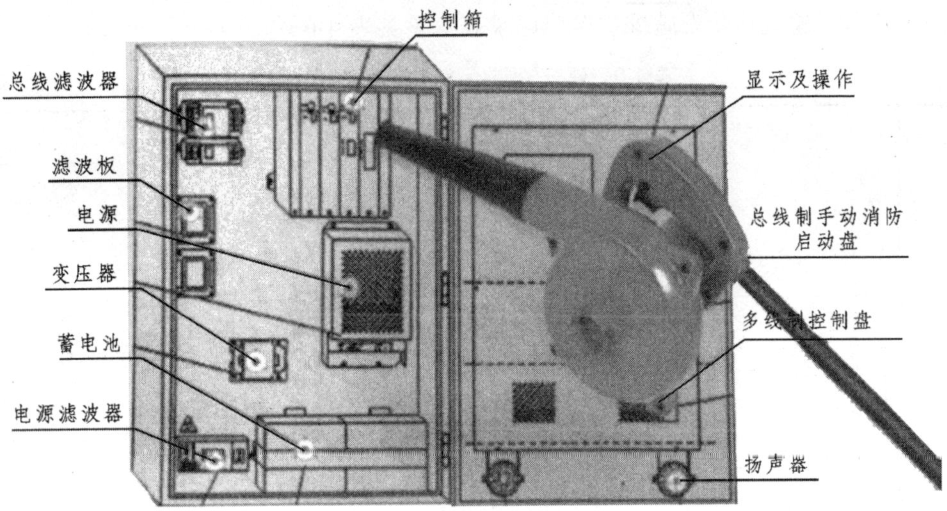

图 4-34　灰尘和杂质清扫

2. 线型感烟、感温火灾探测器的保养

（1）外观保养。

使用清洁的干软布和酒精轻轻擦拭线型光束感烟火灾探测器的发射窗口和接收窗口、反射器、指示灯表面的污染物。

（2）稳定性检查。

线型光束感烟火灾探测器应紧紧固定在墙壁或其他固定位置上，探测位置不发生偏移；线型缆式感烟火灾探测器输入模块、接口模块和终端模块应固定。若发生松动，则用螺丝刀紧固。

（3）接线检查。

检查线型感烟、感温火灾探测器的接线端子，将连接松动的端子重新紧固连接，换掉有锈蚀痕迹的螺钉、端子垫片等接线部件；去除锈蚀的导线端，烫锡后重新连接。

（4）调试。

清洁完毕后，应将线型光束感烟探测器响应阈值标定到探测器出厂设置的阈值，使探测器重新进入正常监视状态。线型缆式感温火灾探测器能自动监测线芯之间的绝缘电阻值，电阻值应能满足要求。

（5）接入复检。

用减光率为 0.9 dB/m 的减光片遮挡光路，检查线型光束感烟火灾探测器是否发出火灾报警信号；用减光率 1.0~10.0 dB/m 的减光片遮挡光路，检查探测器是否发出火灾报警信号；用减光率为 11.5 dB/m 的减光片遮挡光路，检查探测器是否发出故障信号或火灾报警信号。在不可恢复的线型感温火灾探测器上模拟火灾和故障，检查探测器能否发出火灾报警和故障信号。对可恢复的线型感温火灾探测器采用专用检测仪器或模拟火灾的办法检查其能否发出火灾报警信号，并在终端盒上模拟故障，检查探测器能否发出故障信号。检查结果应符合产品标准和设计要求。复检项目检查不合格时，应再次进行维修保养或报废。

（6）填写“建筑消防设施维护保养记录表”（见表4-6）。

表4-6 建筑消防设施维护保养记录表

巡查项目	巡查内容	巡查情况					
		部位	数量	正常	故障及处理		
					故障描述	当场处理情况	报修情况
消防供配电设施	消防电源主电源、备用电源工作状态						
	发电机启动装置外观及工作状态、发电机燃料储量、储油间环境						
	消防配电房、UPS电池室、发电机房环境						
	消防设备末端配电箱切换装置工作状态						
火灾自动报警系统	火灾探测器、手动报警按钮的状态、信号输入模块和输出模块外观及运行状态						
	火灾报警控制器、火灾显示盘、CRT图形显示器运行状况						
	消防联动控制器外观及运行状况						
	火灾报警装置外观						
	建筑消防设施远程监控、信息显示、信息传输装置外观及运行状况						
	系统接地装置外观						
	消防控制室工作环境						
电气火灾监控系统	电气火灾监控探测器的外观及工作状态						
	报警主机外观及运行状态						
可燃气体探测报警系统	可燃气体探测器的外观及工作状态						
	报警主机外观及运行状态						

3. 电气火灾监控器和可燃气体报警控制器保养

（1）使用钥匙打开箱门，将监控器主、备电源切断。

（2）用小毛刷将机柜（壳）内设备空隙和线材上的灰尘和杂质清扫出来，然后用吸尘器清理干净。

（3）用抹布将装置柜（壳）内设备和线材清洁干净，确保表面无污迹。如果发现机柜有水存在，应该用干燥的抹布擦拭干净，保证柜（壳）在干燥情况下才能通电。机壳外表面的指示灯、显示器应清洁干净，指示及字符清晰可见。

（4）检查线路接头处有无氧化或锈蚀痕迹，若有则应采取防潮、防锈措施，如镀锡和涂抹凡士林等。发现螺栓及垫片有生锈现象应予以更换，确保接头连接紧密。保养结束后，给监控器送电，用钥匙将箱门锁闭。

（5）填写“建筑消防设施维护保养记录表”。

（二）自动喷水灭火系统保养

1. 湿式、干式自动喷水灭火系统保养

消防设施维护保养人员应根据维护保养计划，按规定的周期内对前述项目分别实施保养。保养应结合外观检查和功能测试进行，通常采用清洁、紧固、调整、润滑的方法。对电气元器件的清洁应使用吸尘器或软毛刷等工具，其他组件可使用不太湿的布进行擦拭。对损坏件应及时维修或更换。

（1）阀门。

检查系统的各个控制阀门，发现铅封损坏或者锁链未固定在规定状态的，及时更换铅封，并调整锁链至规定的固定状态。发现阀门有漏水、锈蚀等情形的，更换阀门密封垫，修理或者更换阀门，对锈蚀部位进行除锈处理。启闭不灵活的，进行润滑处理。

检查室外阀门井情况，发现阀门井积水、有垃圾或者有杂物的，及时排除积水，清除垃圾、杂物。发现管网中的控制阀门未完全开启或者关闭的，完全启闭到位。发现阀门有漏水等情形，按照前述室内阀门的要求查漏、修复、更换、除锈和润滑。

（2）管道。

检查发现管道漆面脱落、管道接头存在渗漏、锈蚀的，应进行刷漆、补漏、除锈处理。检查发现支架、吊架脱焊、管卡松动的，应进行补焊和紧固处理。检查管道各过滤器的使用性能，对滤网进行拆洗，并重新安装到位。

（3）报警阀组。

① 检查报警阀组的标识是否完好、清晰，报警阀组组件是否齐全，表面有无裂纹、损伤等现象。检查各阀门启闭状态、启闭标识、锁具设置和信号阀信号反馈情况是否正常，报警阀组设置场所的排水设施有无排水不畅或积水等情况。

② 检查阀瓣上的橡胶密封垫，表面应清洁无损伤，否则应清洗或更换。检查阀座的环形槽和小孔，发现积存泥沙和污物时应进行清洗。阀座密封面应平整，无碰伤和压痕，否则应修理或更换。

③ 检查湿式自动喷水灭火系统延迟器的漏水接头，必要时进行清洗，防止异物堵塞，保证其畅通。

④ 检查水力警铃铃声是否响亮，清洗报警管路上的过滤器。拆下铃壳，彻底清除脏物和泥沙后重新安装。拆下水轮上的漏水接头，清洁其中积聚的污物。

（4）水流指示器。

检查水流指示器，发现有异物、杂质等卡阻桨片的，及时清除。开启末端试水装置或者试水阀，检查水流指示器的报警情况，发现存在断路、接线不实等情况的，重新接线至正常。发现调整螺母与触头未到位的，重新调试到位。

（5）试验装置。

检查系统（区域）末端试水装置、楼层试水阀的设置位置是否便于操作和观察，有无排水设施。检查末端试水装置压力表能否准确监测系统、保护区域最不利点静压值。通过放水

试验，检查系统启动、报警功能以及出水情况是否正常。

表 4-7　自动喷水系统灭火系统维护管理内容和要求

序号	维护管理部位	维护管理工作内容及要求	维护周期
1	水源	测试供水能力，符合设计要求	每月
2	蓄水池、高位水箱	检测水位及消防储备水不被他用的设施应正常	每月
3	消防气压给水设备	检测气压、水位符合工作条件要求	每月
4	设置储水设备的房间	检查室温，不低于 5℃	寒冷季节每天
5	储水设备	检查结构材料完好，无锈蚀	每两年
6	电动消防水泵	启动试转正常，水温、水压符合要求	每月
7	内燃机驱动消防水泵	启动试转正常，水温、水压符合要求	每月
8	报警阀	放水试验，启动性能正常	每星期
9	水源控制阀、报警控制装置	目测巡检完好状况及开闭位置正确	每日
10	系统所有控制阀门、电磁阀	检查铅封、锁链完好，状况正常	每月
11	室外阀门井中控制阀门	检查开启状况正确	每季
12	水泵接合器	检查完好状况	每月
13	水流指示器	试验报警正常	每两个月
14	喷头	检查完好状况、清除异物，重要场所还应定期实测动作性能	每月

（三）消防设备末端配电装置保养

消防设备末端配电装置的清扫和检修一般每年至少一次，其内容除清扫和摇测绝缘外，还应检查各部连接点和接地处的紧固状况，具体方法如下：

（1）清洁消防设备末端配电装置前应停电。

（2）配电装置断电后，用电动吹风或小毛刷等清洁柜中灰尘，检查母线及引线连接是否良好、接点有无发热变色，检查电缆头、接线头是否牢固可靠，检查接地线有无锈蚀、接线桩头是否紧固。所有二次回路接线应连接可靠，绝缘符合要求。

（3）检查断路器操作机构是否到位，接线螺栓是否紧固。

（4）清除接触器触点表面及四周的污物，检查接触器触点接触是否完好，如触点接触不良，必要时可稍微修锉触点表面，如触点严重烧蚀（触点磨损至原厚度的 1/3）应更换触点。

（5）检查电源指示仪表、指示灯应完好。

（四）消防电话系统保养

（1）接通消防电话总机电源，使消防电话处于正常监视状态。

（2）外观检查保养：用吸尘器、清洁的干软布等清除机壳、电话机表面、电话插孔内及所有接线端子处的灰尘。对所有按键进行按下、弹起操作。

（3）接线检查保养：用螺丝刀紧固接线端子，对锈蚀的接线端烫锡。

（4）功能检查：在消防控制室进行总机与所有消防电话分机、电话插孔之间互相呼叫并通话，呼叫铃声、通话应语音清晰，无振鸣。总机显示每部分机或电话插孔的位置，总机自检、消音、复位以及群呼、录音、记录和显示等功能完好。

（5）保养完成后，对消防电话总机进行复位和自检操作，等待 2 min，观察消防电话主机是否处于正常监视状态。

（6）填写"建筑消防设施维护保养记录表"。

注意事项：接线检查应在消防电话总机断电状态下进行。

（五）消防应急广播系统保养

（1）接通电源，使消防应急广播设备系统、火灾自动报警系统设备处于正常工作状态。

（2）外观检查保养：用吸尘器、清洁的干软布等清除机壳、扬声器表面及所有接线端子处的灰尘。对所有按键进行按下、弹起操作。

（3）接线检查保养：用螺丝刀紧固接线端子，对锈蚀的接线端烫锡。

（4）功能检查：在手动状态和自动状态下启动消防应急广播，监听扬声器应有声音输出，语音清晰不失真。距扬声器正前方 3 m 处，用数字声级计测量消防应急广播声压级（A 计）。不应小于 65 dB，且不应大于 115 dB。在自动状态下测试广播与火灾声警报交替循环播放功能，消防应急广播能与火灾声警报分时交替循环播放。

（5）保养完成后，对消防应急广播系统进行复位和自检操作，等待 2 min，观察消防应急广播系统是否处于正常监视状态。

（6）填写"建筑消防设施维护保养记录表"。

（六）消防电梯挡水、排水设施保养

（1）消防电梯前室要设挡水设施，并确保其完好无破损，高度为 4~5 cm。

（2）对排水设施的启停水位控制器进行外观清洗、启停水位核对。

（3）对排水井进行清洁，排水井容积不小于 2 m^3。

（4）对排水管上的止回阀进行检查，防止水倒灌。

（5）检查排水设施电源供电是否正常。

（6）切断控制柜电源，对线路、元器件、按钮、指示灯使用吹尘器进行吹扫，外壳可用不太湿的布擦拭，检查完毕后，打开电源，检查控制柜指示灯、主备泵切换、启停排水泵功能是否正常且排水泵排水量不应小于 10 L/s。

注意事项：

① 保养时，主、备泵均应进行保养和功能测试。

② 排水泵排水能力测试应在有水情况下进行。启停测试可无水进行，但无水运转时间不能超过规定时间（参阅相关产品说明）。

③ 运转时有异常振动或声响的，应立即停泵进行检修。

（七）消防应急照明和疏散指示系统控制器保养

1. 外观检查

使用吸尘器、清洁的干软布等清除机壳表面、通风格栅内及所有接线端子处的灰尘。

2. 稳定性检查

消防应急照明灯具及疏散指示标志应紧固在墙壁或其他固定位置上，位置不发生偏移；若发生松动，则用螺丝刀紧固。

3. 接线检查

接线端子应无松动、无锈蚀现象。若发生松动，则用螺丝刀紧固；若有锈蚀现象，则将接线端除锈烫锡。

4. 功能调试

（1）自检功能。

按下应急照明控制器面板“自检”键，对本机及面板上的所有指示灯、显示屏、音响器件进行功能检查。

（2）消音、故障报警功能。

应急照明控制器在与其相连的任一灯具的光源开路或短路、电池开路或短路、主电欠压时，或与每台应急电源和各应急照明分配电装置之间连接线开路或短路时，发出故障声、光信号，指示故障部位，按下控制面板“消音”键，消除报警声。

（3）一键启动功能。

手动操作应急照明控制器的一键启动按钮，应急照明控制器应发出系统手动应急启动信号，控制应急启动输出干接点动作，发出启动声、光信号，显示并记录系统应急启动类型和系统应急启动时间。

（4）主、备电的自动转换功能。

灯具采用集中电源供电时，应能手动控制集中电源转入蓄电池电源输出；灯具采用自带蓄电池供电时，应能手动控制应急照明配电箱切断电源输出。

（5）填写“建筑消防设施维护保养记录表”。

注意事项：

① 控制器内部清洁时，应注意避免与强电端子直接接触。

② 操作结束后，应将故障部件恢复至正常工作状态。

（八）防（排）烟风机保养

（1）检查风机启停功能。

手动开启风机，风机应正常运转平稳、无异常振动与声响。在消防控制室手动控制风机的启动、停止，风机的启动、停止状态信号应能反馈到消防控制室。

（2）断开主电源，挂上安全标志牌，检查电动机接地是否良好。

（3）检查并加固各部分松动的螺栓及联轴器。

（4）检测电动机的绝缘电阻，检查主回路接触点。

（5）调整传动带松紧，用手转动带轮，观察转动是否良好。

（6）检查、更换各接合面间的垫片和密封填料。

（7）清洁电动机及风滤器和机壳内部。

（8）向转动部位加润滑油，保证联轴器及轴承的灵活性及稳定性。

（9）检查调节阀的机械开闭动作、开闭角度标志。

（10）手动开机测定三相电流值，检查指示灯和电压、电流表，听风机各部件运行声音。

（11）连续运转 5~7 min，验证风机运转正常。

（12）系统恢复正常运行状态，记录维护保养情况并清理作业现场。

注意事项：

① 电工作业项目应由具备相应等级职业资格的人员实施，作业中应严守操作规程。

② 出现风机异常振动或声响、电动机反转时，应立即停止相关设备并进行维修。

③ 风机长时间运转时，应确保相应区域的送风（排烟）口处于开启状态。

（九）消防增（稳）压设施保养

消防设施维护保养人员应根据维护保养计划在规定的周期内对前述项目分别实施保养。保养应结合外观检查和功能测试进行，通常采用清洁、紧固、调整、润滑的方法。对电气元器件的清洁应使用吸尘器或软毛刷等工具，其他组件可使用不太湿的布进行擦拭。损坏件应及时维修或更换。

（1）工作环境检查和电气控制柜的保养方法同消防泵组及电气控制柜保养。

（2）水箱保养。

针对检查发现的问题，及时采取加固或维修措施。如水箱水量达不到设计要求，经查是液位开关问题，需对液位开关进行调整或维修、更换；如水质较差，经查是水箱污染所致，则需对水箱进行清洗作业。

（3）以不锈钢消防水箱为例，其清洗流程如下：

① 关闭进水阀，打开排污阀，使水箱中的余水排尽。

② 用干净拖把或抹布对水箱周边和底部进行清洁，底部积垢严重的，可用软毛巾加清洁剂擦洗。

③ 打开进水阀，放入适量清水冲洗箱壁及底部，排除清洗产生的污水，必要时可重复进行多次，直到排污口出流满足要求为止。

④ 对泵体和电气外壳进行清洁、除锈。

⑤ 对各连接部件螺栓进行紧固。

⑥ 对阀门进行启闭功能测试、启闭状态核查和润滑。损坏的及时更换。

⑦ 检查润滑油油质，到期或变质、掺水的润滑油应更换。

⑧ 手动盘车，对泵体盘根填料进行检查或更换。

⑨ 测量电动机、电缆绝缘和接地电阻，查看电缆破损和连接松动情况，及时维修和更换。

⑩ 利用测试管路泄压，观察稳压泵自动启停和运转情况；再次泄压，观察稳压泵交替运行情况。启停功能、双泵交替运行功能不正常的，分别对泵体、电气控制柜等相关组件进行检查和维修。

（十）气压罐及供水附件保养。

对外观进行清洁、补漆和除锈。

对各阀门启闭功能和启闭状态进行检查，转动不灵活的进行润滑。

管道泄压，发现稳压泵自动启停和消防水泵启动压力设定不正确的，对压力开关或压力变送器等进行调整、维修或更换。

经检查确认是气压罐本体损伤的，建议由气压罐生产厂家进行维修处理。

六、灭火器的维护与管理

（一）灭火器的类型及选择

（1）不同的起火原因，要用不同的灭火器。

因为扑灭液体所致的火的方法肯定不同于扑灭固体所致火的方法：固体材料着火时用水来降低其温度，液体起火时应隔离空气的供给。

（2）灭火器的正确放置。

灭火器应当放在很容易拿到的地方，在车间里一般挂在墙上。

（3）灭火器的适用范围。

不同种类的灭火器标以不同颜色，有时也用尺寸大小来区分。它们有时以使用类型来区分。根据国家标准《火灾分类》（GB/T 4968—2008）的规定，将火灾分为 A、B、C、D 四类。

A 类火灾：固体物质火灾。固体物质往往具有有机物性质，一般在燃烧时能产生灼热的余烬。如棉、毛、麻、纸张等，扑灭这类火时用水或干燥的化学试剂比较有效。

B 类火灾：液体火灾和可熔化的固体物质火灾。如汽油、煤油、原油、甲醇、乙醇、沥青、石蜡火灾等，扑灭这类火时用隔离空气的方法比较有效。

C 类火灾：气体火灾。如煤气、天然气、甲烷、乙烷、丙烷、氢等引起的火灾。

D 类火灾：金属火灾。如钾、钠、镁、钛、锆、锂、铝镁合金火灾等诸如电动机、电子开关及电子器件上的火。这时我们要用绝缘灭火材料来扑救。

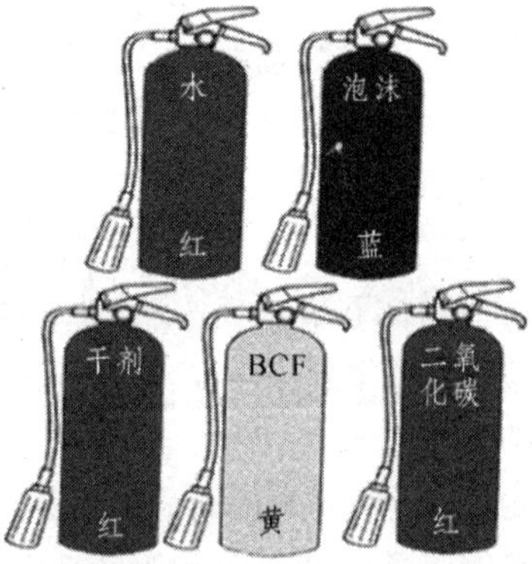

图 4-35　灭火器型号及等级

灭火器在其标牌上都注释了其使用范围。很多灭火器只能适用于扑救某一类火，也有部分灭火器可以适用几类火灾。

① 泡沫灭火器。

外表是蓝色的，喷出来的是泡沫，它用于扑救木材等固体和汽油等液体所引发的火灾。喷出来的泡沫能覆盖住液体，切断空气供给，以致燃烧中断，并熄灭火焰。如果火灾发生在液体容器里面，我们要把泡沫喷在容器的表面，让它慢慢延伸到液体的表面。

② 干燥化学试剂灭火器。

外表是红色的，它包含的是纯粉末。这些粉末通过里面气筒的高压 CO_2 挤压出来。粉末通过吸收热量的方式来降低火的温度，而且它能隔绝空气。这种灭火器能应用于对易燃液体引发火灾的扑救。

③ BCF 灭火器。

外表涂成黄色。它喷出来的是化学雾状物，这些雾状物覆盖在起火材料的表面。这种灭火器适用于电着火的情况。

④ 二氧化碳灭火器。

这种灭火器适合扑救各类火灾，它里面有一个压力缸，CO_2 就被存在这个缸里。当我们对准火焰喷射时，CO_2 马上冷却燃烧材料，使其低于燃烧所需的温度，这样火就被扑灭了。

⑤ 水以及其他方法。

除电和液体起火引发的火灾，水是最常用的灭火材料。

材料或液体在容器里面着火，可以用水来喷射，其原理同薄雾能隔离空气一样。但如果燃烧的液体可以通过水来传播火焰，就不能用水来灭火了。

用沙子灭火也是一个行之有效的方法。通常在火很小的时候，可以用厚的袋子或相似的东西来覆盖它。

如果人的衣服着火了，我们可以用毯子来把那个人给裹起来。这是利用了隔绝空气以达到灭火目的的原理。

在火刚刚烧起来的时候，我们便要马上采取行动，用任何可行的材料扑灭火或阻止它的传播。

（二）灭火器的检查

建筑（场所）使用管理单位确定专门人员，对灭火器进行日常检查，并根据生产企业提供的灭火器使用说明书，对员工进行灭火器操作使用培训。

建筑灭火器日常检查分为巡查和检查（测）两种情形。

1. 巡　查

巡查是在规定周期内对灭火器直观属性的检查。

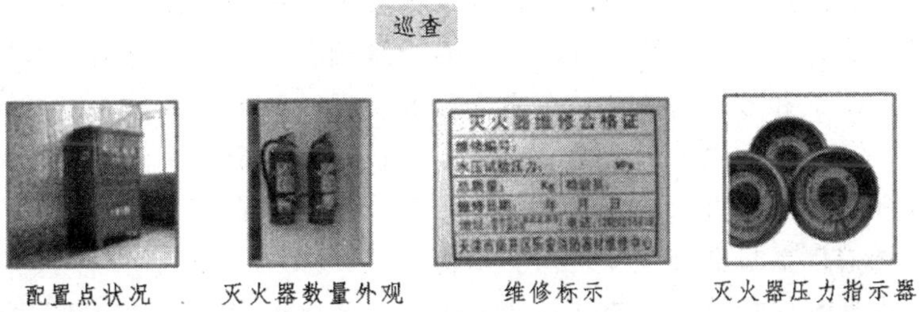

图 4-36　巡查内容

（1）巡查内容：包括灭火器配置点状况，灭火器数量、外观、维修标示以及灭火器压力指示器等，如图 4-36 所示。

（2）巡查周期：重点单位每天至少巡查 1 次，其他单位每周至少巡查 1 次。

（3）巡查要求：

① 灭火器配置点符合安装配置图表要求，配置点及其灭火器箱上有符合规定要求的发光指示标识。

② 灭火器数量符合配置安装要求，灭火器压力指示器指向绿区。

③ 灭火器外观无明显损伤和缺陷，保险装置的铅封（塑料带、线封）完好无损。

④ 经维修的灭火器，维修标识符合规定。

2. 检　查

检查（测）是在规定期限内根据消防技术标准对灭火器配置和外观进行的全面查验。物业常用灭火器通常分为手提式灭火器和推车式灭火器，其具体的检查内容和标准如表 4-8 所示。

表 4-8　手提式干粉灭火器检查表

检查时间	检查人	灭火器箱	保险销	压力	喷管	瓶体	存放环境	清洁卫生	备注
灭火器及其配件完好、在位、正常打“√”，有问题立即更换，每月检查一次									
为了你的安全			请爱护消防设施			自编号：			

（三）气体灭火系统的检查维护

为了做好检查、维护工作，所有可能担任气体灭火系统的操作、日常维护、半年检、年检、试验、充装和修理工作的人员，均应经过专门培训，并经考试合格；专门人员还必须对系统设计、施工、调试和竣工验收的情况有全面的了解，熟悉系统的性能、构造和检查维护方法。因此，已投入使用的气体灭火系统应具备要求审核的全部文件资料及竣工验收报告，系统的操作规程和系统的检查、维护记录图表。

定期检查和维护包括日常维护、月检和年检。

设置气体灭火系统保护的多为重要场所，因此对气体灭火系统的检测必须非常仔细，重要场所保护对象都是非常昂贵的，因此，要重视系统的维护管理必须严格按照规定进行日常检查和定期检查，并进行良好的维护保养，以保证系统始终处于良好的工作状态。使用单位必须由经过相关部门专门培训过的专职或兼职人员负责对系统进行检查，发现问题后交由系统生产厂家维修人员或具有从事消防工程维护资质的人负责。

维护保养的企业人员应具有相应的资质。

系统维护管理的内容如下：

（1）气体灭火系统的管理使用单位应指派经过专门培训，并经考试合格取得岗位技能资质的人员负责系统的管理操作和维护，维护管理人员应熟悉气体灭火系统的原理性能和操作维护规程。

（2）单位应建立气体灭火系统故障报告和故障消除的登记制度。发生故障应当及时组织修复。因故障、维修等原因，需要暂时停用系统的，应当经单位消防安全责任人批准，系统停用时间超过 24 h 的，在单位消防安全责任人批准的同时，应当报当地消防机构备案，并采取有效措施确保安全。

（3）气体灭火系统投入使用后应保证其处于正常运行或准工作状态，不得擅自断电停运或长期带故障运行。

（4）设有气体灭火系统单位的年度检测报告或联动检查记录，应在每年年底前报当地消防机构备案。

（四）干粉灭火系统的维护保养

灭火系统设备及控制安装完成后，一般不发生火灾时是不启动的。长期待用状态下，若不定期检查维保，就可能存在隐患。对于干粉灭火系统来说，一般规定 3 个月做一次外观检查，1 年做一次全面检查，3 年做一次压力容器、电器控制回路细检，每次检查都应将检查的原因、内容详细记录。检查的项目内容如表 4-9 所示。

表 4-9　干粉灭火系统检查项目表

检查部位	检查项目	注意事项
一般事项	1. 安装装配状况， 2. 损坏腐蚀状况， 3. 外部环境状况， 4. 清扫及标志状况， 5. 资料状况	安装装配部分有无松动、破裂、移位情况，使用性能上有无变化、破坏；机件有无锈蚀、破裂，有无影响性能和操作的外部变化；是否定期清扫；各部分标志及警告牌是否备齐醒目；工程图纸竣工资料、平时的工作记录是否齐全
干粉灭火剂	1. 干粉质量， 2. 干粉数量，	干粉是否受潮结块，干粉量有无减少
干粉罐	1. 外观状况， 2. 罐外阀件状况， 3. 罐内阀件状况	表面有无裂纹，防护漆是否完好，法兰连接、螺栓是否完好；出粉球阀动作是否灵活；罐内出粉管有无堵塞、脱落，内表面是否完好
动力 启动装置	表面有无裂纹，防护漆是否完好，法兰连接、螺栓是否完好；出粉球阀动作是否灵活；罐内出粉管有无堵塞、脱落，内表面是否完好	启动瓶外观是否完好，压力表是否完好，压力指示值是否正常；气动控制回路管道连接有无松动、脱落、破坏现象，减压阀定位是否正确，表压是否正常；接线有无松动，连接是否正确，回路动作是否正常

续表

检查部位	检查项目	注意事项
选择阀控制装置	1. 手动操作状况， 2. 自动操作状况， 3. 标志状况	自动操作是否可靠，响应时间是否符合要求；各种阀件位置标志是否正常
干粉检查	性能	取出 0.5 kg 干粉检查其外观、比重、含水量及流动性是否符合标准
动力起源检查，启动控制检查	1. 动力气瓶瓶头阀及压力表， 2. 启动瓶瓶头阀及压力表	抽检一只动力瓶，关闭其他瓶头阀，断开通向干粉罐管道，采用电动控制启动瓶启动方式，检查动力瓶开启状况，启动瓶瓶头动作状况，同时检查系统压力表反映状况
手动控制检查，自动控制检查	1. 手动按钮启动检查， 2. 自动启动检查	插上保险销（启动瓶头阀和动力瓶瓶头阀）在现场手动启动按钮，检查各部分电瓶阀启动动作状况；插上保险销，模拟火灾状态，检查自动控制回路是否正常
燃气式干粉固定灭火装置	1. 外观检查， 2. 发生器检查， 3. 管道检查， 4. 控制部分检查	按照产品说明书检查电关火系统的直流电阻（8~12 Ω 为正常）；取下发生器上的点火插头，装 24 V DC 灯或 24 V DC 讯向器，手动或自动操作，若灯泡亮或讯向器发出声响，说明控制正常
压力容器检查	1. 干粉罐检查， 2. 发生器检查	对焊缝进行 X 光探伤，检查是否符合规定；水压试验，应符合设计标准

第五节 消防安全检查

进行消防安全检查，是预防火灾的一项基本措施。专职消防人员须每天巡视大厦小区的每个角落，及时发现和消除火险隐患，这是一种日常安全检查。对防火岗位责任制执行情况的检查，一般可以每月进行 1~2 次。消防设备的硬件也要定期进行检查，检查时要会同管理公司工程部门有关人员共同进行，或者结合消防演习，每半年演习 1 次。在进行安全检查时，一旦发现火险隐患，都要记录在案，并向主管领导报告，通知有关部门限期整改。针对消防设施方面的故障和不足，还要写出专门报告，经主管领导批准，由工程部门做计划进行整修。

通过消防人员日常的具体工作，不但能起到预防火灾的效果，从另一个角度来看，也提高了消防人员自身的思想素质和业务能力，最终促进了防火、灭火水平的上升。

一、消防系统基本管理

消防系统基本管理评价内容、要求和方式见表 4-10。

表 4-10 消防系统基本管理评价表

序号	项目	评价内容	评价要求	评价方式	备注
1	人员要求	设有消防设施管理人员、操作人员、巡查人员和维保人员，并明确相应的职责	1. 应有文件资料明确上述人员，且人员均在岗在位。 2. 消防设施相关人员岗位职责应与其岗位工作性质相对应。 3. 上述人员应熟知相应其岗位消防安全职责。 4. 消防控制室值班人员、设施操作人员应能按操作规程及时、准确操作建筑消防设施	查看资料，随机提问	
		持有消防行业特有工种职业技能鉴定资格证书情况	1. 每个消防控制室应不少于一人持证。 2. 负责消防设施操作、消防巡查的人员持证，可作为加分项	查看资料	
		定期组织消防设施知识、技能培训	1. 消防培训对象应包括消防设施管理、操作、巡查和单位自有消防设施维保人员。 2. 培训内容应包括对消防设施知识和操作技能的培训。 3. 培训方式可为外出培训或内部培训。 4. 应有记录或考试合格证印证培训经历	查看资料，随机提问	
2	制定计划	建立消防设施值班、巡查、检测、维修、保养和建档等制度	制度应覆盖消防设施管理全过程，其中值班、巡查制度应上墙	查看资料	
3		应签订消防设施维修保养合同	1. 维保公司应具备维保资质。 2. 维保合同中应并明确维保项目、维保周期、维保内容	查看资料	
4		建立各类消防设施设备操作规程	应针对每台（套）消防设备制定操作规程，并上墙悬挂于设备处，操作人员应能随时查看	查看资料	
5		应按照相关消防技术标准、消防设施设备说明书，结合单位实际，制定建筑消防设施维护保养计划	1. 维保计划应列明消防设施的名称、维护保养内容和周期（注：应与维保公司的维保计划相区分，应涵盖所有消防设备的维护保养内容和周期，同时含物业自我维护保养的内容）。 2. 各设备保养周期应不低于国家和行业标准要求	查看资料	

续表

序号	项目	评价内容	评价要求	评价方式	备注
6	档案记录	建立消防设施专项档案	建筑消防设施档案应包含建筑消防设施基本情况和动态管理情况： 1. 基本情况档案包括建筑消防设施的验收文件、产品和系统使用说明书、建筑消防设施平面布置图、建筑消防设施系统图等原始技术资料。 2. 动态管理情况档案包括建筑消防设施的值班记录、巡查记录、检测记录、故障维修记录以及维护保养计划、维修保养记录、消防控制室值班人员基本情况档案及培训记录	查看资料	
		建立消防设施台账和烟感、温感地址编码清单	1. 消防设施台账应表明消防设施名称、数量、部位。 2. 地址编码清单应与实际情况相符，便于消防控制人员快速准确知晓火警部位	查看资料，随机提问	
7		消防控制室应有人员值守，应有“消防控制室值班记录表”	1. 消防控制室应24 h专人值班，每2 h记录消防控制室内消防设备的火警或故障情况。 2.“消防控制室值班记录表”内容应能真实反映值班期间消防设施运行情况	查看资料	
8		定期开展消防设施巡查并形成记录	1. 消防设施巡查频次：消防安全重点单位每日一次，非消防安全重点单位每周一次，巡查情况应形成巡查记录。 2. 巡查记录应能反映巡查部位、项目、内容、巡查情况、故障及处理情况	查看资料	
9		及时发现故障开展维修并形成记录	1. 值班、巡查、检测和使用过程中发现消防设施故障和损坏的，应立即按单位规定的程序及时报告，相关责任人应及时组织维修。 2. 发现故障、报告、维修处置情况和维修结果应有记录	查看资料	
10		开展消防设施维保工作	1. 应按照维护保养计划定期开展消防系统的设施、设备、管道、阀门和蓄电池的维护和保养，并形成记录。 2. 维保记录内容应与维保计划相对应。 3. 维保记录应能真实反映维保情况（联动测试应有火灾报警控制器打印记录，消防水泵启动试验应有视频、照片等资料）	查看资料	
11		设备房应建立来访人员登记表	消防水泵房、消防风机房、消防控制室应有人员来访登记	查看资料	

续表

序号	项目	评价内容	评价要求	评价方式	备注
12	应急措施	应制定消防系统故障应急措施	应急措施中应明确处置人员、处置方式，并形成应急处置记录	查看资料	
		应定期组织员工开展应急演练	1. 应制定消防应急预案，内容应包含应急情况下，运用消防设施设备进行处置的程序和方法。 2. 至少每半年组织一次应急演练，并形成记录，有照片、视频资料印证，内容与方案相符	查看资料，随机提问	

二、消防安全检查的内容与标准

物业公司应根据防火检查的重点规定、建筑消防设施维护管理的内容、检查的方法和要求，规定用户日常消防安全管理检查的办法，确保建筑消防设施完好有效，以规避法律责任。

1. 常规评价项目

常规评价项目如表 4-11 所示。

表 4-11　常规性评价项目

序号	项目	评价内容	评价要求	评价方式	备注
1	总体要求	标识标牌	1. 消防设施设备房上应张贴设备房名称及“机房重地、闲人莫入”的警示牌。 2. 建筑消防设施各个系统的电源开关、管道阀门均应处于正常位置，并标示开、关方向。对需要保持常开或常闭状态的阀门，应采取铅封限位和加挂开关状态标识牌等措施。 3. 架空管道外应刷红色油漆或涂红色环圈标志，并应注明管道名称和水流方向标识	现场检查	
	火灾自动报警系统	设施设备	各消防设施设备、系统应保持完好，不得缺失和挪作他用	现场检查	
		机房温湿度控制	消防控制室、消防风机房、消防水泵房、消防电机房内应配置有温湿度计，物业单位应根据每台设备的使用说明制定环境温湿度要求，并有相应控制温湿度的措施	现场检查	
		疏散通道	1. 保持消防车道畅通，禁止在消防车道设置路障和停放车辆。 2. 保持走道和楼梯间畅通，禁止堆放杂物	现场检查	
2		消防控制室	火灾报警控制器、火灾显示器、CRT 图形显示器运行正常，能正常显示报警信号和消防设备动作反馈信号，自检、消音、复位功能正常，报警控制主机显示无异常故障点和屏障点	现场检查	

续表

序号	项目	评价内容	评价要求	评价方式	备注
3	火灾自动报警系统	火灾报警探测器	外观完好，无明显损伤、脱线等现象，表面无涂覆、污损等现象	现场检查	
4		手动火灾报警按钮	外观完好无损伤，启动玻璃罩面不应有破碎、变形或移位	现场检查	
5		消防电话	消防专用电话能与消防控制中心通话，语音清晰、响亮，消防控制中心显示的通话部位准确	现场测试	
6	消防给水及消火栓系统	消防水池，消防水箱	1. 消防水池、消防水箱外观完好，无渗漏，水位显示装置能正常显示，且应有与水量对应的标尺线。 2. 自动补水功能完好，进出水管闸阀应处于常开状态，且启闭灵活。 3. 消防水池、消防水箱的开口处应有防止鼠虫进入的网、盖板	现场检查	
7		消防管网	明装的管道外观完好，无变形，无锈蚀、脱漆和渗漏	现场检查	
8		室外消火栓	1. 室外消火栓应有明显的永久性标志，栓体未被埋压、圈占、遮挡。 2. 栓体外观完好无锈蚀，组件完整，接口及垫圈完好无缺失，无漏水、渗水现象。 3. 用消火栓钥匙开启阀门，阀门应启闭灵活，出水正常	现场检查	
9		室内消火栓	1. 室内消火栓箱体外观完好无变形，有明显标识，箱门可正常打开。 2. 室内消火栓、接口、水枪、水带、消防卷盘配置齐全无缺损。 3. 消火栓按钮外观完好，巡检灯正常。 4. 在任意一栋建筑屋顶消火栓处，消火栓出水正常	现场检查，现场测试	
10		消火栓泵	1. 消防水泵房、消防水泵、减压阀、报警阀和阀门等，应有明确的标识。 2. 消防水泵控制柜在平时应处于自动启泵状态。 3. 应能通过消火栓泵控制柜手动启停消火栓泵。 4. 消防水泵房应设有通风、排水和防鼠设施	现场检查，现场测试	
		水泵接合器	1. 有永久性标志铭牌，并标明供水系统、供水范围和额定压力。 2. 外观无锈蚀，接口完好，无渗漏、闷盖齐全	现场检查	
		稳压泵	电源显示正常，稳压泵控制柜应处于自动状态	现场检查	

续表

序号	项目	评价内容	评价要求	评价方式	备注
11	自动喷水灭火系统	喷头	喷头外观应完好，无变形、渗水漏水，无被涂料和二次装修吊顶覆盖的现象，喷头附近无障碍物	现场检查	
12		湿式报警阀	报警阀上各组件、附件完整无缺失，供水干管、配水干管、通过水力警铃和压力开关的阀门应处于完全开启状态，试水阀和检测装置放水阀应关闭。报警阀的阀前、阀后压力表显示正常。	现场检查	
13		喷淋水泵	1. 消防水泵控制柜在平时应处于自动启泵状态。 2. 喷淋消防水泵应能手动启停	现场检查，现场测试	
14	防、排烟系统	外观	消防排烟风机、屋顶正压送风风机、送风阀、排烟阀、送风口、排烟口、风管、挡烟垂壁外观完好，无破损、缺失现象	现场检查	
15		启动功能	通过风机控制柜现场手动启动，排烟、送风风机应能正常运转，无异响	现场测试	
16	防、排烟系统	送风、排烟机房环境	1. 风机房应清洁无尘，地下风机房应有通风、防潮措施。 2. 防、排烟风机控制柜开关应处于自动状态，严禁设置在手动控制状态	现场检查	
17	防火分隔设施	防火门	1. 防火门外观完好无破损、无变形，门上安装的闭门器、顺序器完好且功能正常。 2. 防火门关闭后，应能从任何一侧手动开启	现场检查	
18		防火卷帘	1. 防火卷帘下不应堆放物品或停放车辆。 2. 手动操作防火卷帘控制按钮，可控制防火卷帘的上升、下降、停止。 3. 防火卷帘的帘面完好无破损，有管道穿过卷帘时应有封堵措施，不应留有孔洞	现场检查，现场测试	
19	消防应急灯具	外观	外观完好，无破损、缺失现象	现场检查	
20		应急照明、标志功能	断开主电源后，灯具应能切换至应急照明状态	现场测试	
21	气体灭火系统	系统状态	气体灭火控制器工作状态正常，盘面紧急启动按钮保护措施有效，指示灯、显示屏、按钮、开关位置正常，系统处于通常设定安全工作状态（自动或手动，手动是否允许等）	现场检查	
22		安全措施	防护区外应备有专有空气呼吸器或氧气呼吸器	现场检查	
23		警示标识	手动控制与应急操作处应有防止误操作的警示显示与措施	现场检查	
24	灭火器	灭火器箱	灭火器箱外观完好，开启应方便灵活，不应被遮挡、上锁	现场检查	

续表

序号	项目	评价内容	评价要求	评价方式	备注
25	灭火器	灭火器	1. 公共走道、车库、油浸变压器室、高低压配电室、消防控制室内、库房等处均应设置灭火器。 2. 灭火器的铭牌、生产日期和维修信息等标志应齐全，外观完好，无变形、脱漆、锈蚀或配件缺损现象，灭火器保险装置应完好，压力指示器在绿色区域内	现场检查	

2. 专业评价项目

表 4-12　专业评价项目表

序号	项目	评价内容	评价要求	评价方式	备注
1	消防供配电	消防设备配电箱	1. 消防设施配电箱应有区别于其他配电箱的明显标志，不同消防设备配电箱应有明显区分标识，配电箱上的仪表、指示灯显示应正常，开关及控制按钮灵活可靠。 2. 最末一级配电箱电源切换装置，在自动控制方式下，手动切断消防主电源，备用电源应投入使用且有指示灯显示	现场检查，现场测试	
		发电机	1. 仪表、指示灯及开关按钮等应完好，显示正常。 2. 自动或手动启动达到额定转速并发电的时间不应大于 30 s，发电机仪表数据显示的输出功率、电压、频率符合铭牌要求	现场检查，现场测试	
		储油设施	1. 储油箱内的储油量不超过发动机运行 8 h 的用量，油位显示正常。 2. 储油箱设置的通向室外的通气管应完好，油箱下部应设防止油品流散的设施	现场检查	
2	火灾自动报警系统	消防控制室	火灾报警控制器、火灾显示器、CRT 图形显示器运行正常，能正常显示报警信号和消防设备动作反馈信号，自检、消音、复位功能正常，报警控制主机显示无异常故障点和屏障点	现场检查，现场测试	
3		火灾报警探测器	用便携式火灾探测器试验器施加烟气或温升于火灾探测器，探测器确认灯动作，并应发出火灾报警信号，消防控制主机能接收到报警信号，显示报警区域且报警地址与实际相符	现场测试	
4		手动火灾报警按钮	按下手报按钮后，手报按钮动作灵敏，消防控制主机能接收到报警信号，显示报警区域且报警地址与实际相符	现场测试	

续表

序号	项目	评价内容	评价要求	评价方式	备注
5		系统接地装置	1. 报警控制主机接地良好，接地线与接地极之间应为焊接，无铰接、脱焊现象。 2. 利用兆欧表测试(采用共用接地装置时，接地电阻值不应大于1 Ω；采用共用接地装置时，接地电阻值不应大于4 Ω)	现场测试	
6		消防广播或讯响器	火灾探测器或手动报警按钮触发后，消防广播或讯响器应能联动启动	现场测试	
7		消防电话	消防专用电话能与消防控制中心通话，语音清晰、响亮，消防控制中心显示的通话部位准确	现场测试	
8		消防主机备用电源	对消防控制主机主电源和备用电源进行自动切换试验，功能正常	现场测试	
9	消防电梯	消防电梯	1. 消防电梯轿厢内的装修应采用不燃烧材料。 2. 以下三种方式迫降功能正常，消防电梯迫降后，只能在轿厢内控制：手动迫降，触发首层供消防人员专用的操作按钮，消防电梯迫降至首层；消防控制室远程迫降，触发消防控制设备远程控制按钮，消防电梯迫降至首层；联动控制迫降，火灾确认后，联动消防电梯迫降至首层。 3. 消防电梯轿厢内应设消防专用对讲电话，通话清晰。 4. 消防电梯从首层到顶层运行时间不应超过60 s	现场检查，现场测试	
10	消防给水及消火栓系统	消防水池，消防水箱	1. 消防水池、消防水箱外观完好，无渗漏，水位显示装置能正常显示，且应有与水量对应的标尺线。 2. 自动补水功能完好，进出水管闸阀应处于常开状态，且启闭灵活。 3. 消防水池、消防水箱的开口处应有防止鼠虫进入的网、盖板	现场检查	
		消防管网	明装的管道外观完好，无变形，无锈蚀、脱漆和渗漏	现场检查	
		室外消火栓	1. 室外消火栓应有明显的永久性标志，栓体未被埋压、圈占、遮挡。 2. 栓体外观完好无锈蚀，组件完整，接口及垫圈完好，无漏水、渗水现象。 3. 用消火栓钥匙开启阀门，阀门应启闭灵活，出水正常。 4. 用测压消火栓接头与室外消火栓连接，开启室外消火栓，出水压力和流量应满足设计文件要求	现场检查，现场测试	

续表

序号	项目	评价内容	评价要求	评价方式	备注
11	消防给水及消火栓系统	室内消火栓	1. 室内消火栓箱体外观完好无变形，有明显标识，箱门可正常打开。 2. 室内消火栓、接口、水枪、水带、消防卷盘配置齐全无缺损。 3. 消火栓按钮外观完好，巡检灯正常。按下后，消防控制主机应有报警信号反馈，地址编码与实际相符（在消防控制主机手动状态下进行测试）。 4. 最末端试验消火栓压力表能正常显示静水压力值，不应低于 0.07 MPa（建筑高度超过 100 m 时，不应低于 0.15 MPa）	现场检查，现场测试	
12		消火栓泵	1. 消防水泵房、消防水泵、减压阀、报警阀和阀门等，应有明确的标识； 2. 消火栓以下启动功能应正常：应能手动启停泵；通过打开消火栓出水干管上的放水阀放水，自动启动（消防水泵从接到启泵信号到水泵正常运转的启动时间不应大于 2 min）。 3. 消防水泵控制柜在平时应处于自动启泵状态。 4. 消火栓主、备泵应能在运行故障时相互切换	现场检查，现场测试	
13		水泵接合器	1. 有永久性标志铭牌，并标明供水系统、供水范围和额定压力。 2. 外观无锈蚀，接口完好，无渗漏、闷盖齐全。 3. 转动手轮检查控制阀及泄水阀的启闭灵活度。 4. 利用消防车或手抬消防泵等加压设施供水，管网压力表应显示压力变化，停止供水后止回阀应关闭严密	现场检查，现场测试	
14		稳压泵	消防管网放水欠压时能自动启动	现场测试	
15	自动喷水灭火系统	喷头	喷头外观应完好，无变形、渗水漏水，无被涂料和二次装修吊顶覆盖的现象，喷头保护区域内无障碍物或阻挡物	现场检查	
16		湿式报警阀	1. 报警阀上各组件、附件完整无缺失，供水干管、配水干管、通过水力警铃和压力开关的阀门应处于完全开启状态，试水阀和检测装置放水阀应关闭。报警阀的阀前、阀后压力表显示正常。 2. 报警阀处的地面应有相应的排水措施，当不少于两个湿式报式报警阀同时放水时，以确保水不溢出房间地面。 3. 用声级计测量，水力警铃启动时声强度不小于 70 dB	现场检查，现场测试	

续表

序号	项目	评价内容	评价要求	评价方式	备注
17	自动喷水灭火系统	联动测试	打开末端试水装置或湿式报警阀处的放水阀后，排水设施排水畅通，压力开关动作，5~90s 内水力警铃应该鸣响，水流指示器动作，喷淋泵启动。压力开关、水流指示器、喷淋泵的启动信号应在消防控制中心有反馈	现场检查，现场测试	
18		喷淋水泵	1. 启动功能：应能手动启停；通过末端试水装置或湿式报警阀处的试水阀放水后自动启动（消防水泵从接到启泵信号到水泵正常运转的启动时间不应大于 2 min）。 2. 消防水泵控制柜在平时应处于自动启泵状态。 3. 开启喷淋主泵，运行平稳后，模拟主泵故障，备用喷淋泵自动投入运行	现场检查，现场测试	
		静水压力	最不利点末端试水装置处静水压力不低于 0.1 MPa	现场检查	

三、消防检查记录

在消防巡查检查过程中，安保人员要做好相应的记录，尤其是对发现的异常情况要记录下来，并提出处理措施，记录表见表 4-13。但并不是记录好了事情就结束了，所有消防安全检查都应归档保管。

表 4-13　每日防火巡查记录表

年　　月　　日　　时

巡查内容		巡查情况	处置情况
用火、用电有无违章情况			
工作结束有无遗留火种，是否切断非必要电源			
安全出口是否锁闭			
疏散通道上是否堆放杂物			
安全出口、疏散通道是否堵塞			
安全疏散指示标志、应急照明是否完好有效			
消防供配电设施	消防电源、自备发电设备是否处于待工作状态		
	消防配电房、发电机房环境		
火灾自动报警系统	火灾报警探测器、手动报警按钮组件是否完好、标识是否明确		
应急广播系统	扬声器组件是否完好，扩音机是否处于待工作状态		

续表

巡查内容		巡查情况	处置情况
消防专用电话	消防电话组件是否完好、标识是否明确		
消防供水设施	消防水池、消防水箱水位是否位于标示线以上		
	消防水泵及控制柜是否处于自动状态		
	稳压泵、增压泵、气压水罐是否处于工作状态		
	水泵接合器组件是否完好、标识是否明确		
	管网控制阀门是否处于开启状态		
	泵房工作环境		
消火栓灭火系统	室内消火栓、室外消火栓、启泵按钮组件是否完好、标识是否明确		
	屋顶试验栓的压力值情况（标注具体值）		
自动喷水灭火系统	喷头、报警阀组组件是否完好、标识是否明确		
	各报警阀组控制最不利点末端试水装置压力值是否正常（不应小于 0.05 MPa）		
气体灭火系统	气体瓶组或储罐外观、选择阀、驱动装置等组件是否完好，标识是否明确		
	紧急启、停按钮，放气指示灯及警报器，喷嘴等组件是否完好，标识是否明确，防护区状况如何		
	储瓶间环境		
泡沫灭火系统	泡沫喷头、泡沫消火栓、泡沫炮、泡沫产生器等组件是否完好、标识是否明确		
	泡沫液贮罐间环境		
	泡沫液贮罐、比例混合器等组件是否完好、标识是否明确		
	泡沫泵是否处于待工作状态		
防烟排烟系统	挡烟垂壁、送风阀、排烟防火阀、电动排烟窗、自然排烟窗等组件是否完好、标识是否明确		
	送风机、排烟机是否处于待工作状态		
	送风、排烟机房环境		

续表

巡查内容		巡查情况	处置情况
防火分隔设施	防火门等组件是否完好、标识是否明确和启闭状况		
	防火卷帘等组件是否完好、标识是否明确、是否处于待工作状态		
	卷帘下是否堆放物品影响使用		
消防电梯	紧急按钮、轿厢内电话等组件是否完好，标识是否明确，消防电梯是否处于工作状态		
灭火器	灭火器设置位置、压力值是否正常（指针是否处于绿色区域）		
消防安全重点部位的人员在岗情况			
其他消防安全情况			
被检查部门		被检查部门负责人	
相关人员		巡查部门	
对不能当场改正的火灾隐患采取的解决方案、措施等情况	巡查部门负责人：　　　　年　　月　　日		
	消防安全责任人或消防安全管理人（签名）：　　　　年　　月　　日		

表 4-14　消火栓检查表

检查时间	检查人	消防栓箱	消防报警器	闸阀	消防水袋	消防水枪	消防软管	水带接口	清洁卫生	备注

续表

检查时间	检查人	消防栓箱	消防报警器	闸阀	消防水袋	消防水枪	消防软管	水带接口	清洁卫生	备注
消防栓箱及其配件完好、在位、正常打“√”，有问题立即更换或检修，每月检查一次										
自编号：										

表 4-15　报警/故障处置记录表

日期	项目							
	报警/故障	处置	编号	设备运行状态	查看处置人	处置情况	处置完毕时间	记录人

审核：

第五章

物业交通车辆管理

第一节　物业车辆管理概述

随着交通车辆的逐步增加，交通车辆管理已经成为物业安全管理中特别重要的一项工作。每个物业项目都应该做好规范车辆调度、行车等安全管理工作，保障车辆安全运行、不出事故、少出事故是物业车辆管理的目标。只有人人尽职尽责，才能保障物业各项目标的达成。

一、物业车辆管理岗位职责

（一）交通车辆管理负责人的岗位职责

（1）依照《中华人民共和国民法典》《物业管理条例》等对物业管辖区内的车辆、交通进行管理。

（2）依据相关的物价部门收费规定收取车辆管理费。

（3）掌握物业内车辆流通情况、车位情况等详细数据。对物业管辖区域内的交通、车辆进行合理部署安排，优先保证业主使用车位。

（4）负责监督和落实员工的岗位职责，对车辆管理员、巡逻员、道口岗等进行日考核。

（5）负责每日工作检查，并正确填写“车辆管理日检表”（见表 5-1）。

（6）负责对外协调与联系，处理车辆管理方面的问题和客户投诉。

（7）负责对停车管理纠纷、事故、车辆丢失的位置，以及对不规范服务的车辆管理人员的处理。

（8）负责对车管员的检查、监督并协助解决停车管理问题。

（9）负责对员工进行法制宣传教育和职业道德教育，不断提高服务质量。

（10）负责对员工进行岗位培训，并做好培训记录。

（11）定时向项目管理处的经理或主管领导进行工作汇报。

表 5-1　车辆管理工作日检表

单位：　　　　　　　　　　　　　　　　　　文件编号：

检查项目	岗位	当班人	备注
1. 马路上车辆停放			
2. 摩托车保管			
3. 自行车保管			
4. 出入路口交通秩序			
5. 小区内交通秩序			
6. 值班记录			
7. 收发保管卡			
8. 仪容仪表			
9. 服务态度			
10、操作程序			
11. 值班点和岗亭的卫生			
12. 车辆保管场所卫生			
说明： 1. 对照《车辆管理工作检验标准和办法》，由班长对各岗位应考核项目进行检查记录。如合格在检查项目栏中打“√”；如发现不合格则写出对应项目序号及不合格原因。其中如属轻微不合格由班长立即自行处理；如发生严重不合格由班长报告主任或车场负责人处理。 2. 管理处保存 1 年			

（二）车辆管理员的岗位职责

（1）负责对停车场（库）的汽车、摩托车等的停放、存放及监护，并做好记录。

（2）按规定着装，佩戴工作牌，对出入车辆按规定和程序指挥放行，并认真填写“车辆出入登记表”（见表 5-2）。

（3）当有车辆驶进停车场时，正确指挥车辆进入、停放，要做到车辆进入要迎车、车辆停放要导引、停好车辆要查验、车辆有序要到位。

（4）提醒车主关好车门窗，并将车内贵重物品随身带走。

（5）发现车辆漏油、未关好车门窗、未上锁等现象应及时处理并通知车主。

（6）发现无关人员或可疑人员到停车场要及时责令其离开。

（7）凡是超出入口处规定的高度限制的车辆，一律不得进入停车场。

（8）对因缴费产生不满、扬言闹事的车主开出车辆时，要通知中控室注意观看出口镜头，一旦有情况，应立即用对讲机通知班长，并事先做好录像。

（9）合理调度出入停车场的车辆，避免车辆出入时产生交叉而引发交通事故。

（10）负责自行车的存放管理，将自行车摆放整齐，定期清理长期搁置的车辆。

（11）负责停车场消防器材，保持消防通道的畅通，定期检查消防设施是否完好、有效，如有损坏，要及时报告上级，维修更换，不准使用消防水源洗车。

（12）认真履行车辆管理规定，做好交接班查验及相应的岗位工作记录。

表 5-2　车辆出入登记表（1）

日期	单位/姓名	车牌号码	进入时间	进入原因	离开时间	备注

表 5-3　机动车车辆出入登记表（2）

进场		车牌号码	车型	颜色	保管卡号	值班人	交换保管证件			离场		值班人	备注
日期	时间						行驶证	驾驶证	其他	日期	时间		

（三）道口岗的岗位职责

（1）维持道口交通秩序，保证道口畅通无阻。

（2）对进出停车场的车辆进行检查、核对、换证、登记。对于进出小区的车辆进行登记、发卡，检查核对后收卡，按规定标准收费。

（3）当发现进场车辆有损坏时，应立即向车主或司机指出，并做好记录，防止因责任不清而发生纠纷。

（4）提醒和指挥车主或司机进场后按规定路线行驶、泊车。

（5）对在道口附近泊车、摆摊者，要进行劝阻和制止。

（6）私家车位停车场，应严格控制外来车辆进入。

（7）坚持原则，对外来车辆进入停车场，必须按规定标准收取费用，严禁收费不给票据和乱收费。

（8）严格执行交接班制度，认真填写“交接班记录”（见表 5-4），做到交接清楚，责任明确。

表 5-4 交接班记录

日期	值班时间	值班员	值班情况及交接记录	交接班时间	备注

（四）巡逻岗岗位职责

（1）着装整齐，佩带齐全，按规定上岗交接班，忠于职守，在岗期间不与同事或闲杂人员闲谈。

（2）按照巡逻路线、巡查点进行巡查，按规定路线巡查，灵活机智，发现问题及时记录、报告，对可疑人员及时进行清查，并报告班长。

（3）对所辖区域单车、摩托车的不规则摆放进行整理，对道路泊车、停车秩序进行监管。

（4）熟悉管辖范围内各种公用设备设施的位置和停车场整体情况，发现违章或受破坏，及时处理并向物业主管报告。

（5）检查各路口道路是否畅通，交通设备器材是否完好无损，道路指示标识是否醒目、正确，外场灯光照明是否完好，并详细填写“巡逻检查表”。

（6）负责对进入车场的车辆进行外表检查，对未关车门、窗者及时知会车主，并做好记录。发现车辆有损坏应及时通知物业并联系车主予以记录。

（7）及时制止客户、外来人员或物业员工的违章行为，维护小区公共秩序。

（8）发现区域内不明身份的可疑人员，必须进行查问。对未明来意、不知探访对象者立即请出小区，对特别可疑的人和迹象，及时与物业取得联系，必要时对来访人员进行引导或随同。

（9）随时向队长报告所处位置，以便于突发事件发生时的紧急支援，掌握各类突发事件的处理程序及伤员的基本救护常识。

（10）主动热情为有需要的顾客提供开门、提重物等服务性工作。

（11）及时收集、汇报顾客的意见和建议。

（12）当有上级领导视察或参观时行礼并问好，协助其他岗位工作，完成队长交办的各项任务。

（13）严格遵守交接班制度，认真做好质量记录。

（14）每日早上 8 点将“车辆巡逻登记表”（见表 5-5）交至物业，由物业存档。

要求：白天巡逻次数不少于 6 次，夜间巡逻次数不少于 8 次，重点部位、重点时间以及特殊情况加强巡逻；及时发现和处理不安全隐患，接受客户（使用人）投诉和求助；回答用户的询问；在遇到突发事件时，及时报告警方与管理处，必要时采取正当防卫，防止事态扩大，协助保护现场和证据；安全巡逻工作应有记录有检查。

表 5-5　车辆巡逻登记表

序号	日期			车牌号码	停放位置	巡查情况			居住单元	巡查人签字	备注
	月	日	检查时间			是否刮伤	门窗是否锁闭	有无贵重物品			
例	8	1	16:12	云AQH××6	360-101	副驾侧门有大约10厘米刮痕	是	无	350-601	张××	
1.											
2.											
3.											
4.											
5.											
6.											
7.											
8.											
9.											
10.											
11.											
12.											
13.											
14.											
15.											
16.											
17.											

备注：1. 当班期间对车辆每两小时至少巡查一次。2. 如发现车辆有异常情况，立即联系车主做好相关记录。3. 如车内有贵重物品要妥善保管，待车主认领时要求在“备注”内签字确认。（请各中队巡查岗人员仔细查看车辆情况并做好相关记录。做好交接班情况说明及汇报工作）

（五）停车场门岗的职责

这里所说的门岗主要是针对交通车辆管理的门岗或停车场的门岗，和治安管理的门岗有明显的区别。

门卫要坚持验证登记制度，对进出入场区的人员和车辆要认真检查登记，对可疑车辆和人员要多观察，仔细询问，一旦发现问题，拒绝其进出场区，并报告有关部门处理。其具体职责如下。

（1）负责指挥引导车辆进出小区，确保行车出、入口道路通畅。对进出车辆做好登记、收费和车况检查记录。认真填写“车辆出入登记”（见表 5-2）。

（2）严格履行交接班制度，交接值班室物品，停车场状况，填写“交接班记录”（见表5-4）。

（3）指挥车辆的进出和停放，禁止乱停乱放。

（4）检查停放车辆的车况，发现漏水、漏油等现象要及时通知车主和车场负责人，并对相关情况及时妥善处理。

（5）做好停车场库、值班室、门卫室的清洁卫生工作。

（6）定期检查消防设施是否完好、有效，如有损坏，要及时通报上级，维修更换。不准使用消防水源洗车等。

（7）负责当班期间本岗位各种突发事件的协调处理和汇报。

（8）停车场库门卫不准私自带亲戚朋友在车场留宿，无关的闲杂人员要劝其离开。

（9）值班人员在岗时，不准睡觉、下棋、打扑克或进行其他与执勤无关的事，要勤巡逻，多观察，随时注意进入停车场库的车辆情况及车主的行为，对发现的问题，要及时报告上级部门。

（10）完成上级安排的其他工作。

二、车辆管理员仪容仪表

（一）着装规定

（1）统一按当地机动车保管场保管员的着装规定着装，要求举止文明、大方、端庄，精神抖擞。

（2）制服统一，穿黑色皮鞋，佩戴员工证，服装整齐、干净、笔挺。

（3）不得佩戴饰物，口袋内不宜装过多物品，制服外不得显露有个人物品。

（4）禁止披衣、敞怀、挽袖、卷裤腿、戴歪帽、穿拖鞋或赤脚。

（二）形象规定

（1）经常注意检查和保持仪表整洁。

（2）不准留长发、蓄胡子、留长指甲，蓄发不得露于帽檐外，帽檐下发长不得超过1.5 cm，胡须要天天刮，不留长鬓角，鬓发长不超过耳屏，指甲长度不得超过1 mm，鼻毛不得长出鼻孔。

（3）精神振作，姿态良好，抬头挺胸，不得弯腰驼背，不得东倒西歪，前倾后靠，不得伸懒腰，不袖手、背手、叉腰或将手插入衣袋，不准边执勤边吸烟、吃零食，不搭肩挽臂，做到站如松、坐如钟、动如风。

（4）不得哼歌曲、吹口哨、听收录机、看书报。

（5）不得随地吐痰，乱丢杂物。

（6）不挖耳、抠鼻孔，不得敲桌椅、跺脚或玩弄其他物品。

（7）做到“微笑服务”，对待车主、业主（住户）友善、热诚，严格遵守公司规定的文明礼貌服务用语。

（8）上岗前，必须对照整容镜整容，检查衣、帽、领带、鞋带及装备是否穿戴整齐、规范，班组长、分队长、房管员在场应检查或予以纠正。

三、交通车辆管理人员的指挥手势细则

（一）停车手势

（1）在立正的基础上左手由小臂迅速向正前方伸出约 90°（小臂与大臂之间夹角），五指靠拢并成立掌状，同时大臂紧贴肋部，双眼目视车辆过来的方向。

（2）右手迅速放下，成立正状。整个手势结束。

注意的问题：整个动作都是在立正的基础上完成的，所以首先精神面貌要好，精神要饱满，做动作要干脆利索，迅速，切忌慢慢悠悠，两眼无神。

图 5-1　停车手势

（二）示意车辆慢行手势

（1）在立正的基础上，左手由大臂带动小臂向左前方伸出约 45°，五指靠拢并齐，掌心向下，双眼正视车辆过来的方向，整个手臂保持正直。

（2）在步骤（1）的基础上，左臂下摆约 30 cm，迅速恢复成原来的姿势。

（3）重复步骤（2）。

（4）左臂迅速放下成立正的姿势。

注意：

（1）左臂不宜抬得过高或过低。

（2）左臂下摆时上身始终保持正直，不要跟着手臂的摆动而左右晃动。

（三）示意车辆通行手势

（1）左手向左上方迅速抬起约 90°，与肩同齐，五指并拢，掌心向前，同时头部向左摆 15°，看向车辆将要通过的方向。

（2）右手向右上方迅速抬起约 90°，五指并拢掌心向前，同时头部迅速右摆着向车辆过来的方向。

（3）在（2）的基础上，右臂向左弯曲，大臂与小臂间的夹角为 90°，掌心向内，距离胸部约 10 cm，头部同时左摆，正视车辆将要通过的方向。

（4）迅速放下左臂的同时，头部摆正，眼睛正视前方，右手取捷径成敬礼状，后迅速放下成立正的姿势。

注意：动作与眼神始终要保持一致，每一个动作要切实做到位。

（四）靠边停车手势

（1）左手向正前迅速抬起约 90°，五指靠拢并齐，掌心向正前方，眼睛正视车辆过来的方向。

（2）右手向左前方迅速提起约 45°，掌心向左下方。

（3）右手在原有的基础上，向左方迅速摆动两个来回，后恢复原来姿势。

（4）两手臂取捷径放下，恢复立正的姿势。

注意：步骤（3），摆动的度不宜过大，最好在 20 cm 左右，同时动作迅速，一步到位，有节奏感。

（五）倒车手势

（1）在立正的基础上，双臂同时向正前方伸直与肩同齐，五指并拢，掌心向上，眼睛看向车辆的方向。

（2）两小臂迅速向着自己的方向对折过来，直到小臂与大臂之间的夹角约 15° 后恢复原来的位置，上体始终保持正直。

（3）同上，重复。

（4）双臂取捷径迅速放下呈立正状态。

注意：整个动作也是在立正的基础上完成的，上体始终保持正直。在步骤（2）中，对折时切忌出现弯手腕或掉手腕等动作。

图 5-2　倒车手势

（六）停车检查手势

（1）在立正的基础上，左臂向左前方抬起约 90° 与肩同高，五指并拢，掌心向下，两眼向前平视。

（2）右手取捷径迅速向右上方抬起约 15°，五指并拢，掌心向正前方。

（3）右臂向左下挥，距离左胯部约 10 cm，右臂保持正直。

（4）双手取捷径迅速放下成立正姿势。

注意：整个动作都是在立正的基础上完成的，双臂在动作中始终是正直的。

（七）车辆左转弯手势

（1）在立正的基础上，向右转，上体保持正直，眼睛看向车辆过来的方向。

（2）左脚取捷径靠拢右脚，同时伸右臂向右前方抬起约 90°，五指并拢，成立掌，掌心向右方。

（3）左手向右方摆动的同时头部向右转，双眼看向车辆即将转弯的方向。

（4）双手迅速放下，向左转恢复到原来立正的姿势。

（八）车辆右转弯手势

（1）在立正的基础上，向左转，上体保持正直，双眼正视车辆过来的方向，

（2）右脚取捷径靠拢左脚，同时伸直左臂前方抬起约 90°，五指并拢，成立掌，掌心向左。

（3）右手迅速向左下方摆动，同时头部左转，看向车辆即将转弯的方向。

（4）双手迅速放下，向右转，恢复到原来立正的姿势。

注意：以上（七）（八）两个动作，都是向相反的方向转，因为我们与车辆是相对的，另外，这两个动作较复杂，初学者要特别用心，转体靠脚、臂为难点。

（九）分车手势

（1）在立正的基础上，双手向正前方伸出约 90°，五指并拢，左掌心向左、右掌心向上，双眼朝着车辆过来的方向向前平视。

（2）右手以顺时针方向转约 90° 与肩同齐，同时右手向正后方折过来，双手同时再恢复步骤（1）的姿势。

（3）同步骤（2）一样重复一遍。

（4）双手取捷径放下，成立正姿势。

注意：在步骤（2）中双手分车的同时，严禁出现耸肩或上体不稳，右手易弯手腕。

第二节 车辆管理

一、机动车车辆管理规定

（1）所有进入物业管辖区的外来车辆必须服从管理公司的管理，未经物业公司许可，不得进入管辖区域。

（2）机动车在物业管辖区内行驶禁鸣喇叭，要做到一慢二看三通过，低速行驶并遵循行人优先的原则。

（3）禁止车辆在管辖区域内乱停乱放，须按指定的地点停放，并收取停车费。

（4）凡装有易燃、易爆、剧毒品或污染性物品的车辆不准进入管辖区域。

（5）不准在管辖区域内学习驾车、试车。

（6）车辆必须按规定的路线行驶，不得逆行，不得在人行道、绿化道上行驶，不得高速

行驶，不得鸣号。

（7）车辆必须按指定的地点停放，不得超越车位或跨位，并按规定收取停车费。行车通道、消防通道及非停车位严禁停车，任何违章停放的车辆将被拖移，领回车辆时除需按章收取保管费外，应另交付拖车费。

（8）长期在物业辖区内停放的车辆，必须在管理公司办理定位租赁手续，领取停车证（须付工本费），凭 IC 卡和停车证出入，对号停放，并按月缴纳停车费，停放车辆必须办理保险。

（9）停止使用车位时应及时办理注销手续。如发生丢失或私自转让停车证（位），物业公司有权利扣留押金并取消停车证。

（10）车辆停放后，必须锁好车门，关好车窗，并注意车位清洁，不乱扔烟头杂物。

（11）漏水、漏油车辆不准停放，携带易燃、易爆、剧毒、腐蚀及污染品的车辆不准停放，未经清洗的车不准停放。

（12）凡进入小区的车辆，要爱护小区的道路、公共设施，禁止一切车辆停放人行道和草坪，损坏者照价赔偿。

（13）除执行任务的消防车、警车、救护车外，其他车辆一律按本规定执行。

二、机动车辆出入管理

1. 校园出入管理规定

（1）学校公务车和教职工自备车辆通过车禁系统自动识别进出校园。

（2）外来因公车辆，在开箱检查后，凭有效证件或邀请函、会议通知，领取外来车辆临时通行卡进入校园，离校时凭所在接洽部门签章的凭条（凭条由安全管理处统一印制，校内各单位按需领取），接受开箱检查并交回临时通行卡后方可离开。

（3）进校执行公务的警车、消防车、救护车、邮政车、工程抢险车、金盾护运车等国家规定具有特殊标识的特种车辆准予通行。为学校服务的环卫车准予通行。非执行公务的特种车辆视为外来普通车辆管理。

（4）其他外来社会车辆在进入校门时须开箱检查，查验相关证件后领取临时通行卡进入校园，离校时按规定缴纳通行费，交回临时通行卡，并经门卫开箱检查后方可离开。

（5）大型客车、大型货车原则上不允许入校，确因教学、科研、基建等需要进校的，校内联系单位须填写申请表，向学校安全管理处提出进校申请，经审核批准后，在规定时间及路段通行。出入校园按第（3）条的规定进行管理。

（6）两轮摩托车、三轮摩托车、校外电动摩托（自行）车、学生自备电动摩托（自行）车、出租车（含网络约车）、教练车、无牌无证车、载运危险违禁物品车辆、外来快递车辆、酒后违规驾驶及带病车辆禁止驶入校园。

2. 小区出入管理规定

（1）建立汽车出入证制度。

凡居住在小区的业主（或物业使用人）凭借房屋产权证、身份证及汽车行驶证（上述各证的原件及复印件）到物业管理处办理登记手续，经核实同意后，统一发放“小区机动车辆出入证”（简称“出入证”），绿色为自备车库，黄色为道路泊位。

（2）汽车一律凭“出入证”进出小区，“出入证”应放在驾驶室前挡风玻璃右下角明显位置，以便车辆管理小组成员对车辆进行识别和验证。

（3）临时来访的车辆，必须向管理人员说明被访业主的地址、姓名，由管理人员登记核实后方可准许进入，并按临时停车证上指定的停车位临时停车。临时车位已满时，不再允许临时车辆进入。

（4）本小区 23：00~次日 5：00 禁止出租车进入（除属本小区业主的出租车，符合停放条件，已分发“出入证”的）。如遇有行动不便（老幼病残）人员乘车，或有大件随身物品，或恶劣天气等特殊情况下，乘坐出租车的业主或来访者，在向保安人员说明业主（或被访者）的地址、姓名，经管理员登记核实后方可准许进入，但出租车不得长时间在小区滞留。

（5）送货、提货及搬家车辆进入小区内，须提前与小区物业管理处（或管理人员）联系，并在指定区域停放，装卸完毕应立即驶出小区。驶出小区的车辆携有大件物品时，应主动配合管理人员询问。遇到情况可疑的人员和物品，可将物品扣留，请业主本人到场说明情况后放行。

（6）严禁装载易燃、易爆、有毒以及各种腐蚀性物品的车辆进入小区。否则，所造成的一切后果由车主（或业主）自行负责。

（7）禁止外来 1.25 t（含）以上货车或 10 座（含）以上客车进入小区（垃圾清运车除外）。遇业主搬家或运送大件物品，在向管理人员说明业主的地址、姓名，经管理人员核实后，方可进入。其他特殊情况，经小区物业管理处同意方可进入。

（8）租用小区车库作为仓库从事经营活动的公司、单位的车辆，必须先到物业管理处办理“小区机动车辆出入证”后方可进出小区。

（9）特种车辆（因执行公务进入小区外），参照来访车辆执行。

（10）严禁货车在 19：00~次日 8：00、12：00~14：00 两个时间段内进入小区装卸货物。购有货车的业主，如确需进入小区停泊，应按指定地点停放，以免影响小区内其他业主的正常休息。

第三节 道路交通管理

一、交通管理

（一）交通疏导

（1）合理制定车辆流向方案。根据物业内的车辆流向，规定车辆按统一的路线行驶。车流高峰期时，派秩序维护员到现场进行车辆疏导，保证现场不堵塞。

（2）针对物业的交通状况，设专人负责车辆疏导，负责车辆疏导工作的人员其引导要及时，手势要规范，态度要热情，

（3）对于采用封闭式管理的物业，主要是对车辆出入口及共用道路、地面交通车辆的指引、疏导；自行车则有专用车库，由相关工作人员提供管理服务。

（4）对于开放式的物业，应兼顾业主车辆和来客来访车辆的管理疏导。

（5）对于物业内车流量较大的交通交会处和其他特殊地方，可专设一岗位提供交通指引，并针对物业用户需求提供代客泊车服务。

（6）车辆主出入口，设立固定的车管岗，由秩序维护员负责进出车辆的登记，配套道路、地面交通，物业处设置巡逻岗对车辆进行疏导。

（7）车辆进入小区所属范围内的道路、场地后，应按交通规则和交通标志行驶，将车辆停放于指定的停车场地，不得在行车道上、消防设施周围、出入口停放、检修车辆。

（8）搬家、运送货物等大型车辆进入小区前应告之安全部，以做好车辆的停放安排。

（9）车主应维护小区的交通秩序，不得在小区所属范围内掉头、练车、试车。应按交通指示标志行驶，不得逆行；大型车辆应按限高、载重要求行驶，运送危险物品的车辆不得在小区经过、停放，必须使用的危险品应在非经营期间运送。

（10）驾驶员应服从保安人员的指挥、疏导，避免造成交通堵塞；发生交通事故后应自行解决或协调交通管理部门处理。

（11）临时装卸货物的车辆应暂时停放于道路边缘，确保不影响车辆通行，并在最短时间内离开。

（二）大型文体活动交通管理

（1）制定文体活动交通管理计划（方案）。

① 安全部主管（副主管）制定观众、宾客的出入路线；

② 制定辖区需封闭时间与解封时间；

③ 组织落实车辆行驶及停放的管理。

（2）主管经理对交通管理方案（计划）的可行性进行审批

① 对计划停放车辆的位置及停放数量是否满足来宾或观众的车辆停放需求进行复核；

② 复核所封闭的道路及封闭的时间是否与辖区的正常交通有抵触；

③ 对车辆行驶、停放的管理工作监督。

（3）主管经理向公司各有关部门的驾驶员、辖区住户进行有关交通管理的法规、道德等方面的宣传教育。

（三）交通事故的处理程序

（1）值班保安在本工作区域内发现交通事故时，应立即报告当班班长、主管经理（值班经理），保护好现场。

（2）当班班长、主管经理应迅速赶到现场，视情况留住双方当事人和见证人，控制现场事态发展，调遣指挥当班的保安员维护现场秩序。

（3）安全部相关人员到达现场后，应根据不同情况采取相应措施。

① 车辆相互碰撞。了解情况，保护现场，如双方当事人愿意协商解决，可尊重双方当事人的意见，但应做好记录。如双方当事人无法协商解决，应报交警大队或当地公安机关处理，事后做好相关记录。

② 车辆撞人。了解现场情况，如被撞者伤势较重，应保留现场，扣留肇事车辆，并指派专人和肇事车主一起护送伤者到就近医院，同时报交警大队或当地公安机关，协助处理有关

事宜，做好相关记录。如被撞者伤势较轻，双方当事人愿意协商解决，可尊重双方当事人意见并做好相关记录。

③ 车辆撞坏物业管辖区域内设备、设施、物品。了解现场情况，保护好现场并对现场进行拍照，扣留肇事车辆，出具被损坏物品报价的有关规定，双方协商解决赔偿事宜。如肇事者能接受，则协商解决；如肇事者不能接受，可报当地公安机关处理。

（4）因抢救受伤人员而需变动现场时，应标明事故车和人员位置。

（5）对于肇事逃逸的车辆应及时报交警大队或当地公安机关追踪。

（6）寻找事故目击证人并做好记录工作。

（7）如属道路路况不佳所致，应检讨管理原因，是否应增设交通指示牌、减速坡或修改道路死角。

二、交通设施管理

物业内的交通设施包括交通岗亭、路牙、路面、指引标志及交通标志等。

（一）交通岗亭的管理规定

（1）值班室（岗亭）应用镜框悬挂车辆管理制度（主要为岗位制度、操作规程和停车场管理规定）、收费标准、营业执照，保管员姓名和照片等。

（2）值班室内设一套完好的单人办公桌椅供记录使用，不准放长椅和床，不准闲杂人员进入，岗亭外不准摆放凳椅。

（3）在值班室外适当位置（室内也可）配置一块 800 mm×600 mm 的白写字板用于出通知，停车场、摩托车、单车棚（库）固定值班室，根据车辆停放数量制作一个用于悬挂准停证、停车牌等的标牌框。

（4）值班室（岗亭）内不准存放杂物，随时保持室内外清洁。

（5）值班室（岗亭）“值班记录”“车辆出入登记表”及“车辆管卡”均放在固定位置，且应摆放整齐。

（6）值班室（岗亭）不准作他用。

（二）指引标志与交通标志

1. 交通标志、管理标志、地库标识设置

（1）交通指示标志。

交通指示标志一般包括临时停车标志、禁止停车标志、车辆限速标志、车辆行驶标志、车辆限高标志、车辆禁行标志等。避免因标志的规范问题而给小区今后的管理带来麻烦。常见的标志标识如表 5-6 所示。

（2）管理指示标志。

管理指示标志一般包括地面交通动线示意图、地下车库交通动线示意图。路面标识除了上述基本的交通标识外，根据环境的要求，还可设车辆禁鸣喇叭标识、楼幢指示标识，对于路面收费车位，设物价局核准的收费标准告示牌。

（3）地下车库标识。

地下车库标识的内容将根据实际管理要求分别制作，在车库的明显位置张贴。一般在车

库的进口处或地下车库通行刷卡处张贴，管理处工作人员在业主或外来车辆进库的第一时间内予以告知，只有在避免发生矛盾时，管理处才告知管理的责任。一般管理者将车库管理规定细则印制在车库临时记录卡或停车卡上，以便使用者在第一时间了解车库的管理规定和收费细则。

2. 地下车库的标识的分类

地下车库的标识可分为以下几类。

（1）地下车库要求人员与车辆的疏散应分流，必须有人员疏散口标示。

（2）车辆通行路线标识，结合车库道路情况、层高情况，设置地面标识和悬挂标识。

（3）剩余车位显示，车位区域标识，提示车辆停放位置，方便车辆停放。

（4）车库入口的提示标识，对出入车辆做出禁鸣、禁停、限速、限高、禁烟及禁止行人通行的提示。

（5）出口指示标识，引导驾驶员或乘客到相关的出口。

（6）管理规定、车库道闸的使用方法、地下车库的收费细则等。

表 5-6　常见的标识与材质

序列	名称	图片	材质
1	减速带	 HLA-005	橡胶
2	停位器（全黑）	 HLA-067	橡胶
3	PVC 弹力柱	 HLA-041	PVC
4	护角（直角）	 HLA-055	橡胶
5	塑料方锥		塑料
6	水马	 HLA-079	塑料
7	右出口		1.5 mm 铝板贴反光膜
8	左出口		1.5 mm 铝板贴反光膜
9	前出口		1.5 mm 铝板贴反光膜
10	龙门牌	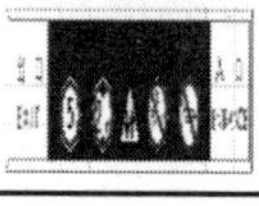	1.5 mm 铝板贴反光膜

续表

序列	名称	图片	材质
11	直行		1.5 mm 铝板贴反光膜
12	向左转弯		1.5 mm 铝板贴反光膜
13	向右转弯		1.5 mm 铝板贴反光膜
14	直行和向左转弯		1.5 mm 铝板贴反光膜
15	直行和向右转弯		1.5 mm 铝板贴反光膜
16	向左和向右转弯		1.5 mm 铝板贴反光膜

三、交通设施的检查

（1）管理处要对物业内的交通设施进行记录，并填写交通设施清单（见表 5-7），保安班长依据交通设施清单进行记录检查。

表 5-7　交通设施清单

单位：

名称	型号	价格	单位	数量	备注

（2）保安班长在每班交接班前对辖区内各道路标志、禁鸣喇叭标志、禁止驶入标志等交通标志牌、减速线、停车线、让行线、人行道线等进行检查，发现有损坏的，应予以记录并及时报部门主管处理。

（3）安全部主管对班长报告的交通标识的损坏进行核实，并按报修管理规程处理。

（4）安全部保安班长负责检查交通设施的状态，当发现有损坏、歪斜移位和风化变色时，应及时报告安全部主管，以便及时修复或更换。

（5）安全部主管应对整个辖区内的交通设施的效能和合理性做出评价，报服务中心经理以便为改进和完善道路交通设施系统提供依据。

（6）交通设施的管理：除保安班长进行系统管理外，还应将此项内容纳入当值保安员的责任范围。

（7）对有意或因过失造成交通设施损毁的责任者，要按公司相关的规定进行处罚或令其赔偿。

（8）保安班长和安全部主管将辖区交通设施的管理状况填写在交通设施检查保养记录表上，并归档保存。

第四节 停车场管理

一、停车场管理规定

（一）停车场管理规定

（1）停车场必须有专职保管人员 24 h 值班，建立健全各项管理制度和岗位职责，管理制度、收费标准悬挂在停车场出入口的明显位置。

（2）停车场内按消防要求设置消防栓，配备灭火器，由公司管理消防负责人定期检查，由岗亭工作人员负责管理使用。

（3）在停车场车行道路须做好行车线、停车位（分固定和临时）、禁停、转弯、减速、消防通道等标识，并在主要车行道转弯处安装凸面镜。

（4）在停车场出入口处设置垃圾桶（箱），在必要位置设路障和防护栏。

（5）机动车进场时应服从安保员指挥，遵守停车场的管理规定，办理机动车进出车场的有关手续，按规定缴纳保管费。

（6）集装箱车、拖拉机、工程车、货车（搬家车除外）禁止放入、50 个座位以上的客车以及运载易燃、易爆、有毒等危险物品的车辆不准进入。

（7）不损坏停车场消防、通信、电气、供水等场地设施。

（8）保持场内清洁，不得将车上的杂物和垃圾丢在地上，有漏油、漏水时，车主应立即处理。

（9）禁止在停车场内洗车、修车、试车、练车。

（二）对进入停车场车辆的管理规定

（1）进入停车场的司机，须按进出场各种程序停车，并按指定的车位停放。

（2）车辆停放后，司机须配合工作人员做好车辆的检查记录，并锁好车辆门窗，带走贵重物品，停车场工作人员没有帮司机保管物品的义务。

（3）进场车辆严禁在场内加油、修车、试刹车，禁止任何人在场内学习驾驶车辆。

（4）进场车辆司机要保持场内清洁，禁止在场内乱丢垃圾与弃置废杂物。

（5）进场司机必须遵守安全防火规定，严禁载有易燃易爆、剧毒等危险品的车辆进入停车场。

（6）禁止超过停车场限高规定的车辆、集装箱车以及漏油、漏水等病车进入停车场。

（7）进场车辆如不服从安保员指挥，造成本身车辆受损时，后果自负。

（三）停车场停放车辆行驶停放管理规定

（1）遵守交通管理规定，爱护道路、公用设施，不乱停放车辆。

（2）车辆不准在车场内长期停放，临时停放按“市物价局统一收费标准”缴费。

（3）车场内车辆的行驶和停放服从管理人员指挥，注意前后左右车辆的安全，在指定位置停放。

（4）停放好车辆后，必须锁好车门，调好防盗系统至警备状态，车内贵重物品须随身携带。

（5）机动车辆在停车场内行驶，时速不得过快，一般不超过 15 km/h，严禁超车。

（6）机动车辆在车场内禁止鸣号。

（7）不准在车场进行任何场所试车、修车、练车。

（8）不准碾压绿化草地，损坏路牌和各类标识，不准损坏路面及公用设施。

（9）不准在人行道、车行道、消防通道上停放车辆，机动车辆只能在停车场或道路上划线停车位内停放，非机动车必须停放在自行车指定区域。

（10）除执行任务的车辆（消防车、警车、救护车）外，其他车辆一律按本规定执行。

（四）停车场巡查规定

（1）巡查次数。

安全部经理、主管每日对停车场及非机动车停车场例行巡查 2 次，并在保安员工作日志上签字。保安班长每次巡岗时须对车场例行巡查，早、中、晚三班巡查不少于 6 次。车辆管理员每小时至少详细检查车辆的车况 1 次。车场实行 24 h 闭路监控，具体监控工作由值班人员负责。

（2）巡查要求。

巡查岗位人员要多看、多听，以嗅、摸等方法发现问题，确保完成车辆管理工作任务。按要求做好巡查岗位工作记录，及时将有关情况反映给部门领导或主管人员。巡查路线按照部门预先制定的路线执行。

（3）巡查内容。

① 检查治安、防火、防盗、水浸等情况，发现问题立即处理，并及时通知当值领班和主管。

② 检查消防设施、设备（即烟感器、报警按钮、消火栓、送风和排烟口、应急灯、疏散指示灯开关等）是否完好。

③ 检查公寓防火门是否关闭，机房门、电井或管道井门等是否锁闭和有无损坏，并注意是否有垃圾存在，如有应及时汇报或处理。

④ 巡查地下车场墙面、指示牌、防撞柱等设施和配置在地下车场内的灭火器材是否完好，做好记录。

⑤ 在地下车场巡查时，发现可疑人员要前往盘问，检查证件，必要时检查其所带物品，如属于三无人员、推销人员，应劝其离开地下车场。

⑥ 对车辆的外观、车况进行检查，发现异常情况时应该及时上报，并定点守候。

⑦ 详细记录事件发生时间及确切位置，认真填写停车场巡查记录表（见表 5-8）。

表 5-8 停车场巡查记录表

编号：　　　　　　　　　　　　　　＿＿＿＿年

<table>
<tr><td>值班时间</td><td>月　日　时　分至　月　日　时　分</td><td>值班员签名</td><td colspan="2"></td></tr>
<tr><td>巡查内容</td><td>关注事项</td><td>不合格情况描述</td><td colspan="2">处理结果</td></tr>
<tr><td>停车场设施</td><td>□消防通道　□消防设施　□照明灯具
□地面标识　□指示牌　□车位号
□天花板　□污水井　□地面
□墙面　□管道　□道闸
□门禁</td><td></td><td colspan="2"></td></tr>
<tr><td>停车场卫生</td><td>□附属设施表面积尘　□地面
□墙面　□水迹　□污迹</td><td></td><td colspan="2"></td></tr>
<tr><td>车位/车况</td><td>□车辆占位　□车况</td><td></td><td colspan="2"></td></tr>
<tr><td>安防</td><td>□遛狗　□闲散可疑人员</td><td></td><td colspan="2"></td></tr>
<tr><td>未处理事项</td><td colspan="2"></td><td>交班签字</td><td></td></tr>
<tr><td>物品交接</td><td colspan="2"></td><td>接班签字</td><td></td></tr>
</table>

填写说明：巡逻人员根据巡查情况填写该表，巡查项合格在方框中打“√”，不合格打“×”，并填写巡查问题描述、处理结果。

（五）停车场的交接班规定

（1）接班人员必须提前 15 min 做好接班的准备工作，穿好工作服，佩戴好胸牌，正点交接班。

（2）接班人员要详细阅读交接班日记和有关通知单，详细了解上一班设备运行情况，对于不清楚的问题，一定要向交班者问清楚，交班者要主动向接班者交底，交班记录要详细完整。

（3）交班人员要对接班人员负责，要交安全、交记录、交工具、交场所卫生、交设备运行动态，双方要办签字手续。

（4）如在交班时设备发生故障，或正在处理故障，应由交班人员为主排除，接班人员积极配合，待处理完毕方可离岗。

（5）在规定的交班时间内，如接班者因故未到，交班者不得离岗，立即报告上级领导，由上级领导追查原因，视具体情节做出处理。

（6）接班人员酒后或带病坚持上班者，交班人不得交给他们，并及时报告上级领导，统筹安排。

二、停车场的收费管理

（一）物业各部门的职责权限

1. 停车场系统实行“一岗双人”制

“一岗双人”制是指收费系统管理员（账户和密码）由综合管理部安排专人负责，数据录入和更改在收费系统管理员的监督下由安保部收费员进行操作。

2. 安保部职责

（1）安保部负责人负责监督、检查和指导中队长、收费员的工作，负责制定、完善停车场管理制度，监督停车场的管理，牵头处理停车场的突发事件。

（2）安保部班长负责本班次停车场系统、机动车收费的管理，并监督检查本班收费员是否严格按制度要求落实收费管理要求，并对当班次临时停车收费金额的真实性负责。

（3）安保部收费员负责机动车出入、收费等工作的具体实施，严格按照制度要求实施“车辆进出有记录、严格收费不出错、严守廉洁不贪墨”，对当班次临时停车收费金额的真实性负主要责任。

3. 客服部

（1）客服部经理负责项目停车场固定停车费用的收取和管理工作，包括租赁车位使用费、业主自有车位的管理费等。

（2）客服部管家负责对业主车辆情况进行统计，及时更新车辆信息。

（3）客服部客服前台负责停车场车位租赁办理工作和车位管理费收取工作，完善车位收费管理台账，并按档案管理要求保存好车位物业服务协议等相关档案。

4. 财务部

财务部每月对停车收费系统的数据进行 1 次抽查和比对，重点核查 VIP 车辆和员工车辆免费信息，及时发现管理漏洞，将发现的问题上报公司总经理和集团财务中心，由公司总经理进行专项调查和处理。

（二）工作内容与流程

1. 自有车位收费管理

（1）已购买车位的业主凭身份证、车位购买手续、车辆行驶证到客服中心办理车位交接手续，须签订《停车位服务协议书》并交纳停车位物业服务费，留存相关证件的复印件，将车位、车辆信息和收费凭据报送停车场收费系统管理员，在收费系统管理员监管下，安保收费员在 24 h 内完成信息录入。

（2）客服部管家在车位物业服务费缴费到期前 15 天，开始向相关业主催缴车位物业服务费，欠缴车位物业服务费超过 2 个月的，客服部报送相关信息至停车场收费系统管理员，在收费系统管理员监管下，安保收费员在 24 h 内完成相关信息录入。

2. 租赁车位收费管理

（1）未购买车位的车主可凭身份证、车辆行驶证到各组团客服中心办理车位租赁手续，客服前台根据收费标准收取相关费用后，将车位、车辆信息和收费凭据报送停车场收费系统管理员，在收费系统管理员监管下，安保收费员在 24 h 内完成信息录入。

（2）客服部管家在租赁车位到期前 30 天，开始通知车主办理续签手续，逾期未办理租赁续签手续并缴费的，客服部报送相关信息至停车场收费系统管理员，在收费系统管理员监管下，安保收费员在 24 h 内完成信息录入，该车辆按临时停车的标准收费。

（3）财务部每月要重点核查是否存在车位租赁到期未及时续期缴费且收费系统未及时更新信息的情况，一经发现，造成的相关损失由相关责任人承担。

3. 临时停车收费管理

（1）临时停车是指车主在小区没有车位（或有车位未缴纳物业服务费）、没有租赁车位（或租赁车位逾期未续签缴费）和其他未办理免费停车手续的车辆进入小区超过免费停车时限应该要收费的车辆的停放。

（2）临时停车的收费应该按照项目公示的收费标准进行收费，收费员要严格遵照“停车场收费员禁令”进行收费管理，一经发现违反禁令，属于以权谋私、贪污公款的，一律开除处理并移送司法机关；属于无心之过导致公司损失的，一律追缴损失。

（3）安保部经理每周至少对收费岗收费情况进行 2 次抽查，及时发现收费问题和漏洞。因安保经理检查不到位造成停车收费损失的，给予安保经理管理责任处分。

（4）安保部当值负责停车收费的中队长应做好日常检查和督查，及时发现每天停车收费的管理问题和漏洞；因安保中队长检查不到位造成停车收费损失的，当值中队长负连带赔偿责任，属于以权谋私、贪污公款的，一律开除处理并移送司法机关。

4. VIP 车辆停车收费管理

VIP 车辆是指到项目管理服务区域参观/交流/学习的单位及个人用车、公检法执行任务车辆、政府领导来访车辆和项目销售招商来访车辆等（不包括业主朋友来访乘坐的车辆）。

车辆属于临时停车的，对接责任人提前与项目经理报备，项目经理安排停车收费岗在“免收费车辆登记表”上做详细记录，48 h 内由对接责任人和项目经理签字确认。免收费车辆信息登记不齐全或未按时补签字手续的，按应收费未收费车辆处理，由收费员和当班中队长补足收费损失。

车辆属于需要长期停放的，必须一年申请一次，逾期未办理续期审批的按临时停车收费。免费停车审批由对接责任人提前填写“VIP 车辆免费停车申请表”，经所在部门负责人、所在公司负责人审核后报集团分管领导审批同意，产生的相关费用计入该公司的管理成本应每年与物业结算一次。

车辆属于项目销售招商来访车辆的，由物业统一制作“看房免费停车券”，项目营销部登记领用后，由营销部/商业公司登记核发。收费员凭“看房免费停车券”免收停车费并在“免收费车辆登记表”上做详细记录。

5. 员工车辆停车收费管理

（1）物业公司的员工在管辖区域内享受免费停车福利，能享受到免费停车福利的仅限于在集团本部以及各子公司任职且在职的员工，集团本部及各子公司合作单位人员需要免费停车的，需填写“VIP 车辆免费停车申请表”并逐级报批。

（2）在职员工想要享受免费停车福利，需填写“员工车辆免费停车申请表”，经所在公司部门负责人、公司负责人审核后提交至综合管理部与集团综合管理中心核实，经项目负责人和总经理审批同意后，由收费系统管理员监督安保收费员完成相关信息的录入工作。

（3）员工申请免费停车时应提供与个人身份证信息一致的车辆行驶证和驾驶证，车辆不属于员工本人的，必须提供车辆所有人与员工本人的关系证明，符合申请条件的员工有且仅有1辆车能在期限内享受免费停车福利。

（4）员工申请免费停车期限为1年，1年后未提前申请并审批通过的，按临时停车进行收费。员工申请免费期限内发生车辆信息变更的，需重新提交申请重新审批。

（5）员工从集团本部或各子公司离职的，自离职之日起24 h内，由收费系统管理员监督安保收费员在停车场收费系统完成信息变更，其车辆按正常标准进行收费。

（6）员工在集团内发生岗位调动未从公司离职的，不需要重新申请。

6. 车辆信息变更

（1）收费系统任何车辆信息的增删和调整都必须有收费系统管理员和收费员两人同时在场，先由收费系统管理员进行账号密码登录，收费员再根据发票（收费车辆）和审批原件（免费车辆）进行车辆信息变更。

（2）收费岗亭每次车辆信息变更都填写在“收费系统车辆信息变更登记表”上，变更完成后，收费系统管理员和收费员签字确认。

（3）收费系统管理员和收费员任何一方原因导致车辆信息与实际收费、免费审批不符的，相关责任由收费系统管理员和收费员共同承担。

7. 收费员禁令

（1）严禁对超过收费时限的车辆不收费、少收费和多收费。

（2）严禁对不属于VIP车辆的车辆进行免收费和少收费。

（3）严禁对已收费车辆不给予票据或不撕毁票据。

（4）严禁收取现金不入账以公谋私，损害公司利益。

（5）严禁对不愿缴费或恶意撞坏收费设施的车辆放行。

8. 收费系统管理员禁令

（1）严禁向第二人透露系统管理员账户名和密码。

（2）严禁不按制度要求监督收费系统的信息变更。

（3）严禁与收费员以公谋私和损害公司利益。

（4）严禁不及时组织进行停车收费系统的信息变更。

9. 收费管理要求

（1）收费员每日交接班时，必须核对相关记录与收费情况并在值班交接记录本上签字确认，如接班收费员未能核查出交班收费员的收费问题，责任由当班收费员承担。

（2）财务部安排指定人员于每天下午 5 点前到收费岗亭收缴当日现金并对收费情况进行核查，做到现金日结日清。每月5号之前出具上月停车场收费报表和问题督察意见，报送集团财务中心和公司总经理。

（3）财务部根据月度和年度临停收费情况，制定每日和每月收费最低金额标准，日常管理中进行每日和每月比对，一经发现有低于每日和每月最低金额标准的，财务部必须进行检查，查找相关原因。因临停车辆增加或者租赁车位增加导致实际收费金额变动超过（最低金额标准）5%的，财务部要及时修正每日和每月收费最低金额标准并报总经理审批执行。

（4）收费岗亭的“收费系统车辆信息变更登记表”台账每月复印 1 次交财务部和综合管理部存档备查；各客服中心的车辆租赁台账每月复印 1 次交财务部和综合管理部存档备查；综合管理部的免费停车审批台账每月复印 1 次交财务部存档备查。

（5）项目负责人每半年需组织相关人员对停车场收费情况进行一次核查和审计，通过查找管理漏洞，倒查相关责任人进行严肃处理以正管理风气。

（6）公司总经理每年需组织相关人员对项目停车场收费情况进行 1 次核查和审计，通过查找管理漏洞，倒查相关责任人进行严肃处理以正管理风气。

表 5-9　VIP 车辆免费停车申请表

编号：

申请公司名称			申请期限		
经办人姓名		经办人部门		联系电话	
VIP 客户姓名		联系方式		房号	
车牌号码		车型/品牌		车辆颜色	
申请原因					
经办部门负责人意见：					
经办公司负责人意见：					
集团分管领导意见：					
温馨物业审核及办理情况：					

备注：1. 此表审批完后，复印一份交由提出申请的项目财务部存档。

2. 编号以年月日编号。

表 5-10　员工车辆免费停车申请表

编号：

员工姓名		所在公司及部门		入职时间	
员工身份证号码		联系电话			
车牌号码		车型/品牌		车辆颜色	
申请免费停车期限					
员工本人签字确认：					
所在公司人事管理部门负责人意见：					
所在公司负责人意见：					
温馨物业人事管理部门意见：					
温馨物业总经理意见：					

备注：1. 免费停车期限不超过 1 年；2. 需提供本人驾驶证复印件、行驶证复印件；3. 辆非本人所有，还需提供与车主亲属关系证明材料；4. 每位在职员工仅能申请 1 辆免费停车车辆；5. 编号以年月日。

表 5-11　免收费车辆情况登记表

车牌号	进入时间	驶出时间	金额	未收费原因	收费员签名	对接责任人签名确认	财务人员审核	备注
其他管理人员检查审核记录：								

表 5-12　收费系统车辆信息变更登记表

日期	车辆变更内容	变更原因	变更凭证	收费系统管理员签名	收费员确认签名	备注
		□收费变更□其他变更	票据/审批件编号			
		□收费变更□其他变更	票据/审批件编号			
		□收费变更□其他变更	票据/审批件编号			
		□收费变更□其他变更	票据/审批件编号			
		□收费变更□其他变更	票据/审批件编号			
		□收费变更□其他变更	票据/审批件编号			
		□收费变更□其他变更	票据/审批件编号			
		□收费变更□其他变更	票据/审批件编号			
		□收费变更□其他变更	票据/审批件编号			
		□收费变更□其他变更	票据/审批件编号			

备注：1. 每行的变更内容只填写一台车辆的变更。

2. 车辆信息集中变更时可以统一制表登记，由收费系统管理员和收费员双方签字确认录入无误。

第五节　物业车辆交通安全管理技巧

一、出现小区内车主为省事不愿把车停放在停车场上的情况

（1）当值安管员首先要有礼貌（先敬礼，再纠正违章）。

（2）告诉车主这里是消防通道（除室内、外停车场，临时停车场），讲述其危害性。

（3）讲明把车停放此处，当值安管员也很难照料（体现安管员的人情味）。

（4）对车主的配合，当值安管员要真诚地感谢。

（5）若车主确实不听劝阻，安管员及时向领班汇报。

二、出现收临时停车费时车主与管理员发生争议的情况

（1）当值安管员要及时报告当值领班。

（2）当值领班赶到后，处事要有分寸，耐心解释，恰到好处。

（3）类似的事件一般是安管员坚守原则所致，因此事后对当值安管员要鼓励、表扬，提高安管员工作中的积极性。

（4）事后要将其作为案例分析，提高安管员在执勤过程中的处事能力和应变能力。

三、出现社区内发生车位少车辆多的矛盾的情况

（1）重新细致、合理地规划小区的停车位。

（2）小区张贴“温馨提示”，告之有车库的顾客，将私人自己的车停放在自家车库，否则将另行收费。

（3）若条件许可，可在附近的停车场帮顾客联系停车位。

四、出入口出现车辆堵塞的情况

（1）当值安管员及时了解情况，如果车主的通行卡失效，立即联系上级领导，避免纠纷发生，并先让车主把车停放在不影响交通的地方。

（2）车主若既不讲理，也不把车开走，当值安管员要对顾客讲明停车场出入口的重点和要害。

（3）根据事态，可拨打“122”报交警，将其车辆挪开。

（4）事情的经过了解清楚后，应给车主一个满意的答复。

（5）对停车场的岗位人员要严格培训，且要有较强的应变能力和服务意识。

五、社区内出现车撞人事故

（1）当值安管员立即通知领班、主任，并第一时间向公安机关报案。

（2）不得让当事人及车辆离开现场，并保护好现场。

（3）及时登记在场人员姓名、单位、住址和联系方式，询问当事人和访问现场目击证人。

（4）若伤者严重，立即通知急救中心救护（拨打“120”急救电话），并联系伤者的家属。

（5）当值安管员做好完整的事故记录，配合公安机关进行取证、查实。

六、停车场车辆发生损坏事故以及如何判断与界定车辆的剐碰是在进入小区之前还是在之后发生的

1. 停车场车辆发生损坏事故

（1）当值安管员保护现场，通知领班、主任，在第一时间取证，最好用相机拍摄现场，不放过丝毫线索。

（2）安抚和稳定损车车主当时的情绪。

（3）查看监控室的闭路系统及停车场出入的登记证明。

（4）协助损车车主准确分析、判断、决策。

（5）真凭实据时，处理一定要有分寸，有礼貌，灵活处理损车顾客与撞车顾客之间的关系。

（6）配合保险公司及政府相关部门的取证。

2. 如何判断与界定车辆的剐碰是在进入小区之前还是在之后发生的

（1）当值安管员保护现场，通知领班、主任，在第一时间取证，最好用相机拍摄现场，不放过丝毫线索。

（2）查看进出口车辆的闭路监控资料，准确地判断事故是否在小区发生。

（3）没有闭路监控系统的小区，查看车辆进入小区的道口岗登记资料，回忆当时进入小区的情形。

（4）今后的工作中，安管员在车辆进入时多留意车辆的外观，有异常情况及时提醒顾客，并做好书面记录，最大限度地避免类似事件发生。

七、如何提高停车场管理员专业技能

（1）培养其职业敏感性、团队协作精神及客户沟通能力，增强其体能。

（2）熟悉停车场所有标牌标示、服务项目、收费标准。

（3）熟悉停车场的管理职责和各项规章制度。

（4）执行政府公安交管部门的管理规定，负责进出道口的检查、登记。

（5）熟练操作、引导顾客车辆停放，掌握停车场的防火、防盗等安全防范技巧。

八、停车场发生丢车问题时的应对方式以及被盗后打官司时如何取证

1. 停车场发生丢车事件

（1）当值安管员立即报告领班、主任，第一时间打“122”交通事故报警电话报交警。

（2）安抚顾客的情绪，保护丢车现场，并现场拍照。了解顾客丢车事件的全部过程，做好现场记录。

（3）查看监控室闭路系统资料及道口岗车辆出入记录时间。

（4）协助顾客报保险公司，配合公安交警部门及保险公司的调查工作。

（5）在配合调查中要积极地协助，只有这样才能既有助于顾客解决纠纷，又能分清自己应该承担的责任和明确应承担多大责任。

（6）物业管理公司可通过保险公司分散风险。

2. 被盗后官司时的取证

（1）全面加强对证据的搜索，查看监控室闭路系统资料及道口岗车辆出入记录时间。

（2）协助、配合公安交警部门及保险公司的调查、取证工作。

九、停车场发生车辆内物品被盗事件

（1）当值安管员立即通知领班，汇报情况，并保护好现场。

（2）了解顾客丢失物品的全部过程。

（3）根据丢失物品的丢失价值和顾客的正确要求，由安管主任决定是否报警。

（4）查看停车场的监控系统资料和车辆进入停车场的时间记录。

（5）若丢失物品贵重和顾客要求报警时，及时由主任拨打报警电话，并协助公安机关侦查，提供有力证据。

十、如何处理好停车场经营者与保险公司、车主三者的关系

（1）经营者是保险公司的合作伙伴，协同做好车主的服务工作。

（2）车主和经营既是值得互相信赖的好友，也是其服务对象。

（3）经营是荣誉、服务是顾客、管理是物。

十一、如何理顺经营停车场的法律关系

（1）国家现在对小区车位产权的具体规定还没有出台，因此，停车场是没有产权的。

（2）小区的停车场是开发商作为住宅配套的附属基地，其使用权应该归全体业主共有，其收益权也应该属于全体业主(地下车场属开发商所有权,但一般由开发商签发的合同而定)。

（3）停车场的收费较低，是一种服务工作。

（4）停车场的收费包含对停车场的管理维修费和车位占用费。

十二、如何进行停车场的经营手续报批

申请机动车停车场“道路运输经营许可证”的企业或者个体工商户，应当向该停车场所在地的区、县级交通行政管理部门提交下列资料：

（1）经营许可申请书；

（2）场地使用权证明。租用他人场地的，应当提供合法有效的租赁合同。临时占用城市道路设置停车场的，应当提供市政管理部门发给的“临时占用道路许可证”。

（3）工商行政管理部门核发的营业执照。

（4）场内交通标志和标线以及消防、环保等符合规定的批准文件。

（5）具有与其业务量相适应的固定资产及流动资金的合法资信证明或者资金担保证明。

（6）符合法律、法规、规章规定的其他条件的证明资料。

十三、社区内停车位被无车主（找不到车辆主人）长期占用的情况

（1）出现类似情况往往是物业公司最无奈的不仅难以挪移，为了小区的整体面貌，相关工作人员还得定期为其打扫卫生。

（2）首先确定该车是否是小区业主的车辆，如果是最好想办法联系到车的主人。

（3）长时间无人认领时，联系公安交警部门来拖车，管理处拖车费的支付登记和办理相关手续。

（4）刚发现该情况时，可用相对“笨拙”的方法，就是将车拖到偏僻、鲜有业主停车的位置。

十四、车辆噪声的紧急处理办法

（1）及时赶到现场，了解原委。

（2）礼貌而有耐心地给顾客讲解，小区里出现噪声的危害性。

（3）在小区加强张贴“温馨提示”，强化车主的宁静意识（温馨提示举例：宁静致远、一鸣惊人）。

十五、停车场地该如何进行车位划线与标识

（1）根据停车场的特点，合理规范小区的停车位，具体由停车场的构造和设置而定，例如：将进车口与出车口分开，或分多个停车场进、出口。

（2）停车场内可设置“人车分流”或“人车共存”等方案，确保车主的安全。

（3）合理地划分车主的停车位，每位业主的私用停车位进行编号并悬挂车牌号码，让每位业主的车辆有序地停放在自家的车位。

（4）停车场出入口、车场内、转弯处必须有明显的标示牌（如：限高标示牌、限速标示牌、转弯标示牌、出口标示牌等等）。

十六、停车场收费标准如何确定

目前国内还没有出台统一的“停车场收费标准”相关法规。物业公司按照当地物价局规定进行收费。

十七、什么情况下可以免收停车服务费

（1）停车场内停车不足 30 mim 时可免收停车费。

（2）政府机关办公务的，可免收停车费。

第六章

物业安全设备管理

随着现代弱电高新技术的迅速发展，智能建筑中的弱电技术应用越来越广泛。如智能消防系统、监控系统、计算机网络、楼宇自控、智能广播等等。弱电技术的应用程度决定了智能建筑的智能化程度。

物业安全设备是指出入口控制系统、防盗报警系统、闭路电视监控系统、火灾自动报警系统、访客对讲系统、保安巡更管理系统等。本章主要讲授物业安全设备的使用和管理的相关知识。

第一节 出入口控制系统

一、出入口控制系统简介

出入口控制系统是20世纪70年代发展起来的安全防范技术，它实现了对人员出入的自动控制，现今被广泛用于保安区域管理中。使用这种自动化的系统将大大减少人力资源，还能提供人员活动的历史记录，提供有用的信息。

出入口控制系统（Access Control System，ACS）是采用现代电子设备与软件信息技术，在出入口对人或物的进、出，进行放行、拒绝、记录和报警等操作的控制系统，系统同时对出入人员编号、出入时间、出入门编号等情况进行登录与存储，从而成为确保区域的安全，实现智能化管理的有效措施，如图6-1所示。

图6-1　出入口控制系统功能

出入口控制系统又称门禁控制系统，一般在大楼的入口处、金库门、档案室门、学校门等处安装出入口控制装置，对进出门的人员进行识别、选择和记录，进行门禁控制，为物业提供安全保障。

二、出入口控制系统的构成

出入口控制系统主要由识读部分、传输部分、管理/控制部分和执行部分以及相应的系统软件组成。系统有多种构建模式，可根据系统规模、现场情况、安全管理要求等，进行合理选择。

1. 出入口控制系统按其硬件构成模式分类

（1）一体型：出入口控制系统的各个组成部分通过内部连接、组合或集成在一起，实现出入口控制的所有功能，如图 6-2 所示。

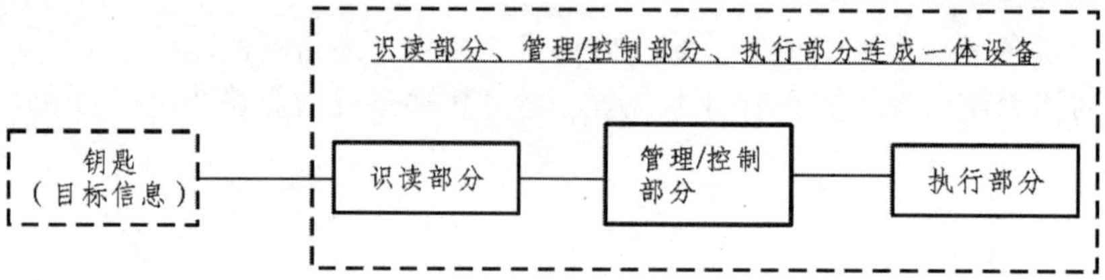

图 6-2　一体型产品组成

（2）分体型：出入口控制系统的各个组成部分，在结构上既有分开的部分，也有通过不同方式组合的部分。分开部分与组合部分之间通过电子、机电等手段连成一个系统，实现出入口控制的所有功能，如图 6-3、图 6-4 所示。

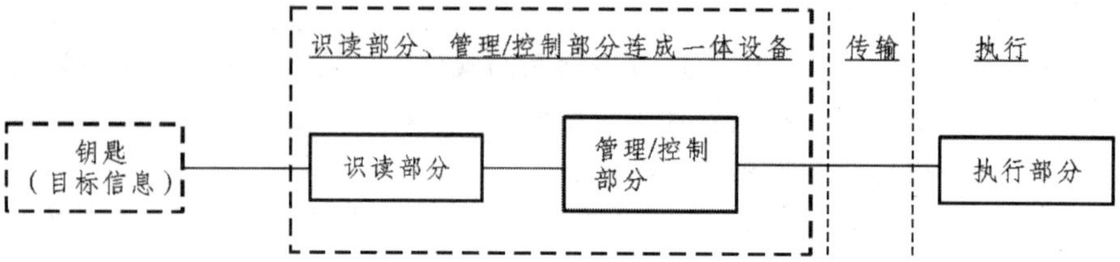

图 6-3　分体型结构组成之一

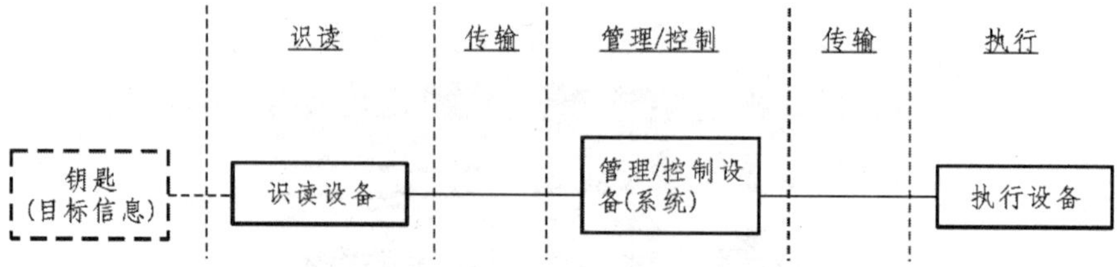

图 6-4　分体型结构组成之二

2. 出入口控制系统按其管理/控制方式分类

（1）独立控制型：出入口控制系统，其管理与控制部分的全部显示/编程/管理/控制等功能均在一个设备（出入口控制器）内完成，如图 6-5 所示。

图 6-5　独立型组成

（2）联网控制型：出入口控制系统，其管理与控制部分的全部显示/编程/管理/控制功能不在一个设备（出入口控制器）内完成。其中，显示/编程功能由另外的设备完成。设备之间的数据传输通过有线和/或无线数据通道及网络设备实现，如图 6-6 所示。

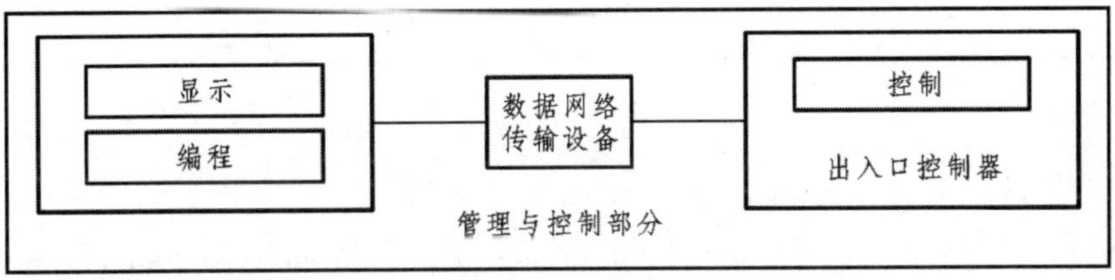

图 6-6　联网控制型组成

（3）数据载体传输控制型：出入口控制系统与联网型出入口控制系统区别仅在于数据传输的方式不同，其管理与控制部分的全部显示/编程/管理/控制等功能不在一个设备（出入口控制器）内完成。其中，显示/编程工作由另外的设备完成。设备之间的数据传输通过对可移动的、可读写的数据载体的输入/导出操作完成，如图 6-7 所示。

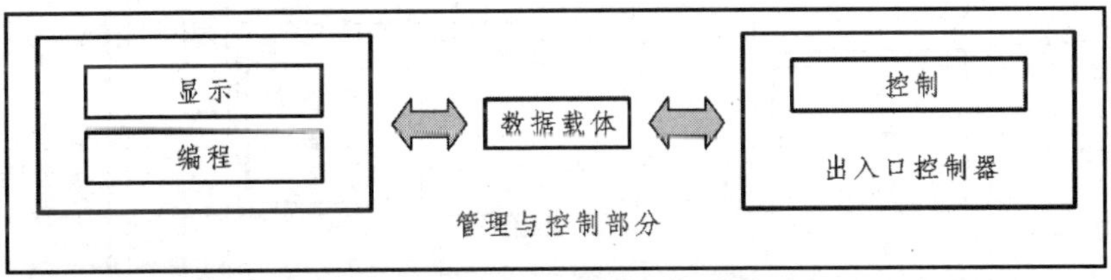

图 6-7　数据载体传输控制型组成

3. 出入口控制系统按现场设备连接方式分类

（1）单出入口控制设备：仅能对单个出入口实施控制的单个出入口控制器所构成的控制设备，如图 6-8 所示。

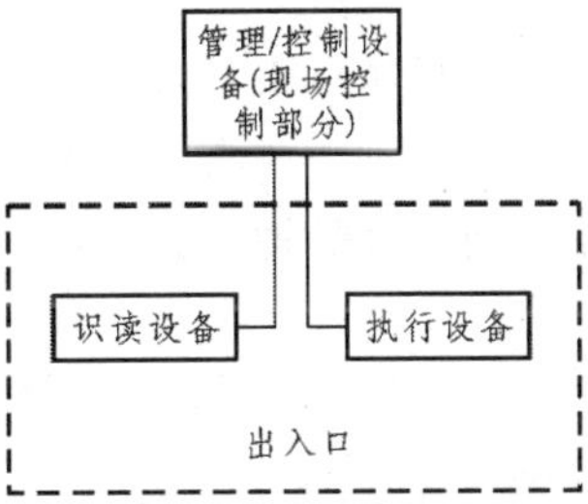

图 6-8　单出入口控制设备型组成

（2）多出入口控制设备：能同时对两个以上出入口实施控制的单个出入口控制器所构成的控制设备，如图 6-9 所示。

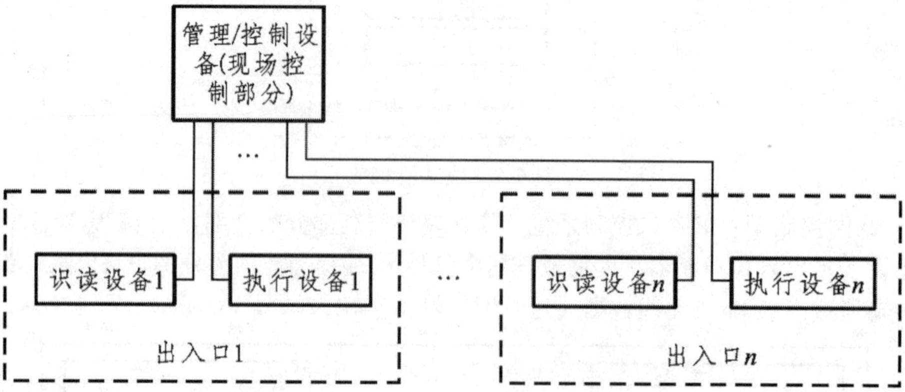

图 6-9　多出入口控制设备型组成

4. 出入口控制系统按联网模式分类

（1）总线制：出入口控制系统的现场控制设备通过联网数据总线与出入口管理中心的显示、编程设备相连，每条总线在出入口管理中心只有一个网络接口，如图 6-10 所示。

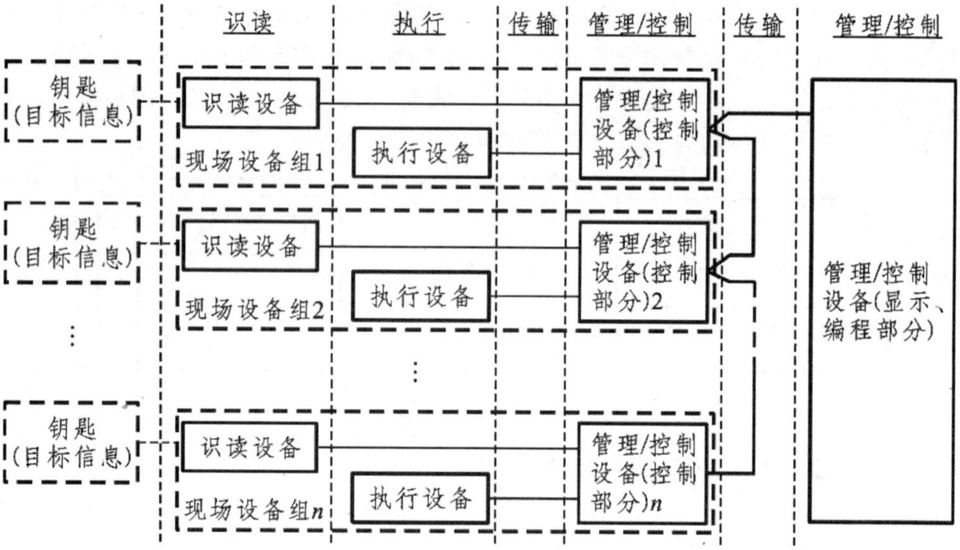

图 6-10　总线制系统组成

（2）环线制：出入口控制系统的现场控制设备通过联网数据总线与出入口管理中心的显示、编程设备相连，每条总线在出入口管理中心有两个网络接口，当总线有一处发生断线故障时，系统仍能正常工作，并可探测到故障的地点，如图 6-11 所示。

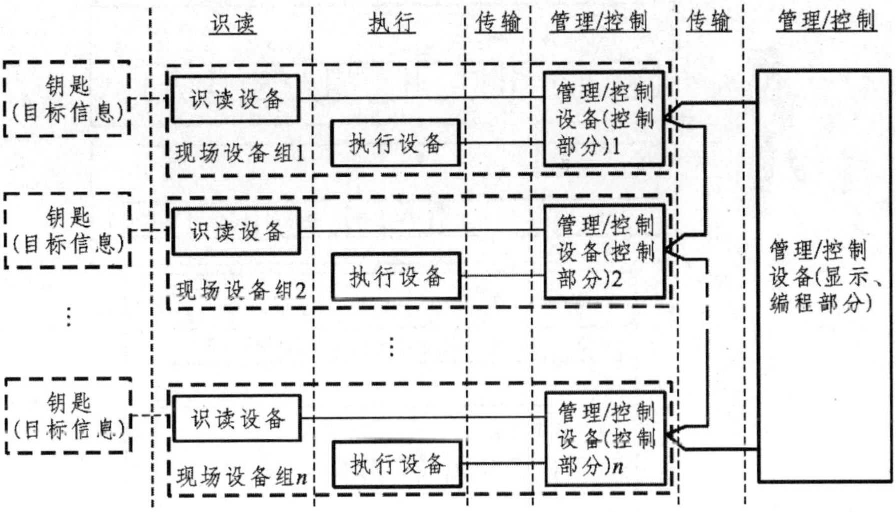

图 6-11　环线制系统组成

（3）单级网：出入口控制系统的现场控制设备与出入口管理中心的显示、编程设备的连接采用单一联网结构，如图 6-12 所示。

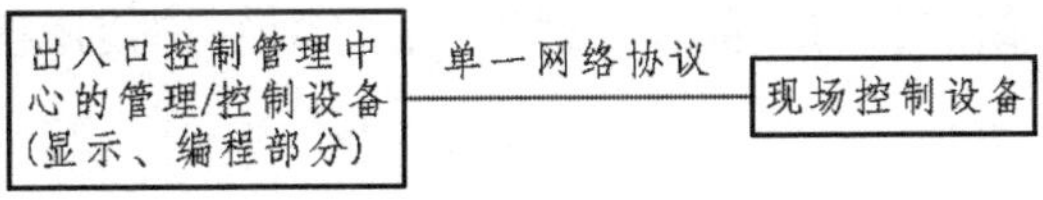

图 6-12　单级网系统组成

（4）多级网：出入口控制系统的现场控制设备与出入口管理中心的显示、编程设备的连接采用两级以上串联的联网结构，且相邻两级网络采用不同的网络协议，如图 6-13 所示。

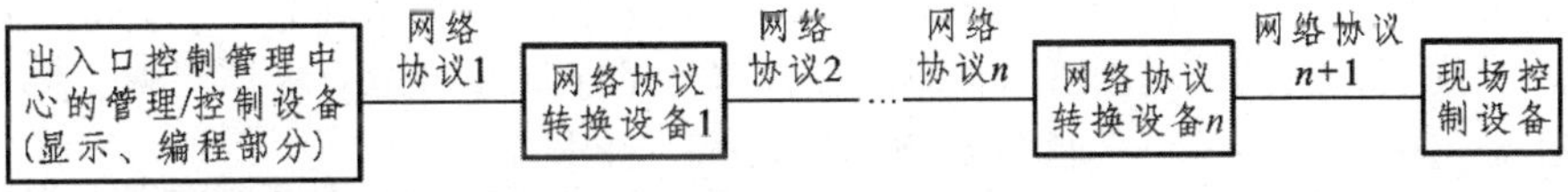

图 6-13　多级网系统组成

出入口控制系统是根据物业安全技术防范管理的要求，对需要控制的各类出入口，按各种不同的通行对象及其准入级别，对其进出时间、通行位置，实施放行、拒绝、记录等进行实时控制与管理，并具有报警功能。

三、出入口识别系统

出入口目标识读部分，是通过提取出入目标身份等信息，将其转换为一定的数据格式传递给出入口管理子系统。管理子系统再与所载有的资料对比，确认同一性，核实目标的身份，以便进行各种控制处理。

对人员目标，分为生物特征识别系统、人员编码识别系统两类。

对物品目标，分为物品特征识别系统、物品编码识别系统两类。

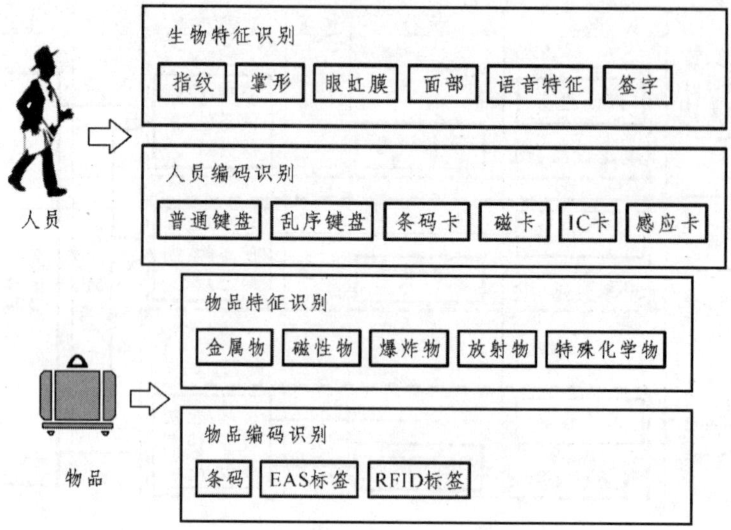

图 6-14　出入口识别系统

1. 磁　卡

磁卡是把磁性物质贴在塑料卡片上制成的。其优点是价格便宜、容易改写，用户可以随时更改密码，应用方便；缺点是易被消磁、磨损。磁卡是目前使用得较普遍的产品。

2. 红外线卡

红外线卡是用特殊的方式在卡片上设定密码，用红外线光线读卡机阅读。这种卡既易被复制，也容易破损。

3. 条码卡

条码卡是用特殊的细金属线排列编码，采用金属磁扰的原理制成的。卡片如果遭到破坏，卡内的金属线排列就遭到破坏，所以很难复制。卡片的金属线可以有效地防磁、防水、防尘，可以长期在恶劣环境下使用，是目前安全性较高的一种卡片。

4. IC 卡

IC 卡也称集成电路卡，卡片采用电子回路及三涂线圈，利用读卡机本身产生的特殊振荡频率进行识别，卡片进入读卡机能量范围时产生共振，感应电流使电子回路发射信号到读卡机，经读卡机将接收的信号转换成卡片资料，送到控制器对比。它具有防水功能，也不使用电源，是非常理想的卡片。

5. 生物辨识系统

生物特征识别不依附于其他介质，直接实现对出入目标的个性化探测，下面是几种常见的生物特征识别设备。

（1）指纹识别：指纹是每个人特有的且几乎终生都不会有变化，指纹识别技术和其他生物识别技术比较起来较容易实现，指纹识别是目前使用最多的生物特征识别技术，它包括指纹图像获取、提取特征和原存储的特征信息比对，如图 6-15 所示。指纹识别设备易于小型化，使用方便，识别速度较快，但操作时需人体接触识读设备，需人体配合的程度较高。

（2）掌形识别：掌形识别是通过测试手掌的形状、手指的长度、手掌的宽度及厚度、各指两个关节的宽度与高度等，将数据综合为特征值存储在用户模板中，如图 6-16 所示。目前的掌形识别设备识别速度较高、误识率较低。同指纹识别一样，掌形识别系统在操作时需人体接触识读设备，需人体配合的程度较高。

（3）虹膜识别：每个人的虹膜特征是不同的，且在发育成熟后终生不变，它存在于眼的表面（角膜下部），是瞳孔周围的有色环形薄膜，眼球的颜色由虹膜决定，不受眼球内部疾病的影响，如图 6-17 所示。读取装置主要是通过摄像机，只要眼睛正视摄像头就可完成信息读取。它的特点是不需要接触识读设备，但需人体配合才能识别，误识率很低。

（4）面部识别（人脸识别）：面部识别是人类自身最常用的识别他人方法，通过现代信息技术，将摄像机捕捉到的人脸图像进行分析、抽取特征，如图 6-18 所示。它采用主动方法，使要求目标配合的程度降到最低。非接触的信息采集相对于指纹、掌形等接触式采集系统，更易被使用者接受，更安全、卫生。

图 6-15 指纹识别

图 6-16 掌形识别

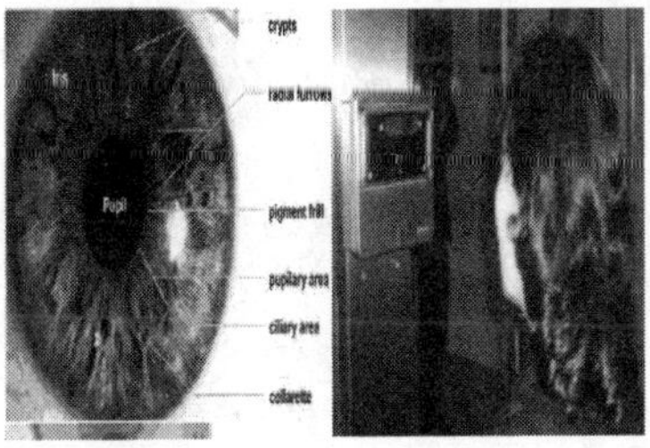

图 6-17 虹膜识别

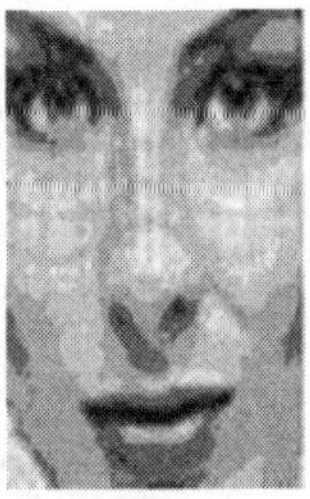
图 6-18 面部识别

四、出入口控制系统的计算机管理

出入口控制系统最终将由计算机系统来完成所有的管理工作，如何来完成则由计算机内的管理软件所决定。一般市场上出售的出入口控制系统本身带有计算机管理软件，成套商也可以根据用户要求，按照控制器提供的接口协议自行编制。出入口控制系统的管理软件一般包括以下几个部分。

1. 门禁控制

（1）控制所有出入通道控制点的电锁开/关，实行授权安全管理，并实时地将每道门的状态向控制中心报告。

（2）通过管理电脑预先编程设置，系统能对持卡人的通行卡进行有效性授权（进/出等级设置），设置卡的有效使用时间和范围（允许进入的区域），便于内部统一管理。

（3）系统自动通过人脸识别系统识别进出人员身份，防止外来人员的闯入。

（4）全部采用非接触读卡识别方式，系统使用者持有效卡才可以在授权的范围内进出。

（5）在重要通道口设置成出入双向监控管理（进/出均需刷卡）。防反传功能可增强出入通道控制系统的安全性。

（6）系统可探测到异常开门情况，具有报警功能。如有人非法（破坏）将门打开，或是“套用”低级别卡试图潜入重要地点，门禁控制器立即将警情传送给控制中心电脑并提示案发地点，同时记录在案。

2. 编程管理

有编程权限的管理人员可通过监控终端和管理主机对所发感应卡设定现时、取消和重置使用，并可设置门锁的打开方式。在发生意外时，可由中央控制室控制部分或全部门锁的开闭。

3. 卡及持卡人管理

总控中心统一发卡，可将卡制作成工作证、出入证、贵宾卡、临时卡等，并可对不同的卡进行不同的授权。如工作证可长期使用，临时卡在使用几次或几天后自动失效。若卡丢失，可在数据库中将其删除，使用过的卡还可重新授权给其他人使用。

4. 在线监控和报警功能

（1）所有人员都可单独设置其出入通道控制等级，对可进出的区域和时间进行控制。有人员进出时，可在监控电脑看到持卡人的照片及刷卡人的图像，安保人员据此核实是否为卡主本人。

（2）门状态的检测及报警输入具有防破坏的能力（如：剪线、短路、并接、串接等手段破坏正常状态指示）。

（3）在线跟踪统计，显示任意区域的持卡人进入记录，在紧急情况时可提供准确的现场人员资料。

5. 数据和事件记录查询及生成报表

（1）系统能详细记录每次开门的时间、日期，进出入员的卡号、姓名、隶属部门、职务等资料，协助管理人员的查询工作。管理部门可根据需要随时在查询系统上查询各部门员工的详细记录，并可随时打印出来。各部门也可以根据需要，随时查询本部门人员的出入门状况。

（2）各门禁控制器可脱机工作，脱机状态下，具有存储不少于 5 000 条事件的能力，当与主机通信恢复时立即将这些事件传往主机做存储查询。

（3）管理工作站：门禁控制软件除具有对各通道口、设备的实时监控功能外，还能提供各种数据的报表，如设备设置、时间表编程、持卡人资料、出入记录等，并可指定所需数据类型或所属区域、时间、排序方式。

6. 电子巡更管理

（1）通过软件设定修改巡更点、巡更员及巡更计划（含到达各巡更点的时间、时间段以及巡更路线）。

（2）管理工作站根据巡更员的刷卡记录进行实时的巡更监视，实现对巡更员的到达地点、时间、路线情况的查阅和统计、打印各巡更人员的到位时间及工作情况。

（3）巡更员不能在规定时间内完成巡更任务或更改巡更路线均会产生报警；巡更员成功或不成功地执行巡更任务均会产生详尽的巡更记录。

7. 电子地图控制

（1）提供图控操作，地形图以*. wmf 格式导入，支持多层电子地图。

（2）可在电子地图上实现门禁监视、事件查看、视频控制等所有操作。

8. 集成联动

（1）门禁系统可通过软件与内部网络直接相连，实现数据共享。通过串口与 CCTV 系统相连，可以实现 CCTV 系统的联动，对进入该地区的目标进行录像，例如：当出入通道控制监控点的门被打开后，门禁系统会输出信号给闭路监控系统，驱动摄像机及录像设备及时记录图像信息。在门禁控制管理的工作站上可发送对摄像机、云台的操控动作指令。在报警系统联动，特殊警情发生时，关闭通道，禁止刷卡出入，以防人犯逃逸。

（2）提供 API 接口，与其他系统如周界防范、在押人员报告、讯问指挥、安全检查、图像监视等子系统联动。

9. 通信及连接

（1）支持多通信服务器，各分区本地化独立管理，中心集中监控。

（2）门禁系统可通过软件与区管内部网络直接相连，实现数据共享，使用开放型数据库，并可以文本方式输出。

第二节 入侵报警系统

随着通信技术、传感器技术和计算机技术的日益发展，入侵报警系统作为防入侵、防盗窃、防抢劫、防破坏的有力手段，已得到越来越广泛的应用。利用高科技所建立的一套反应迅速、准确高效的报警系统，并与属地公安机关联网已逐步成为“保护人民、制止犯罪”的有效手段。报警系统的建设不仅是公安部门维护社会安定的需要，也是广大公民的需求。对于安装此类系统的公民来讲，他们得到的是安全和放心，从而获得的社会效益和经济效益均相当可观。

一、入侵报警系统的构成

入侵报警系统（Intruder Alarm System，IAS）利用传感器技术和电子信息技术探测并指示非法进入或试图非法进入设防区域（包括主观判断面临被劫持或遭抢劫或其他危急情况时，故意触发紧急报警装置）的行为、处理报警信息、发出报警信息的电子系统或网络。

入侵报警系统通常由前端设备（包括探测器和紧急报警装置）、传输设备、处理/控制/管理设备和显示/记录设备四个部分构成（见图 6-19）。

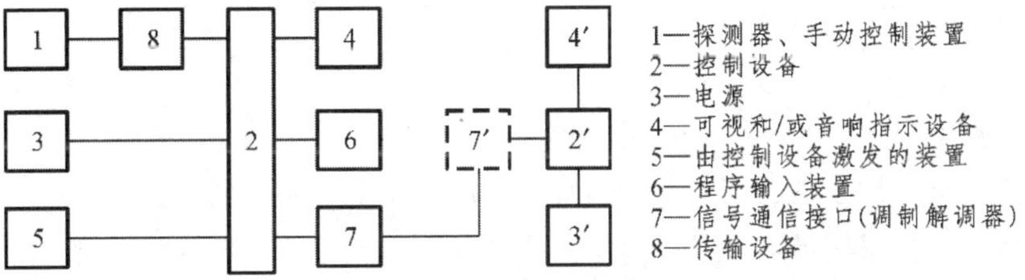

图 6-19　各种入侵报警系统的共同部分

二、入侵报警系统的分类

根据信号传输方式的不同，入侵报警系统组建模式宜分为以下几个模式。

1. 分线制

分线制也称多线制，通常用于距离较近、探测防区较少并集中的情况。该构成模式简单、传统，报警控制设备的每个探测回路与前端探测防区的探测器采用电缆直接相连。多用于小于 16 防区的系统。探测器、紧急报警装置通过多芯电缆与报警控制主机之间采用一对一专线相联（见图 6-20）。

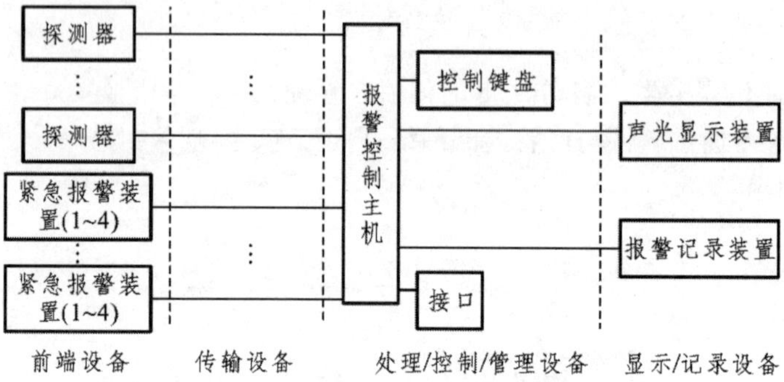

图 6-20　分线制模式

2. 总线制

总线制模式通常用于距离较远、探测防区较多并分散的情况。该模式前端每个探测防区的探测器利用相应的传输设备（俗称模块）通过总线连接到报警控制设备。多用于小于 128 防区的系统。

探测器、紧急报警装置通过其相应的编址模块与报警控制主机之间采用报警总线（专线）相联（见图 6-21）。

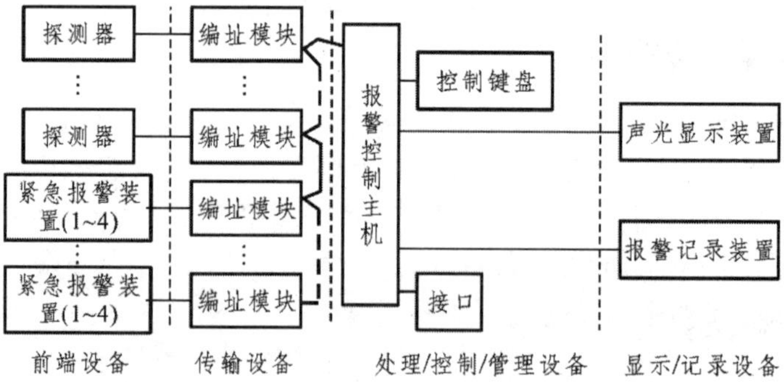

图 6-21　总线制模式

3. 无线制

无线制模式通常用于现场难以布线的情况。前端每个探测防区的探测器通过分线方式连接到现场无线发射接收中继设备，再通过无线电波传送到无线发射接收设备，无线发射接收设备的输出与报警控制设备相连。其中探测器与现场无线发射接收中继设备、报警控制主机与无线发射接收设备既可为独立的设备，也可集成为一体。目前前端多数产品是集成为一体的，一般采用电池供电。

探测器、紧急报警装置通过其相应的无线设备与报警控制主机通信，其中一个防区内的紧急报警装置不得大于4个（见图6-22）。

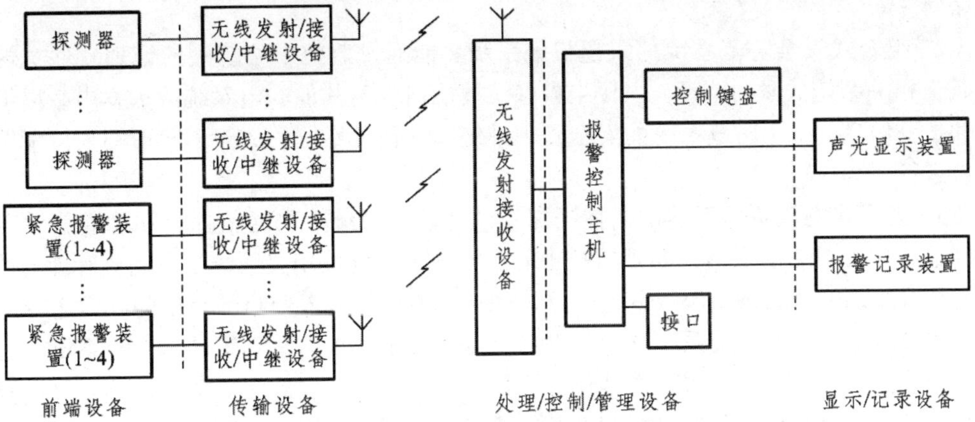

图6-22　无线制模式

4. 公共网络

公共网络包括局域网、广域网、电话网络、有线电视网、电力传输网等现有的或未来发展的公共传输网络。基于公共网络的报警系统应考虑报警优先原则，同时要具有网络安全措施。

探测器、紧急报警装置通过现场报警控制设备和/或网络传输接入设备与报警控制主机之间采用公共网络相联。公共网络既可以是有线网络，也可以是有线—无线—有线网络（见图6-23）。

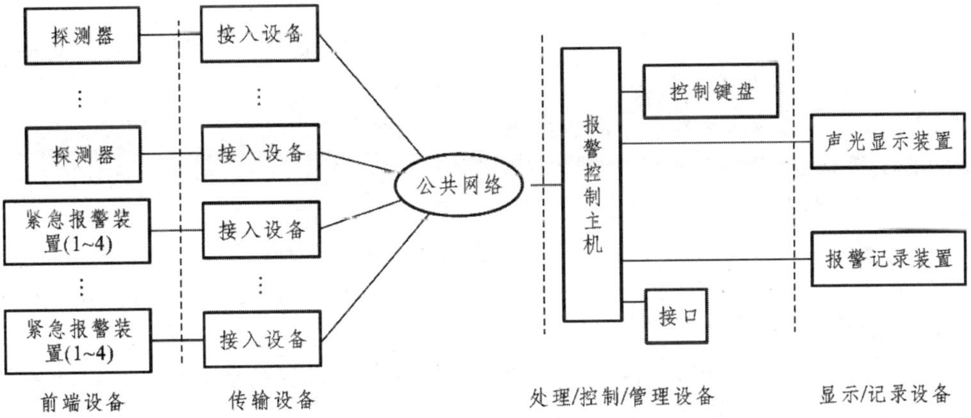

图6-23　公共网络模式

一般来说，入侵报警系统结构可以是以上四种基本模式的组合，也可以单独使用。可单级使用，也可多级使用。

三、入侵报警系统的系统设计

根据《安全防范工程技术标准》（GB 50348—2018）规定要求，入侵报警系统设计还要符合以下三点。

（1）分散式安全防范系统的入侵报警系统要能独立运行。系统要设置联动接口，必要时，可实现与视频安防监控、出入口控制、电子巡查等系统的联动及与安全防范系统的监控中心联网。

（2）组合式安全防范系统的入侵报警系统要能通过监控中心统一的管理软件实现本系统与其他相关系统的联动管理。入侵报警系统要能向现场其他弱电系统或远程中心提供通信接口和报警信息。安全防范系统的安全管理系统或其他子系统的故障不要影响入侵报警系统的正常运行。

（3）集成式安全防范系统的入侵报警系统要能通过统一的通信平台和管理软件实现本系统与监控中心设备的联网，实现监控中心对本系统和其他相关系统的自动化管理与监控。安全防范系统的安全管理系统或其他子系统的故障不要影响入侵报警系统的正常运行。

这主要是因为入侵报警系统通常是高风险场所安全技术防范系统的一个子系统，它在安全技术防范系统中处于至关重要的地位。当出现盗窃、抢劫、破坏等情况时，入侵报警系统发出报警信息、指明报警部位，提醒有关人员尽快出警，向视频安防监控系统、出入口控制系统发出联动信息，启动相关设备。如入侵报警系统与其他系统采用同一个传输设备和控制设备，一旦该设备出现故障，该两个子系统都将失效。因此，为了保证整个安全技术防范系统的可靠性、有效性，入侵报警系统要能独立运行，在管理系统或其他子系统出现故障时，入侵报警系统应能正常运行。

（一）纵深防护体系设计

纵深防护的设计理念是从里到外或从外到里层层设防。纵深防护体系的周界、监视区、防护区、禁区四个区域的防护措施要逐渐加强，各区域之间的交界面也要采取一定的防护措施。

（1）入侵报警系统的设计应符合整体纵深防护和局部纵深防护的要求，纵深防护体系包括周界、监视区、防护区和禁区。

（2）周界可根据整体纵深防护和局部纵深防护的要求分为外周界和内周界。周界应构成连续无间断的警戒线（面）。周界防护应采用实体防护或/和电子防护措施。采用电子防护时，需设置探测器。当周界有出入口时，应采取相应的防护措施。

（3）监视区可设置警戒线（面），宜设置视频安防监控系统。

（4）防护区应设置紧急报警装置、探测器，宜设置声光显示装置，利用探测器和其他防护装置实现多重防护。

（5）禁区应设置不同探测原理的探测器，应设置紧急报警装置和声音复核装置，通向禁区的出入口、通道、通风口、天窗等应设置探测器和其他防护装置，实现立体交叉防护。

（6）被防护对象的设防部位应符合现行国家标准《安全防范工程技术标准》（GB 50348—2018）的相关要求。

（二）系统功能性能设计

（1）入侵报警系统的误报警率应符合设计任务书或工程合同书的要求。

（2）入侵报警系统不得有漏报警。

（3）入侵报警功能设计应符合下列规定：

① 紧急报警装置应设置为不可撤防状态，应有防误触发措施，被触发后应自锁。

② 当下列任何情况发生时，报警控制设备应发出声、光报警信息，报警信息应能保持到手动复位，报警信号应无丢失。

a. 在设防状态下，当探测器探测到有入侵发生或触动紧急报警装置时，报警控制设备应显示报警发生的区域或地址。

b. 在设防状态下，当多路探测器同时报警（含紧急报警装置报警）时，报警控制设备应依次显示出报警发生的区域或地址。

③ 报警发生后，系统应能手动复位，不应自动复位。

④ 在撤防状态下，系统不应对探测器的报警状态做出响应。

（4）防破坏及故障报警功能设计应符合下列规定。

当下列任何情况发生时，报警控制设备上应发出声、光报警信息，报警信息应能保持到手动复位，报警信号应无丢失。

① 在设防或撤防状态下，当入侵探测器机壳被打开时。

② 在设防或撤防状态下，当报警控制器机盖被打开时。

③ 在有线传输系统中，当报警信号传输线被断路、短路时。

④ 在有线传输系统中，当探测器电源线被切断时。

⑤ 当报警控制器主电源/备用电源发生故障时。

⑥ 在利用公共网络传输报警信号的系统中，当网络传输发生故障或信息连续阻塞超过30 s时。

（5）记录显示功能设计应符合下列规定。

① 系统应具有报警、故障、被破坏、操作（包括开机、关机、设防、撤防、更改等）等信息的显示记录功能。

② 系统记录信息应包括事件发生时间、地点、性质等，记录的信息应不能更改。

（6）系统应具有自检功能。

（7）系统应能手动/自动设防/撤防，应能按时间在全部及部分区域任意设防和撤防；设防、撤防状态应有明显不同的显示。

（8）系统报警响应时间应符合下列规定：

① 分线制、总线制和无线制入侵报警系统：不大于2 s。

② 基于局域网、电力网和广电网的入侵报警系统：不大于2 s。

③ 基于市话网电话线入侵报警系统：不大于20 s。

（9）系统报警复核功能应符合下列规定：

① 当报警发生时，系统能对报警现场进行声音复核。

② 重要区域和重要部位应有报警声音复核。

（10）无线入侵报警系统的功能设计，除应符合上述的要求外，还应符合下列规定：

① 当探测器进入报警状态时，发射机应立即发出报警信号，并应具有重复发射报警信号的功能。

② 控制器的无线收发设备宜具有同时接收处理多路报警信号的功能。

③ 当出现信道连续阻塞或干扰信号超过30 s时，监控中心应有故障信号显示。

④ 探测器的无线报警发射机，应有电源欠压本地指示，监控中心应有欠压报警信息。

（三）设备选型与设置

探测器的选型和布设是系统设计的关键，要根据报警设备的原理、特点、适用范围、局限性、现场环境状况、气候情况、电磁场强度及光线照射变化等来选择合适的探测器，设计合适的安装位置、安装角度以及系统布线。还要根据使用的具体情况来选型，如用途或使用场所不同、探测的原理不同、探测器的工作方式不同、探测器输出的开关信号不同、探测器与报警控制设备各防区的连接方式不同等。

1. 探测器的种类

探测器的种类较多， 按探测器的警戒范围不同一般分为以下几类：

空间式入侵探测器：包含室内用多普勒微波探测器、室内用被动红外探测器、室内用超声波多普勒探测器、微波和被动红外复合入侵探测器、磁开关入侵探测器、室内用被动式玻璃破碎探测器等。

面控式入侵探测器：振动入侵探测器、声控振动双技术玻璃破碎探测器等。

线控式探测器：主动式红外入侵探测器、微波墙式探测器、激光式探测器、光纤式周界探测器、长导电体断裂原理探测器、振动电缆探测器、泄漏电缆探测器、电场线感应式探测器等。

开关点控式探测器：磁开关入侵探测器、微动开关、紧急报警装置、压力垫、短导电体的断裂原理探测器等。

如按探测器工作方式可分为主动式探测器和被动式探测器。

主动式探测器是通过探测器发射能量，在探测区域建立一个可监测的环境或状态，并通过接收能量参数的变化来实现探测。常见的探测器有：室内用多普勒微波探测器、室内用超声波多普勒探测器、主动式红外入侵探测器、微波墙式探测器、激光式探测器、泄漏电缆探测器、电场线感应式探测器等。

被动式探测器是通过在探测区域内由于发生入侵行为而引起自然环境、环境物理参数等的变化和入侵者本身发出带有特征信息的辐射来实现探测。常见的探测器有：室内用被动红外探测器、微波和被动红外复合入侵探测器、磁开关入侵探测器、室内用被动式玻璃破碎探测器、电子围栏等。

2. 探测器的选型

探测器的选型还应符合下列规定：

（1）根据防护要求和设防特点选择不同探测原理、不同技术性能的探测器。多技术复合探测器应视为一种技术的探测器。

（2）所选用的探测器应能避免各种可能的干扰，减少误报，杜绝漏报。

（3）探测器的灵敏度、作用距离、覆盖面积应能满足使用要求。

3. 探测器的设置

探测器的设置应符合下列规定：

（1）每个/对探测器应设为一个独立防区。

（2）周界的每一个独立防区长度不宜大于 200 m。

（3）需设置紧急报警装置的部位宜不少于 2 个独立防区，每一个独立防区的紧急报警装置数量不应大于 4 个，且不同单元空间不得作为一个独立防区。

（4）防护对象应在入侵探测器的有效探测范围内，入侵探测器覆盖范围内应无盲区，覆盖范围边缘与防护对象间的距离宜大于 5 m。

当多个探测器的探测范围有交叉覆盖时，应避免相互干扰。

第三节 闭路电视监控系统

闭路电视监控系统（CCTV）是安全技术防范体系中的一个重要组成部分，是一种先进的、防范能力极强的综合系统，它可以通过遥控摄像机及其辅助设备（镜头、云台等）直接观看被监视场所的一切情况，使被监视场所的情况一目了然。同时，电视监控系统还可以与防盗报警系统等其他安全技术防范体系联动运行，使其防范能力更加强大。

一、闭路电视监控系统的功能

闭路电视监控系统在住宅小区主要通道、重要公共建筑以及周界设置前端摄像机，通过遥控摄像机及其辅助设备（电动镜头及云台等），在监控中心就可直接观察被监控场所的各种情况，以便及时发现和处理异常情况。

闭路电视监控系统的主要功能如下：

（1）对小区或公共建筑物的主要出入口、主干道、周界围墙、停车场出入口以及其他重要区域进行记录。

（2）监控中心监视系统应采用多媒体视像显示技术，由计算机控制、管理及进行图像记录。

（3）系统可与防盗报警系统联动进行图像跟踪及记录。

（4）视频失落及设备故障报警。

（5）图像自动/手动切换、云台及镜头的遥控。

二、闭路电视监控系统的组成形式

根据监视对象及监视方式不同，闭路电视监控系统的组成方式一般有 4 种。

（一）单头单尾方式

这是最简单的组成方式，如图 6-24（a）所示。头指摄像机，尾指监视器。这种由一台摄像机和一台监视器组成的方式用在一处连续监视一个固定目标的场合。

图 6-24（b）增加了一些功能，比如摄像镜头焦距的长短、光圈的大小、远近聚焦都可以遥控调整，还可以遥控电动云台的左右上下运动和接通摄像机的电源。摄像机加上专用外罩就可以在特殊的环境条件下工作。这些功能的调节都是靠控制器完成的。

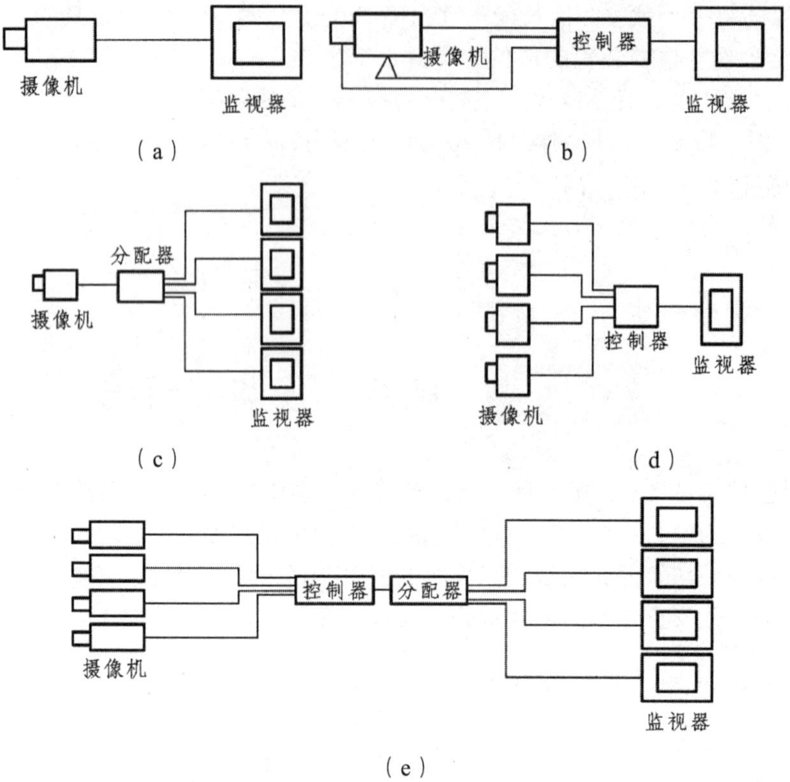

图 6-24　闭路电视监控系统的组成方式

（二）单头多尾方式

图 6-24（c）是单头多尾系统，它是由一台摄像机向许多监视点输送图像信号，由各个点上的监视器同时观看图像。这种方式用在多处监视同一个固定目标的场合。

（三）多头单尾方式

图 6-24（d）是多头单尾系统，用在一处集中监视多个目标的场合。它除了控制功能外，还具有切换信号的功能。如果系统中设有动作控制的要求，那么它就是一个视频信号选切器。

（四）多头多尾方式

图 6-24（e）是多头多尾任意切换方式的系统，用于多处监视多个目标的场合。此时宜结合对摄像机功能遥控的要求，设置多个视频分配切换装置或短阵网络。每个监视器都可以选切各自需要的图像。

三、闭路电视监控系统的主要设备

闭路电视监控系统根据其使用环境、使用部门和系统的功能而具有不同的组成方式，无论系统规模的大小和功能的多少，一般电视监控系统由摄像、传输、控制、显示和记录等 4 个部分组成。闭路电视监控系统的基本组成如图 6-25 所示。

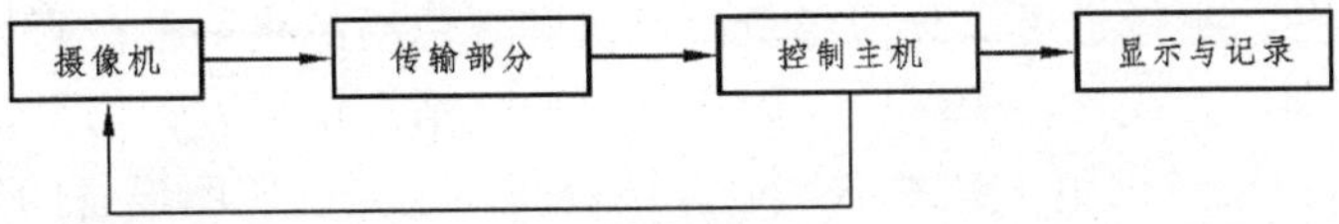

（a）组成框图

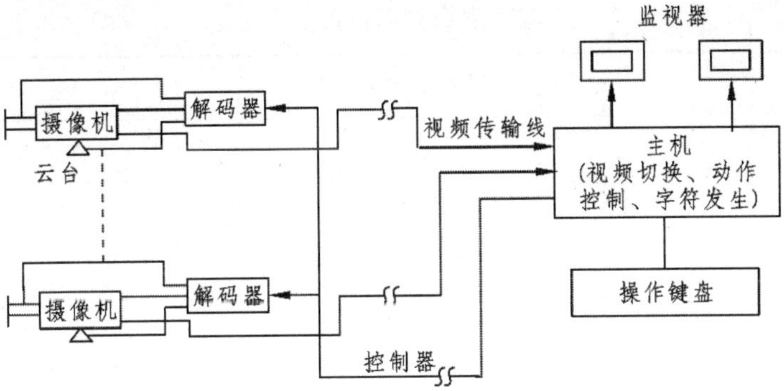

（b）简例

图 6-25　闭路电视监控系统的基本组成

（一）摄像机部分

1. 摄像机

摄像机是电视监控系统的眼睛，是用来拾取图像信号的设备。摄像机处于闭路电视监控系统的前端，它将被摄物体的光图像转变为电信号——视频信号，为系统提供信号源，因此它是该系统中最重要的设备之一，常见的摄像机如图 6-26 所示。

图 6-26　常见摄像机

前端摄像机的种类如表 6-1 所示。

表 6-1　前端摄像机的种类

	匀速一体球：可匀速旋转，并具有变焦等功能
	快球：可高速旋转，具有变倍聚焦等功能
	枪机：需和镜头组合使用，可搭配不同的镜头以适应不同的场合
	红外一体机：可以在夜间达到较好的监控效果
	变倍一体机：镜头内置有自动对焦功能，能够拉近拉远

依成像色彩划分，摄像机可以分为彩色摄像机和黑白摄像机两种。彩色摄像机适用于景物细部辨别，如辨别衣着或景物的颜色。因有颜色而使信息量增大，信息量一般认为是黑白摄像机的 10 倍。黑白摄像机用于光线不足地区及夜间无法安装照明设备的地区，在仅监视景物的位置或移动时，可选用分辨率通常高于彩色摄像机的黑白摄像机。

表 6-2　黑白与彩色摄像机对比

项目	黑白摄像机	彩色摄像机
灵敏度	高	低
分辨率	高	低
尺寸及重量	小	大
图像观察感觉	只有黑白	有色彩、真实
价格	低	高

摄像机一般由摄像机机身、镜头和防护罩三部分组成。

2. 镜　头

摄像机镜头是视频监视系统最关键的设备，它的质量（指标）优劣直接影响摄像机的整机指标。镜头在闭路监控系统中的作用是非常重要的。工程设计人员和施工人员都要经常与镜头打交道：设计人员要根据物距、成像大小计算镜头焦距，施工人员经常进行现场调试，其中一部分就是把镜头调整到最佳状态。

3. 防护罩

常见的防护罩主要包括室内用防护罩、室外用防护罩和特殊用途防护罩。室内防护罩的作用主要是保护摄像机和镜头，使其免受灰尘、杂质和腐蚀性气体的污染，同时能够配合安装地点达到防破坏的目的，一般不具有防水功能。 室外防护罩要适应各种气候条件，如风、雨、雪、霜、低温、暴晒、沙尘等。室外防护罩会因使用地点的不同配置如遮阳罩、内装/外装风扇、加热器/除霜器、雨刷器、清洗器等各种辅助设备。室外防护罩也可用于室内。特殊防护罩不仅要像通用室外防护罩一样具有高度密封、耐高寒、耐酷热、抗风沙、防雨雪等特点，还要防砸、抗冲击、防腐蚀，甚至需要在易爆环境下使用。

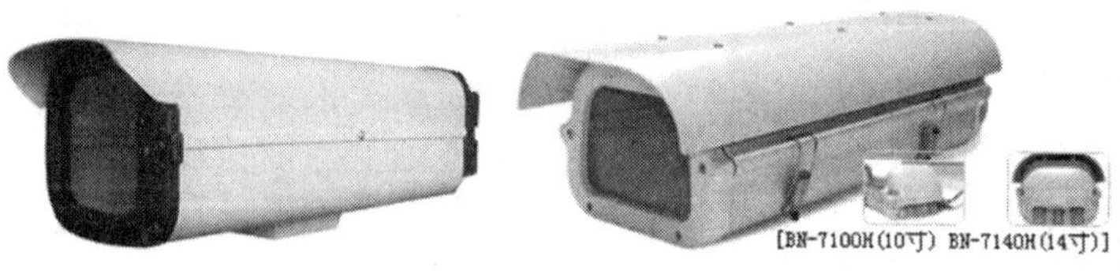

室内防护罩　　　　室外防护罩

图 6-27　防护罩

（二）传输部分

传输部分一般包括线缆、调制与解调设备、线路驱动设备等，它的任务是把将摄像机输出的视频（有时包括音频）信号馈送到中心机房或其他监视点。常见的传输方式分为有线传输和无线传输两种，如图 6-28 所示。

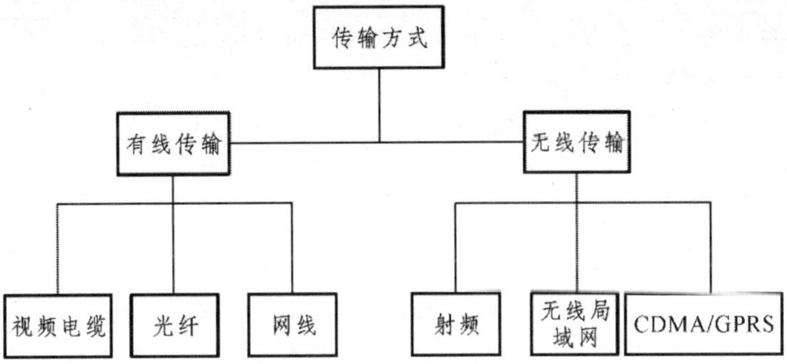

图 6-28 常见传输方式

（三）控制部分

控制部分是整个系统的“心脏”和“大脑”，是实现整个系统功能的指挥中心。控制部分主要由总控制台（有些系统还设有副控制台）组成。总控制台中主要的功能有：视频信号放大与分配、图像信号的校正与补偿、图像信号的切换、图像信号（或包括声音信号）的记录、摄像机及其辅助部件（如镜头、云台、防护罩等）的控制（遥控）等。在上述的各部分中，对图像质量影响最大的是放大与分配、校正与补偿、图像信号的切换三部分。在某些摄像机距离控制中心很近或对整个系统指标要求不高的情况下，在总控制台中往往不设校正与补偿部分。但对某些距离较远的情况，或由于传输方式的要求等原因，校正与补偿是非常重要的。因为图像信号经过传输之后，往往其幅频特性（由于不同频率成分到达总控制台时，衰减是不同的，因而造成图像信号不同频率成分的幅度不同，此称为幅频特性）、相频特性（不同频率的图像信号通过传输部分后产生的相移不同，此称为相频特性）无法绝对保证指标的要求，所以在控制台上要对传输过来的图像信号进行幅频和相频的校正与补偿。经过校正与补偿的图像信号，再经过分配和放大，进入视频切换部分，然后送到监视器上。总控制台的另一个重要作用是能对摄像机、镜头、云台、防护罩等进行遥控，以完成对被监视的场所全面、详细的监视或跟踪监视。总控制台上设有的录像机，可以随时把发生情况的被监视场所的图像记录下来，以便事后备查或作为重要依据。

目前，有些控制台上设有一台或两台“长延时录像机”，这种录像机可用一盘 60 min 带长的录像带记录长达几天时间的图像信号，这样就可以对某些非常重要的被监视场所的图像连续记录，而不必使用大量的录像带。还有的总控制台上设有“多画面分割器”，如四画面、九画面、十六画面等等。也就是说，通过这个设备，可以在一台监视器上同时显示出四个、九个、十六个摄像机送来的各个被监视场所的画面，并用一台常规录像机或长延时录像机进行记录。上述这些功能的设置，要根据系统的要求而定，不一定都采用。目前生产的总控制台，在控制功能上，控制摄像机的台数上往往都做成积木式的，可以根据要求进行组合。另外，在总控制台上还设有时间及地址的字符发生器，通过这个装置可以把年、月、日、时、分、秒都显示出来，并把被监视场所的地址、名称显示出来。在录像机上可以记录，这样为以后的备查提供了方便。

总控制台对摄像机及其辅助设备（如镜头、云台、防护罩等）的控制一般采用总线方式，把控制信号送给各摄像机附近的“终端解码箱”，在终端解码箱上将总控制台送来的编码控制信号解出，成为控制动作的命令信号，再去控制摄像机及其辅助设备的各种动作（如镜头的变倍、云台的转动等）。在某些摄像机距离控制中心很近的情况下，为节省开支，也可采用由控制台直接送出控制动作的命令信号，即“开、关”信号。总之，根据系统构成的情况及要求，可以综合考虑，以完成对总控制台的设计要求或订购要求。

（四）显示和记录部分

显示部分一般由几台或多台监视器（或带视频输入的普通电视机）组成。它的功能是将传送过来的图像一一显示出来。在电视监视系统中，特别是在由多台摄像机组成的电视监控系统中，一般都不是一台监视器对应一台摄像机进行显示，而是几台摄像机的图像信号用一台监视器轮流切换显示。这样做一是可以节省设备，减少空间的占用；二是没有必要一一对应显示。因为被监视场所的情况不可能同时发生意外情况，所以平时只要每隔一定的时间（几秒、十几秒或几十秒）显示一下即可。当某个被监视的场所发生情况时，可以通过切换器将这一路信号切换到某一台监视器上一直显示，并通过控制台对其遥控跟踪记录。所以，在一般的系统中通常都采用四比一、八比一，甚至十六比一这样的摄像机对监视器的比例数设置监视器的数量。目前，常用的摄像机对监视器的比例数为四比一，即四台摄像机对应一台监视器轮流显示，当摄像机的台数很多时，再采用八比一或十六比一的设置方案。另外，由于“画面分割器”的应用，在有些摄像机台数很多的系统中，用画面分割器把几台摄像机送来的图像信号同时显示在一台监视器上，也就是在一台较大屏幕的监视器上，把屏幕分成几个面积相等的小画面，每个画面显示一个摄像机送来的画面。这样可以大大节省监视器，并且操作人员观看起来也比较方便。但是，这种方案不宜在一台监视器上同时显示太多的分割画面，否则会使某些细节难以看清楚，影响监控的效果。

为了节省开支，对于非特殊要求的电视监控系统，监视器可采用有视频输入端子的普通电视机，而不必采用造价较高的专用监视器。监视器（或电视机）的屏幕尺寸宜采用 14 英寸至 18 英寸，如果采用了“画面分割器”，可选用较大屏幕的监视器。

监视器的位置应在距离、角度和高度上适合操作者观看。一般是在总控制台的后方设置专用的监视架子，把监视器摆放在架子上。

监视器的选择，应满足系统总的功能和总的技术指标的要求，特别是应满足长时间连续工作的要求。由于监视器或电视机已有成型的产品，大家都很熟悉，在此不做详述。

随着电子技术及网络技术的发展，基于数字的应用产品及方案相应而出。以数字技术为基础的影像资料有其高保真、重复利用、快捷查询、存取简单等特点，越来越多地受到用户的关注；随着网络技术的进步，网络应用涉及机关、学校、企业乃至居民小区等各个领域，网络化数字化的监控方案被普遍接受使用。

目前，数字视频压缩编码技术日益成熟和迅猛发展，基于网络的数字化监控有两种方案：一种是基于数字硬盘录像机+视频压缩卡的多媒体监控。多媒体监控系统一般采用以下结构：在远端监控现场，有若干个摄像机，各种检测、报警探头，数据设备，通过各自的传输线路，汇接到多媒体监控终端上，多媒体监控终端可以是一台 PC 机，也可以是专用的工业机箱组成的多媒体监控终端。除了处理各种信息和完成本地所要求的各种功能外，系统利用视频压缩卡和网络接口卡，通过数字网络，将这些信息传到一个或多个监控中心。但在许多实际应用中，用 PC 机无法适应现场的使用环境，无法实现无人值守，而且，系统的稳定性和可靠性不够，因此这是一项传统模拟技术向数字化技术转化的过渡性技术。另一种是基于嵌入式技术的远程网络视频监控（嵌入式 IP-VIDEO 技术）。随着芯片技术的发展，出现了各种各样的网络视频编解码器（相当于一个数模转换设备），这些体积紧凑的硬件设备采用具有嵌入式系统的 DSP 芯片，对模拟音视频信号进行编码、压缩，并通过内置的网络接口可以接入各种形式的用户网络中，可以让网络用户远程对监控前端进行实时监控。其主要的原理是：网络视频服务及控制器内置一个嵌入式芯片，采用嵌入式实时操作系统。摄像机传送来的视频信号数字化后由高效压缩芯片压缩，通过网络线路进行视频信号的传送。联入网络的用户可以通过微机直接观看摄像机图像，授权用户还可以控制摄像机云台镜头的动作或对系统配置进行操作，并可以根据需要对相关摄像机的内容进行录像。该方案把视频压缩集成到一个体积很小的设备内，可以直接连入以太网，实现即插即看，省掉各种复杂的电缆，安装方便（仅需设置一个 IP 地址）。这一种是最新的数字化监控技术，符合目前技术发展的趋势，实现了两网合一（监控网、计算机局域网合一），但造价稍高。

第七章

不同类型物业安全管理要点

物业应该根据其类型、特点，制定不同的物业安全管理服务实施方案。本章将围绕住宅小区、写字楼、学校、政府等有代表性的物业项目讲述其安全管理要点。

第一节 住宅小区物业安全管理

一、住宅小区安全管理服务工作特性

住宅小区内居住着职业、生活习惯、爱好、文化程度、道德水准、经济收入各不相同的家庭，这些决定了他们对居住环境要求和居住行为等的差异。一般情况下业主一天内有三分之一以上的时间是在小区内度过的，因此物业应该为每个业主提供一个温馨美满、宁静舒适的居住环境。

在物业管理中，安全保卫服务是基于业主与物业管理公司按照物业服务合同的约定，为维护物业管理相关区域内的秩序而产生的，是物业管理服务的一项重要内容。中国消费者协会（2019 年 11 月）发布的“国内部分住宅小区物业服务调查体验报告”中，以目前国内分布于 36 个城市的 148 个住宅小区为调查对象，对小区物业服务体验情况进行调查。结果显示，住宅小区业主对物业服务的满意度综合得分仅 62.59 分，在保洁服务、秩序维护、客户服务管理等方面，各个小区普遍得分较低。由此可见，大部分物业管理公司无论是管理工作抑或是提供的服务质量，都与消费者的期待相去甚远，而在服务项目中，包括设施设备管理、绿化环境、垃圾处理等在内的外在硬件条件，以及安全管理、信息公示等在内的内在服务保障，均未能令消费者满意。

小区物业管理中的安全保卫工作涉及内容多，范围广，具有专业性强、管理与服务并存、互相受制等特点，稍不注意，就有可能出现安全隐患或事故。物业管理企业如因为安全保卫工作没有做到位而造成一定的损失，会给物业管理企业造成严重的影响。所以，物业企业在加强小区硬件设施的基础上，还要建立一套完善的安保制度和一支高效、专业的安全管理队伍，这是物业管理活动的重中之重。

二、住宅小区安全管理服务工作特点

住宅小区安全管理服务具有以下特点。

1. 居住功能单一，相对封闭独立，管理具有社会性

住宅小区最大的特点就是居住功能单一，小区相对封闭独立，居民集中居住。小区内的一切设施都是为小区居民的居住便利而设计、构建的，小区内不包括社会物质生产等城市其他功能，这样既便于管理与服务，也便于提高城镇居民的居住条件和水平。

住宅小区是人们生活、居住的地方，是整个社会的一个组成部分，它的管理必然具有很强的社会性。小区内居住着各行各业的人员，居住的人口结构十分复杂并且会相互影响，必然产生社会化现象。物业管理公司应争取住宅小区居民及社会各方面力量的支持与帮助。例如，生活小区的治安状况与整个社会的治安状况紧密相关，社会治安状况的大环境必然对小区的小环境产生巨大的影响。所以，在小区的治安管理工作中应加强与所在地公安部门的沟通。

2. 人口密度高，人口结构繁多，管理具有复杂性

住宅小区内建筑密度大，形成了住宅小区内人口密度高、人口结构复杂的特点。小区居民以家庭为单位居住在小区内，人口结构以年龄划分，可以涵盖各个年龄阶段。

小区物业管理服务所具有的复杂性，首先体现在居民的结构复杂，从而对物业管理服务内容和标准要求不一致。其次，房屋产权具有多元化的特点，使得管理难度增大。最后，在住宅小区的物业管理实施过程中经常涉及市政管理、水电气暖供应、公安、街道办事处等多个部门和单位，这时需要协调关系，明确职责，在一定程度上也增大了管理复杂程度。

3. 房屋产权多元化，共用设施社会化，管理具有统一性

人类拥有建筑物的历史长达几千年，物业管理之所以在一百多年前才得以诞生，其根本原因是城市化促使业主的建筑物区分所有权的产生。当不同的业主共同拥有一个建筑物时，物业产权的多元化要求每一个业主分散自行管理其专有部分，共用设施的社会化却要求集中统一管理共有部分，近代物业管理正是为了解决物业产权多元化和共用设施社会化的矛盾应运而生的。因此，尽管我们认为广义的物业管理应当充分包容单一业主的管理服务活动，尽管我们鼓励物业服务企业根据业主的个性需求进行服务的延展和创新，但是我们始终不能忘记物业管理的存在本源和核心价值——基于物业共有部分的准公共性服务。

提供物业共有部分的准公共性服务，既是物业管理的难点之所在，也是物业管理的专业价值之所在。基于对物业管理准公共性的认识，我们可以运用公共产品和公共选择理论分析当前物业管理面临的诸多现实难题，我们就不难理解物业管理收费问题的特殊性和产生根据，以及目前业主大会和业主委员会机制的缺陷和症结。对物业管理准公共性的认识，我们就可以领悟到物业管理的外部性与城市管理是密不可分的，进而认可政府公权对物业私权适度介入的必要和必然，我们同样可以减少行业自身定位和社会定位的偏差，理性接受社会性和服务性的外在定位和价值评判。

三、住宅小区安全管理服务工作重点

搞好住宅小区物业管理综合整治，一方面要找准住宅小区存在的突出问题，另一方面要规范物业企业的服务行为。针对这些问题，物业管理企业按照“政府组织、部门配合、群众参与、属地管理、分片推进、综合整治”的原则，以规范物业服务企业行为为重点，对小区居民普遍关心的环境卫生、治安管理、公共设施维修、小区秩序、物业收费等热点、难点问题，进行全面综合整治。住宅小区物业安全管理服务工作的重点包括以下几个方面。

1. 人身安全管理

人身安全是人类的基本生存需求。人身伤害事故，涉及刑法领域，一旦发生往往会造成严重的伤亡后果。人身一旦受损是难以恢复原状的，不仅让被侵权人的身体遭受痛苦，而且也会使受害人的精神备受折磨。因此要避免外界事物可能对人身造成的危害，保证不受到外界的侵袭。近几年，在小区发生的人身安全事故比较多，电梯坠井、小区车辆撞人等事故在各小区时有上演。

2. 财产安全管理

我国民法依据财产权产生的根据，将财产权分解为物权、债权、知识产权和继承权。个人财产的保护途径一是他力保护，二是自力保护。他力保护就是利用法律、法规和规章，依靠国家行政、司法机关、保卫职能部门和其他行政组织的保护。自力保护或称自我保护，是凭借自己对财产安全的防范意识和基本常识，依靠自己的力量，对财产的不法侵害进行事前的预防、适时的防卫以及事后的保护。事前预防主要体现为防盗、防抢劫、防诈骗、防意外事故等；适时防卫主要体现为阻止侵害、正当防卫、紧急避险；事后保护主要体现为惩治侵害、挽回损失。根据造成财产损失的原因不同，主要分为盗窃、抢劫、抢夺、诈骗等类型。

3. 装修安全管理

为了住宅小区装饰装修规范有序，有效地制止违章装修行为，保障建筑物的结构安全和外观统一，维护广大业主的正常利益。物业管理企业应该根据“住宅室内装饰装修管理办法”，制定本小区的装修管理规定，严格装修期间的安全监管事项，防止出现破坏房屋结构、外观，改变房屋原有使用功能等严重违章现象。

4. 日常安全防范

由于住宅小区规模较大，每日进出人员较多、成分复杂，加之现在送快递外卖等人员要求进入小区，物业管理企业必须保持高度的警惕性，采取“人防”“技防”“物防”等多种手段，切实做好治安防范工作。

5. 公共设施设备安全

除业主私人区域以外的地方，包括所有的“一砖一瓦”“一草一木”等都属于公共设施设备。物业企业应该保证设备运转正常，无重大管理责任事故。

住宅小区的安全离不开物业公司团队人员的努力、业主的配合，所以物业公司应该定期进行安全检查，某住宅小区安全检查表如表 7-1 所示。

表 7-1　某住宅小区安全检查表

<table>
<tr><td colspan="9">住宅小区安全检查表</td></tr>
<tr><td rowspan="2">项目</td><td rowspan="2">区域</td><td colspan="3">被检查单位：　　　　负责人：</td><td colspan="4">检查人：　　检查日期：</td></tr>
<tr><td>内容</td><td colspan="2">是否正常</td><td>问题描述</td><td>整改情况/期限</td><td>整改检查结果</td><td>备注</td></tr>
<tr><td rowspan="18">公共区域</td><td rowspan="6">屋面</td><td>1. 屋面门是否上锁，是否存放杂物、易燃、易爆、剧毒、腐蚀性等危险品</td><td>是□</td><td>否□</td><td></td><td></td><td></td><td></td></tr>
<tr><td>2. 设备机房是否保持常闭状态，有无巡查记录</td><td>是□</td><td>否□</td><td></td><td></td><td></td><td></td></tr>
<tr><td>3. 防雷设备是否完好，有无锈蚀断裂</td><td>是□</td><td>否□</td><td></td><td></td><td></td><td></td></tr>
<tr><td>4. 围挡是否存在损坏、锈蚀情况，女儿墙排烟道口是否有警示提示语</td><td>是□</td><td>否□</td><td></td><td></td><td></td><td></td></tr>
<tr><td>5. 排水口是否畅通，有无杂物堆积</td><td>是□</td><td>否□</td><td></td><td></td><td></td><td></td></tr>
<tr><td>6. 屋面是否有违章构筑物，照明设施是否电线裸露，设备是否损坏、锈蚀</td><td>是□</td><td>否□</td><td></td><td></td><td></td><td></td></tr>
<tr><td rowspan="8">电梯</td><td>1. 是否运行正常，有无异味、有无异响、行驶是否平稳</td><td>是□</td><td>否□</td><td></td><td></td><td></td><td></td></tr>
<tr><td>2. 轿厢照明通风是否良好</td><td>是□</td><td>否□</td><td></td><td></td><td></td><td></td></tr>
<tr><td>3. 轿厢内是否干净整洁、电梯底坑是否积水</td><td>是□</td><td>否□</td><td></td><td></td><td></td><td></td></tr>
<tr><td>4. 是否有有效年检合格标识及应急电话、乘梯须知</td><td>是□</td><td>否□</td><td></td><td></td><td></td><td></td></tr>
<tr><td>5. 轿厢监控是否良好、五方通话是否正常使用、监控对应电梯位置是否清楚</td><td>是□</td><td>否□</td><td></td><td></td><td></td><td></td></tr>
<tr><td>6. 电梯机房有无电梯平层图</td><td>是□</td><td>否□</td><td></td><td></td><td></td><td></td></tr>
<tr><td>7. 电梯机房有无降温设备</td><td>是□</td><td>否□</td><td></td><td></td><td></td><td></td></tr>
<tr><td>8. 电梯机房有无灭火器，报警电话是否畅通</td><td>是□</td><td>否□</td><td></td><td></td><td></td><td></td></tr>
<tr><td rowspan="4">消防楼梯</td><td>1. 消防楼梯是否畅通</td><td>是□</td><td>否□</td><td></td><td></td><td></td><td></td></tr>
<tr><td>2. 防火门、闭门器、顺序器是否正常</td><td>是□</td><td>否□</td><td></td><td></td><td></td><td></td></tr>
<tr><td>3. 照明设施是否电线裸露，设备是否有损坏、锈蚀情况</td><td>是□</td><td>否□</td><td></td><td></td><td></td><td></td></tr>
<tr><td>4. 采光窗是否开闭正常、牢固</td><td>是□</td><td>否□</td><td></td><td></td><td></td><td></td></tr>
</table>

续表

住宅小区安全检查表								
项目	区域	被检查单位：　　　　负责人：			检查人：　　检查日期：			
		内容	是否正常		问题描述	整改情况/期限	整改检查结果	备注
公共区域	通道、走廊与门厅、地下停车场	1. 严禁存放杂物、易燃、易爆、剧毒、腐蚀性等危险品	是□	否□				
		2. 消防栓配件是否齐全、检查记录是否正常	是□	否□				
		3. 灭火器压力、配件、检查记录是否正常	是□	否□				
		4. 防火阀、正压送风阀、排烟阀是否正常	是□	否□				
		5. 疏散指示灯、应急灯是否正常	是□	否□				
		6. 烟感探测器、消防电话、手动报警器外观是否完好	是□	否□				
		7. 防火门、闭门器、顺序器是否正常	是□	否□				
		8. 疏散通道是否畅通	是□	否□				
		9. 各类设备井、箱是否锁闭	是□	否□				
		10. 单元门是否开闭正常、牢固	是□	否□				
		11. 单元门禁系统是否正常	是□	否□				
		12. 消防卷帘门是否可以正常开启使用、有无杂物阻挡	是□	否□				
		13. 桥架、管道等构筑物是否牢固	是□	否□				
		14. 防汛物资是否齐备	是□	否□				
	弱电系统	1. 门禁系统是否正常	是□	否□				
		2. 监控系统是否正常	是□	否□				
		3. 周界系统是否正常	是□	否□				
		4. 消防系统是否正常	是□	否□				
	园区	1. 是否存在沉降现象	是□	否□				
		2. 各类设施是否存在电线裸露，设备有无损坏、锈蚀情况	是□	否□				
		3. 排水、排污是否通畅，有无堵塞外溢现象，化粪池、雨水管道、排污管道是否定期清理	是□	否□				
		4. 围挡、护手是否存在损坏、锈蚀情况	是□	否□				
		5. 景观设施、亭台楼榭是否存在损坏、坍塌危险，是否设置警示标识	是□	否□				

续表

<table>
<tr><td colspan="9">住宅小区安全检查表</td></tr>
<tr><td rowspan="2">项目</td><td rowspan="2">区域</td><td colspan="3">被检查单位：　　　　负责人：</td><td colspan="4">检查人：　　检查日期：</td></tr>
<tr><td>内容</td><td colspan="2">是否正常</td><td>问题描述</td><td>整改情况/期限</td><td>整改检查结果</td><td>备注</td></tr>
<tr><td rowspan="2">公共区域</td><td rowspan="2">建筑立面</td><td>1. 建筑外立面是否存在坠落危险源</td><td>是□</td><td>否□</td><td></td><td></td><td></td><td></td></tr>
<tr><td>2. 外墙饰面是否存在松脱坠落危险</td><td>是□</td><td>否□</td><td></td><td></td><td></td><td></td></tr>
<tr><td rowspan="10">保安和小区管理及机动车停车场</td><td rowspan="7">保安及小区管理</td><td>1. 小区是否基本封闭</td><td>是□</td><td>否□</td><td></td><td></td><td></td><td></td></tr>
<tr><td>2. 道路是否通畅、路面是否平整，井盖有无缺损、有无丢失，路面井盖是否影响行人及车辆通行</td><td>是□</td><td>否□</td><td></td><td></td><td></td><td></td></tr>
<tr><td>3. 各出入口是否有人员值守，是否实行 24 小时值班记录（交接班记录）</td><td>是□</td><td>否□</td><td></td><td></td><td></td><td></td></tr>
<tr><td>4. 是否 24 小时值班及巡逻</td><td>是□</td><td>否□</td><td></td><td></td><td></td><td></td></tr>
<tr><td>5. 保安人员是否熟悉小区环境，是否文明执勤，语言是否规范</td><td>是□</td><td>否□</td><td></td><td></td><td></td><td></td></tr>
<tr><td>6. 保安人员有无培训及考核记录</td><td>是□</td><td>否□</td><td></td><td></td><td></td><td></td></tr>
<tr><td>7. 是否有各种突发事件处理预案及突发事件处理记录</td><td>是□</td><td>否□</td><td></td><td></td><td></td><td></td></tr>
<tr><td rowspan="3">机动车停车场管理</td><td>1. 有无固定车辆登记记录</td><td>是□</td><td>否□</td><td></td><td></td><td></td><td></td></tr>
<tr><td>2. 有无临时出入车辆登记记录</td><td>是□</td><td>否□</td><td></td><td></td><td></td><td></td></tr>
<tr><td>3. 有无车辆出入管理制度</td><td>是□</td><td>否□</td><td></td><td></td><td></td><td></td></tr>
<tr><td rowspan="3">库房</td><td rowspan="3">库房</td><td>1. 灭火器压力、配件、检查记录是否正常</td><td>是□</td><td>否□</td><td></td><td></td><td></td><td></td></tr>
<tr><td>2. 应急照明灯是否正常</td><td>是□</td><td>否□</td><td></td><td></td><td></td><td></td></tr>
<tr><td>3. 易燃物品是否存放妥当</td><td>是□</td><td>否□</td><td></td><td></td><td></td><td></td></tr>
<tr><td colspan="2" rowspan="3">第三方管理</td><td>1. 是否与第三方签订安全生产合同或在合同中明确安全生产条款</td><td>是□</td><td>否□</td><td></td><td></td><td></td><td></td></tr>
<tr><td>2. 是否加强对第三方生产经营过程的安全监管</td><td>是□</td><td>否□</td><td></td><td></td><td></td><td></td></tr>
<tr><td>3. 第三方是否具备相关资质</td><td>是□</td><td>否□</td><td></td><td></td><td></td><td></td></tr>
<tr><td colspan="2" rowspan="4">隐患排查及危险源监控</td><td>1. 是否建立特种设备管理台账</td><td>是□</td><td>否□</td><td></td><td></td><td></td><td></td></tr>
<tr><td>2. 是否对在用特种设备按规定进行检测、检验</td><td>是□</td><td>否□</td><td></td><td></td><td></td><td></td></tr>
<tr><td>3. 是否建立危险源档案及监控台账</td><td>是□</td><td>否□</td><td></td><td></td><td></td><td></td></tr>
<tr><td>4. 是否落实专人对重大危险源进行监控</td><td>是□</td><td>否□</td><td></td><td></td><td></td><td></td></tr>
</table>

续表

住宅小区安全检查表								
项目	区域	被检查单位：　　负责人：			检查人：　　检查日期：			
		内容	是否正常		问题描述	整改情况/期限	整改检查结果	备注
应急管理		1. 是否建立专（兼）职应急救援队伍	是□	否□				
		2. 是否配备应急救援物资、器材	是□	否□				
		3. 是否建立 24 小时应急值班制度并有值班记录	是□	否□				
		4. 是否制定总体应急救援预案及现场处置方案	是□	否□				
		5. 是否定期开展应急演练并留存演练记录	是□	否□				
宣传培训		1. 是否制定全年培训计划，并建立安全生产教育培训考核档案	是□	否□				
		2. 企业主要负责人、安全管理人员、特种作业人员是否培训并持证上岗	是□	否□				
		3. 是否进行全员安全培训并形成书面记录	是□	否□				

第二节　写字楼物业安全管理

一、写字楼安全管理服务工作特点

写字楼原意是指用于办公的建筑物，或者以办公室为主组成的楼宇。广义的写字楼是指各类机构、单位用于办公或经营活动的建筑物。收益性物业中的写字楼，则是指公司或企业从事各种商务活动的建筑物及其附属设施和相关场地。根据我国《办公建筑设计标准》(JGJ/T 67—2019)，商务写字楼是指在统一的物业管理下，以商务为主，由一种或数种单元办公平面组成的租赁办公建筑。

写字楼的日常管理始终要围绕着客户的商务活动付诸实施，要给客户提供一个舒适、整洁、安静、方便、安全的办公场所。

写字楼一般具有地域繁华、外观特色鲜明、用途为商业和办公等共性，主要包括以下六个特点。

1. 多建于城市繁华地段，交通便利

由于大城市交通方便、经贸活动频繁，所以各类机构均倾向于在大都市的中心地带建造或租用写字楼，以便集中办公、处理公务和经营等事项。以金融、贸易、信息为中心的大城市繁华地段，写字楼则更为集中。

2. 建筑规模大，各类公司机构集中

写字楼多为高层建筑，楼体高、层数多、建筑面积大，办公单位集中，其间可以拥有几十甚至上百家租赁单位，工作人员以及往来客人将形成巨大的人流。这无疑会增加管理工作的难度。

3. 建筑档次高、设备设施现代先进

为了吸引有实力的公司机构进驻办公，满足它们高效办公的要求，写字楼一般所用的建筑材料都较为高档先进，外部装饰大都会有独特的格局、色彩，内部一般都配有先进的设施设备，如给排水系统、供电系统、中央空调、高速电梯、保安消防系统、通信系统、照明系统等。因此，给维修养护与管理工作带来了较大难度。

4. 服务功能齐全，设施配套完善

现代写字楼一般还拥有自己的设备层、停车场，以及商场、商务、娱乐、餐饮、健身房等工作与生活辅助设施。进而满足租户在楼内高效率工作的需要。因此，造成管理与服务内容的复杂化。同时也为客户的工作和生活提供很多方便，满足他们高效办公工作的需要。

5. 使用时间集中，人员流动性较大

一般来说，写字楼物业使用时间比较集中，多数在早 8 点以后、下午 6 点以前。上班时间往往整栋写字楼物业人来人往，下班后则是冷清异常。这一特点决定了写字楼物业管理必须有相应的特殊安排。

6. 经营管理的要求高、时效性较强

由于现代写字楼本身规模大、功能多、设备先进，加之进驻的多为大型客户，自然对各方面的管理要求都较高；另外，由于写字楼具有收益性物业的特性，高的出租（售）率是获得良好稳定收益的保证。经营管理不当，就不能赢得客户，甚至会马上失去已有的客户，而当期空置即意味着当期损失，所以其经营管理的实效性极强。

根据写字楼的特点，写字楼物业管理一般对安全性、保密性、规范性有严格要求，通常会将设备设施及消防安全管理作为核心重点，以确保楼宇的安全运营，保障楼宇财产和办公人员的人身安全。

写字楼的物业管理是服务型的管理，服务与管理并举，服务为主、管理为辅，服务是外延、管理是内涵，要“寓管理于服务之中”，将服务融入管理，用管理提升服务、以服务促进管理。

二、安全管理服务工作标准

（1）消防管理严格遵守有关消防规定，确保无消防事故，消防设备完好率 100%。

（2）安全防范方面确保无重大刑事、交通等安全事故。

（3）管理服务人员必须持有相应的上岗证、资格证、专业培训合格率 100%。

（4）停车场、道路完好率 98%以上。

（5）生化池、雨水井、污水井完好率 98%以上。

（6）排水管、明暗沟完好率 98%以上。

三、写字楼安全管理服务工作重点

写字楼物业安全管理服务工作的重点如下。

1. 电梯管理

写字楼物业对电梯的使用、维护管理标准非常高，根据“写字楼物业服务规范”的要求，写字楼物业电梯管理应做到以下几点：

（1）电梯应当至少每 15 日进行一次清洁、润滑、调整和检查。

（2）电梯应运行平稳、乘坐舒适、平层准确，轿厢照明、内外呼梯按钮完好，楼层显示正常，轿厢内整洁无污染。

（3）应根据温度情况开启轿厢风扇。

（4）警铃、五方通话或其他救助设备功能完备，称重装置可靠，安全装置有效无缺损，电梯运行无异常。

（5）自动扶梯运行平稳舒适，安全防护装置齐全有效。

2. 消防安全

写字楼消防管理的难度主要有：

（1）人员居多，发生火灾时疏散难度大。

（2）建筑物的构造复杂，发生火灾时控制难度大。

（3）大厦人流量大，火灾隐患防范、杜绝难度大。

消防安全管理的要求、方法与注意事项主要有：

（1）检查消除火灾隐患的能力。

（2）组织消防宣传教育培训的能力。

（3）组织人员疏散逃生的能力。

（4）扑救初期火灾的能力。

消防安全管理的要点：

（1）建立健全消防安全管理组织，完善消防管理制度，落实消防安全责任。

（2）客户、员工消防安全知识培训，提高安全意识和应急能力。

（3）加强消防设施设备维护管理，确保完好有效。

（4）定期组织消防安全隐患检查，及时排除安全隐患。

（5）建立微型消防站，组织义务消防队，及时扑灭初期火灾。

3. 安全防范

监控系统、楼控系统、网络通信、门禁系统、广播与背景音乐系统、会议系统、停车场管理系统的要求都比较高。以写字楼的监控系统为例，其运行管理应该做到以下几点：

（1）系统设置时间、日期准确，摄像机编号有逻辑性。

（2）矩阵切换器工作正常，线路整齐，分组同步切换标识清楚。

（3）传输线路应有良好的接地，并对干扰信号进行屏蔽，同轴电缆两端“地电压”应一致。

（4）录像设备工作正常，显示准确、整洁。

（5）视频录像存储容量应能达到 30 天以上，并应有时间、日期及摄像机编号，有特殊要求的参照相关规定。

（6）摄像机安装牢固，位置正确，工作正常、整洁，室外摄像机应注意防水、防尘、密封及散热，并应满足室外最低照度要求。

（7）画面分割器工作正常、整洁。

（8）监视器工作正常、图像清晰、色彩良好、整洁。

（9）多媒体图形工作站应直观显示各监控点位置，对报警应及时响应。

（10）红外双鉴探测器、玻璃破碎探测器、周界报警装置应安装牢固，灵敏可靠，及时反馈报警信息。

（11）设立监控资料调用、查阅权限，调用、查阅需经授权。

（12）制定应急处理程序，出现重大安全隐患时应采取必要补救措施。

（13）每年相关专业人员对安全防范系统进行一次全面检查，对安全防范方面存在的漏洞、隐患等情况进行限期整改。

第三节 学校物业安全管理

一、学校物业管理服务工作特点

学校物业作为特殊的物业有其自身的特点，是一个给学生提供学习、读书、自习、休息、娱乐、就餐、运动等场所的综合体系。学校由于人员流动性较大、楼宇设计和使用功能复杂等原因，使物业的安全管理难度极大，各种安全事故突出、学生防范意识不足等。因此，要确立安全第一、规范操作、责权统一的目标。物业应将安全及消防工作作为物业服务工作中的重中之重，它直接关系到学生的切身利益，关系到学校的利益、稳定和发展。我们将通过严谨、科学、规范的管理，充分利用各种安全防护技术，确保楼内处于有序、安全、健康的状态。学校物业管理服务工作的特点主要体现在以下几个方面。

1. 营利性与公益性合二为一的特点

学校物业管理主要是以满足教师的教学科研及学生的学习和生活为主要目的。学校物业管理的突出特点就是物业的所有权者是在校的全体师生，物业的“业主”主要是广大学生和教师，并且不断在变化。学校的物业管理机构作为经济实体固然要考虑经济利益，但其一切行为都要与学校培养人才、教学科研的整体目标相一致，使物业管理工作成为学校培养人才的有机组成部分，这一点是和普通社会物业管理不同的。

2. 对学校氛围的影响

从教育学角度看，学校物业管理对校园环境是有潜移默化的影响作用的。比如近年来在很多学校流行的“课桌文化”“厕所文化”等正是与物业管理工作紧密相关。学校物业通过全面清理课桌文化等，促进校园文化建设。很多学校往往忽视校园文化中的环境文化建设，却更重视一种通过观念、制度和环境所反映出来的校园精神的培养，而物业管理单位通过环境清洁、绿化等服务，促进了美丽校园建设。

3. 学校物业管理的“姓教”特点

学校是国家教育的重要堡垒，学校物业管理不同于社会一般的物业管理，必须服从和服务于教育事业。校园环境承载着显性与隐性的育人功能。学生在校园环境中得到历史和现实的各种文化信息，获得多样的生活体验，产生人文精神架构，有助于学生形成乐观向上、豁达开朗的良好心理素质。通过物业管理人员热情文明的服务，对不良行为的纠正和劝导，以及“节约用水”“请勿吸烟”“请随手关灯”等警示标志，有助于培养学生良好道德品质。因此，为学校提供服务的物业服务企业，除了要接受地方行业主管部门的指导外，更重要的是要接受国家教育主管部门和中国高校物业管理专业委员会的指导。

4. 存在双重管理机制

不同于一般住宅小区或商厦楼宇的管理，学校里除了物业服务企业进行服务，学校本身也要对师生的生活与学习进行管理。以教室与宿舍管理为例，物业服务企业主要提供安全保障、环境卫生等方面的服务，而学校也要对其秩序进行管理。这两种服务与管理之间存在交叉性，因此高校物业管理存在双重管理机制。这种双重机制下，需要双方进行良好的协调与沟通。另一方面，学校也应该注意正确行使学校的管理权，不应该过多地干涉物业服务企业的合理化管理。

5. 业主具有单一性，服务对象具有多样性、流动性

业主即物业的所有权人。学校一般都属于国有资产，因此业主具有单一性。学校物管的服务对象并不单是业主本身，更多时候是为校内的师生们，而学生与教师之间，教师与职员之间，对教学、科研、生活上所使用的物业有不同要求。这就要求物业服务企业在承担学校物业管理时，需要制订相应的服务方案，有针对性地提供服务。另外，学校物业有大量的公共建筑与场所，如教学楼、办公楼、报告厅、会议室、图书馆等，这些公共场所的人流量大，每天进出几千上万人，公共秩序管理及环境卫生的保持难度较大。

针对以上学校物业管理的突出特点，如何打造成功的学校物业管理，已成为物业管理行业乃至整个教育业研究的新课题。各学校情况千差万别，很难采取统一的管理模式，但学校物业管理一定要针对高校的特点进行管理，这是毋庸置疑的。

二、学校物业安全管理服务工作内容和标准

1. 服务内容

（1）进出校园人员及车辆管理。

（2）校园日常安全巡查。

（3）校园公共秩序维持。

（4）办公楼、图书馆、教学楼、实训（验）楼等重要场所门岗值守。

（5）消防控制室日常值守。

（6）校园突发事件处置。

（7）校园安防设施、设备和消防设施、设备的日常巡查。

（8）配合学校开展各类应急演练工作。

（9）学校大型活动（校级）安保服务。

2. 服务要求及标准

（1）建立外来人员登记簿，登记进入校园人员的身份信息、来校事由、联系人姓名职位等，提醒来人在其离校时也应进行登记，做好人员进出管控。在校园车辆收费系统不能正常工作时，做好外来车辆的登记，正确结算停车费用。

（2）每个岗位的安保人员应对所管辖区域进行定时（间隔小于 2 h）安全巡查，并做好巡查情况登记。

（3）流动岗安保人员及重点部位定岗安保人员要关注校园内的公共秩序，在上、下课等重点时段在重点区域做好交通管控，确保师生安全。加强校园内的巡查，严禁未经审批的校内销售、发传单、打广告、送外卖等行为。做好校园交通秩序的管控，在高峰期安排人员专门引导车辆停放，对违停车辆进行取证，通知及时挪车，确保校内交通秩序顺畅。

（4）重要场所门岗的安保要做好人员进出楼栋时的盘查和登记，除巡楼时间外要 24 h 在岗，有其他事情离岗要安排其他安保人员临时顶岗。

（5）校园出现突发事件时，附近安保人员要立刻行动，第一时间到岗做好初期现场处置工作、维护师生员工生命财产安全。要及时联系安全管理处，事态严重时应第一时间报警。

（6）管理和维护好校园大门的安防设备，保持摆放的整洁和自身的清洁，维持其功能性和可用性。

（7）在学校大型活动（校级）期间，根据学校相关工作方案的安排提供安保服务，统一着装、严明纪律，保持良好的精神面貌。

（8）根据国家和地方有关建筑消防设施的法规和技术规范，对学校火灾自动报警及联动控制系统、喷淋系统、消火栓系统、“S 型”气溶胶自动灭火系统、应急照明及疏散指示、防火门、防火卷帘门系统以及已建成并经消防部门验收合格投入使用的所有其他室内、室外消防设施、设备，进行日常巡查、检查、上报，保障其正常运行（不可抗拒的自然灾害和人为破坏等因素除外）。

（9）对服务范围内的消防设施、设备除按照消防部门的要求进行定期检查外，每月 25 日（寒暑假除外）之前须定期向校方报告运行情况。

（10）配合学校组织开展微型消防站、消防员分队的日常训练工作，协助校方组织消防宣传、知识竞赛等活动。

第四节 政府物业安全管理

一、政府机关物业安全管理服务工作特点

随着社会市场经济的渐趋成熟，市场分工的逐步细化和专业化，政府后勤工作社会化经营管理成为新的发展趋势，物业管理服务行业涉足政府物业领域就是一种逐步推广的行业拓展与模式创新的尝试，以社会专业资源结合政府物业和机关行政办公的具体个性化需求，实现管理服务品质与综合效益的合作双赢，是其核心的主导思路。经过初期的实践摸索和理论的总结提升，政府物业的管理服务工作也开始走向规范化、系统化、标准化发展的正轨。

和其他物业服务类型相比，政府机关物业管理服务要求的标准比较高，主要体现在以下三个方面。

（1）政治上与政府保持高度一致

对于政府来说，物业管理公司所体现和代表的是机关的管理与服务机构，但对于机关的外来办事人员来说，机关的所有工作人员包括物业公司的人员都代表着政府机关的形象。因此，物业管理公司必须服从政府的统一领导和指挥，在政治上必须与政府保持高度一致。

（2）要求物业管理人员思想觉悟高，保证政治上的高度一致

严防与杜绝政治错误，要求物业公司员工有较高的政治思想觉悟，组织大家定期或不定期地学习党的路线、方针和政策，进行经常性的思想政治教育，提高广大员工的政治觉悟。

（3）要具有高度的政治敏锐性及警惕性。

物业管理公司员工除了执行本岗位的职能外，也是政府机关安全的守卫者。对于进入的每一个陌生人，无论是管理人员、护管人员、维修工还是普通清洁工都要提高警惕，严防不法分子作案。同时，每个员工对外来陌生人员及在社会媒体询问内部情况及政务事项时，都应有高度的政治敏锐性，未经允许决不能擅自接受访问。在机关内工作必须严格遵守《保密守则》，做到不该看的不看，不该问的不问，不该说的不说，不该动的不动。

二、政府机关物业安全管理服务工作重点

政府机关物业的安全管理有特殊的要求，其工作重点如下。

1. 对群众接待大厅内的来访人员进行接待，负责接待过程中的应急管理

群众接待大厅在法定工作日的工作时间内应保持 1 人在岗（特殊情况按业主要求应保证随时增加人员），制定群众接待大厅内的来访人员接待、秩序维护及安全保卫服务工作的具体要求与标准。国家法定工作时间内，在群众接待大厅入口应严格利用安防设备、器械对来访人员进行全面、细致的安全检查，确保无危险性物品、工具进入接待大厅。

工作人员对接待大厅来访人员进行严格询问，经向被访者问询核实后登记入册。为群众接待大厅的来访人员提供专业化、礼仪规范的接待服务，安抚来访人员情绪，引导来访人员合理反映诉求。对接待大厅各类突发事件进行及时、合理、得当地处理，保障大厅安全。

及时发现和化解群体性事件的隐患和苗头，积极预防和妥善处理群体性事件，如遇不能处理的集体访、告急访或其他突发事件，要及时做出反应，迅速报告值班人员处置，以保障接待大厅安全。

2. 尽可能杜绝事故的发生

制定并认真执行治安监控、巡视的岗位职责、工作规程、工作规范等规章制度，并且制度上墙。严格落实治安责任制，对管理区域进行 24 h 治安巡视，在正大门及车辆进出口设立形象岗，对来访人员及车辆必须严格做到询问登记入册，并向被访者问询核实后，才能进入。大门岗、侧门岗值守人员应按物业单位要求对所有出入车辆进行登记，并且对物业单位公车外出的，应查验派车手续；出现大件物品带离时应进行问询，经核实后方可放行，并且应做好登记。

监控中心值守人员对电子监视系统的运行状况做到密切注视，发现可疑情况及时处理，

如遇不能处理的治安事件要及时报告公安机关，同时报物业单位，保障管理区域内无因工作失职而发生的治安事件。

监控中心值守人员应负责监控设施的日常使用和维护，发现设施设备出现故障时应及时报物业单位维修。

总之，政府机关物业安全管理工作的要点是做好平时安全检查的各项工作，对任何安全隐患做到早发现、早解决。任何苗头做到灭早、灭小，确保政府物业的各项工作顺利开展。

第八章

应急管理

第一节 应急管理概述

随着社会经济的迅速发展、社会环境中危害因素的增加，在出现危及公共安全的突发事件和不可预见的紧急情况时该如何应对，已得到各级政府、人民的高度重视。作为人口密集的居住小区，物业服务企业如何从物业服务的角度充分分析应急预案的前瞻性；如何制订和实施应急预案；特别是应急工作是否从根本上做到了领导重视、持续改进，这些问题在物业服务工作中占据着重要位置。

日常物业服务过程中，为切实保障顾客权益，维护小区生活和工作运行秩序，各物业分公司管理层应重视建立和完善应急管理机制。应急管理机制应遵循预防为主的原则，充分识别潜在风险，对潜在风险进行评估分析并予以消除和控制，确保能够及时、有效地进行应急响应和应急处置。

一、物业服务行业日常突发事件

日常突发事件是指在日常物业服务过程中，可能造成物业服务中止或严重影响服务质量，以及物业管理人责任范围内应加以预防、控制及做出紧急处置的事件。日常突发事件包括但不限于：

（1）顾客需求的突然变化导致的服务提供不能满足要求，如：小区车辆进出长时间拥堵，集中出现大量的维修服务请求等。

（2）突发的顾客救助，如：顾客急病、受伤，小区内交通事故等。

（3）突发的设施设备故障导致物业服务中止，如：电梯故障、供电、供水设施设备故障等。

（4）突发的设施设备故障导致人员伤害及财物损失；如：电梯困人（或冲顶、坠地）、电压过高等。

（5）自然灾害（台风、水浸）及火警、火灾。

（6）大规模流行性疾病爆发。

（7）小区人为事件，如：各类小区治安事件，邻里冲突，车辆丢失或损坏。

（8）服务过程中的人为事件，如：服务人员与顾客间的争执，顾客拒绝配合（车辆不缴费），消杀引起的中毒，水箱泳池消毒导致的中毒等，以及社区文化活动中的大量人群聚集导致的拥挤踩踏。

（9）其他，包括物业经营项目中潜在突发事件等。

二、应急预案概述

应急预案是针对可能发生的重大事故（件）或灾害，为保证迅速、有序、有效地开展应急与救援行动、降低事故损失而预先制定应急预案、企事业单位应急预案以及重大活动应急预案等。

建立健全应急预案体系的主要目的，不仅在于发生突发事件时能启动预案予以处置，更重要的是能未雨绸缪，平时根据预案有关预防、应急准备等方面的规定，采取有效的防范措施、做好应对可能发生的突发事件的各种准备工作，做到有备无患，防患于未然，尽量及时化解可能导致突发事件发生的风险隐患，最大限度地避免、减少突发事件的发生。而当突发事件的发生不可避免时，应尽最大可能减少人员伤亡和财产损失。因此，加快完善预案体系，提高预案质量就显得尤为重要和紧迫。

第二节 应急预案的制定

应急预案是指针对可能发生的事故，为最大程度减少事故损害而预先制定的应急准备工作方案。

生产经营单位应急预案编制程序包括成立应急预案编制工作组、资料收集、风险评估、应急资源调查、应急预案编制、桌面推演、应急预案评审和批准实施 8 个步骤。

一、应急预案编制工作组

结合本单位职能和分工，成立以单位有关负责人为组长，单位相关部门人员（如生产、技术、设备、安全，行政、人事、财务人员）参加的应急预案编制工作组，明确工作职责和任务分工，制订工作计划，组织开展应急预案编制工作。预案编制工作组中应邀请相关救援队伍以及周边相关企业、单位或社区代表参加。

二、资料收集

应急预案编制工作组应收集下列相关资料：

（1）适用的法律法规、部门规章、地方性法规和政府规章，技术标准及规范性文件，如国家有关物业安全管理工作的法规、规章等规范性文件，物业管理公司指定的各种安全管理制度和安全操作规程等。

（2）企业周边地质、地形、环境情况及气象、水文、交通资料。

（3）企业现场功能区划分、建（构）筑物平面布置及安全距离资料。

（4）企业工艺流程、工艺参数、作业条件、设备装置及风险评估资料。

（5）本企业历史事故与隐患、国内外同行业事故资料。

（6）属地政府及周边企业、单位应急预案。

三、风险评估

1. 风险识别

物业服务中的风险是物业服务过程中潜在的不安全因素，如不对其进行防护或预防，有可能导致事故发生，危及业主的安全、房屋的安全及员工的安全。因而要对物业服务过程中的风险进行识别，并制定相应的措施加以控制，从而把事故消灭在萌芽状态。对风险进行识别前，必须首先对物业企业及下属项目的风险进行辨识。

风险识别是指对工程项目所面临的及潜在的风险进行判断、分类，并对风险特征和风险后果做出定性的估计，最终形成一份合理的项目风险清单的过程。风险识别是风险量化与评估的基础，在风险管理的过程中占有非常重要的地位。风险识别具有动态性、系统性和综合性等特点。风险识别过程包含感知风险和分析风险两个环节。

（1）感知风险。

感知风险即了解客观存在的各种风险，是风险识别的基础，只有通过感知风险，才能进一步在此基础上进行分析，寻找导致风险事故发生的条件因素，为拟定风险处理方案，进行风险管理决策服务。

（2）分析风险。

分析风险即分析引起风险事故的各种因素，它是风险识别的关键。

2. 风险识别步骤

进行风险识别时，应注意以下步骤。

（1）确定风险因素的分布。

对各种风险因素进行归纳总结，确定企业中有哪些风险因素及其分布状况等综合资料。

（2）确定风险因素的内容。

为了便于风险因素的分析，防止遗漏，宜按厂址、平面布局、建（构）筑物、物质、生产工艺及设备、辅助生产设施（包括公用工程）、作业环境危险几部分，分别分析其存在的风险因素，列表登记。

（3）确定伤害（危害）方式。

伤害（危害）方式指对人体造成伤害、对人体健康造成损坏的方式。例如，机械伤害（危害）的挤压、咬合、碰撞、剪切等，化学物质等导致身体器官中毒、生理功能异常、生理结构损伤形式（如黏膜糜烂、自主神经功能紊乱、窒息等），粉尘等对肺部的伤害（肺组织纤维化、肺组织癌变等）。

（4）确定伤害（危害）途径和范围。

大部分风险因素是通过人体直接接触造成伤害；如爆炸是通过冲击波、火焰、飞溅物体在一定空间范围内造成伤害；毒物是通过直接接触（呼吸道、食道、皮肤黏膜等）或一定区域内通过呼吸的空气作用于人体；噪声是通过一定距离的空气损伤听觉的。

（5）确定主要风险因素。

对导致事故发生的直接原因、诱导原因进行重点分析，从而为确定评价目标、评价重点、划分评价单元、选择评价方法和采取控制措施计划提供基础。

（6）确定重大风险因素。

分析时要防止遗漏，特别是对可能导致重大事故的风险因素要给予特别的关注，不得忽略。不仅要分析正常生产运转、操作时的风险因素，更重要的是要分析设备、装置破坏及操作失误可能产生严重后果的风险因素。

3. 风险的汇总登记。

开展生产安全事故风险评估，撰写评估报告，其内容包括但不限于：

（1）辨识生产经营单位存在的危险有害因素，确定可能发生的生产安全事故类别。

（2）分析各种事故类别发生的可能性、危害后果和影响范围。

（3）评估确定相应事故类别的风险等级。

（4）生产安全事故风险评估报告大纲如下。

① 危险有害因素辨识。

描述生产经营单位危险有害因素辨识的情况（可用列表形式表述）。

危险和有害因素是指可能导致火灾、盗案、重大设备事故以及各种管理服务过程中的工伤事故、人身伤害和（或）健康损害的根源、状态或行为，或其组合。

表 8-1　危险源辨识清单

<table>
<tr><th>序号</th><th>岗位工序</th><th>作业、活动</th><th>危险有害因素</th><th>可能导致危害事件</th><th>责任部门</th></tr>
<tr><td>1</td><td rowspan="3"></td><td></td><td></td><td></td><td></td></tr>
<tr><td>2</td><td></td><td></td><td></td><td></td></tr>
<tr><td>3</td><td></td><td></td><td></td><td></td></tr>
<tr><td>4</td><td rowspan="2"></td><td></td><td></td><td></td><td></td></tr>
<tr><td>5</td><td></td><td></td><td></td><td></td></tr>
<tr><td>6</td><td rowspan="2"></td><td></td><td></td><td></td><td></td></tr>
<tr><td>7</td><td></td><td></td><td></td><td></td></tr>
<tr><td colspan="3">填表单位：</td><td colspan="3">填表时间：</td></tr>
</table>

② 事故风险分析。

描述生产经营单位事故风险的类型、事故发生的可能性、危害后果和影响范围（可用列表形式表述）。

表 8-2　事故风险发生可能性和损害后果

序号	名称	发生可能性区间	损害后果区间
1			
2			
3			
4			
5			
6			

续表

序号	名称	发生可能性区间	损害后果区间
7			
8			

③ 事故风险评价。

描述生产经营单位事故风险的类别及风险等级（可用列表形式表述）。

表 8-3 事故风险评价表

序号	岗位工序	作业活动	危险有害因素	可能导致危害事件	直接判断法	LEC 评价法				风险等级	是否构成重大危险源
						L	*E*	*C*	*D*		
1											
2											
3											
4											
5											
6											
7											
填表单位：							填表时间：				

④ 结论建议。

得出生产经营单位应急预案体系建设的计划建议。

表 8-4 风险防控措施表

序号	风险名称	技术措施	管理措施	应急准备
填表人：	联系电话：	审核人：	责任人：	

四、应急资源调查

全面调查和客观分析本单位以及周边单位和政府部门可请求援助的应急资源状况，撰写应急资源调查报告，其内容包括但不限于：

（1）本单位可调用的应急队伍、装备、物资、场所。

（2）针对生产过程及存在的风险可采取的监测、监控、报警手段。

（3）上级单位、当地政府及周边企业可提供的应急资源。

（4）可协调使用的医疗、消防、专业抢险救援机构及其他社会化应急救援力量。

生产安全事故应急资源调查报告编制大纲如下：

① 单位内部应急资源。

按照应急资源的分类，分别描述相关应急资源的基本现状，功能完善程度、可能发生的事故的影响程度（可用列表形式表述）。

表 8-5　单位内部应急物资清单

类别	联系人	联系方式	物资名称	存放地点	规格型号	数量	备注
消防类							
警戒类							
通信类							
防护类							
急救类							

② 单位外部应急资源。

描述本单位能够调查或掌握可用于参与事故处置的外部应急资源情况（可用列表形式表述）。

序号	单位层级	领域	部门	风险管控事项	联系方式	备注
1	市级部门	政府	市政府	市域各类事故		
2		网信	市委网信办	网络、媒体舆情监管		
3		应急	市应急办	重大突发事故		
4		安监	市安监局	安全突发事故		
5		卫生	市卫计委	医疗救援		

续表

序号	单位层级	领域	部门	风险管控事项	联系方式	备注
6	市级部门	消防	市消防队	火灾事故		
7		交通	市交委	交通事故		
8		公安	市公安局	治安事件、暴恐袭击		
9		水利	市水利局	水污染、水利设施损毁		
10		环保	市环保局	环境污染、破坏		
11		燃气	市燃气集团公司	突发事故		
12		电力	市电力公司	突发事故		
13		食药监	市食药监局	食品安全事件		
14		建委	市建委	项目建设事故		
15		国资委	市国资委	国有企业各类突发事件		
16		市政委	市市政委	市政设施损毁		
19	地方政府	××区	政府办	辖区安全、稳定事件		

③ 应急资源差距分析。

依据风险评估结果得出本单位的应急资源需求，与本单位现有内外部应急资源对比，提出本单位内外部应急资源补充建议。

五、应急预案编制

应急预案编制应当遵循以人为本、依法依规、符合实际、注重实效的原则，以应急处置为核心，体现自救互救和先期处置的特点，做到职责明确、程序规范、措施科学，尽可能简明化，图表化、流程化。

（一）应急预案体系

生产经营单位应急预案分为综合应急预案、专项应急预案和现场处置方案。生产经营单位应根据有关法律、法规和相关标准，结合本单位组织管理体系、生产规模和可能发生的事故特点，科学合理确立本单位的应急预案体系，并注意与其他类别应急预案相衔接。

1. 综合应急预案

综合应急预案是生产经营单位为应对各种生产安全事故而制定的综合性工作方案，是本单位应对生产安全事故的总体工作程序、措施和应急预案体系的总纲。

2. 专项应急预案

专项应急预案是生产经营单位为应对某一种或者多种类型生产安全事故，或者针对重要生产设施、重大危险源、重大活动，防止生产安全事故发生而制定的专项工作方案。

专项应急预案与综合应急预案中的应急组织机构、应急响应程序相近时，可不编写专项应急预案，相应的应急处置措施并入综合应急预案。

3. 现场处置方案

现场处置方案是生产经营单位根据不同生产安全事故类型，针对具体场所、装置或者设施所制定的应急处置措施。现场处置方案重点规范事故风险描述、应急工作职责、应急处置措施和注意事项，应体现自救互救、信息报告和先期处置的特点。事故风险单一、危险性小的生产经营单位，可只编制现场处置方案。

（二）综合应急预案内容

综合应急预案应包括如下内容。

1. 总　则

这部分内容应说明应急预案适用的范围和响应分级。

依据事故危害程度，影响范围和生产经营单位控制事态的能力，对事故应急响应进行分级，明确分级响应的基本原则。响应分级不必照搬事故分级。

2. 应急组织机构及职责

明确应急组织形式（可用图示）及构成单位（部门）的应急处置职责。应急组织机构可设置相应的工作小组，各小组具体构成、职责分工及行动任务应以工作方案的形式作为附件。

3. 应急响应

（1）信息报告。

① 信息接报。

明确应急值守电话、事故信息接收，内部通报程序、方式和责任人，向上级主管部门、上级单位报告事故信息的流程、内容、时限和责任人，以及向本单位以外的有关部门或单位通报事故信息的方法、程序和责任人。

② 信息处置与研判。

明确响应启动的程序和方式。根据事故性质、严重程度、影响范围和可控性，结合响应分级明确的条件，可由应急领导小组做出响应启动的决策并宣布，或者依据事故信息是否达到响应启动的条件自动启动。

若未达到响应启动条件，应急领导小组可做出预警启动的决策，做好响应准备，实时跟踪事态发展。

响应启动后，应注意跟踪事态发展，科学分析处置需求，及时调整响应级别，避免响应不足或过度响应。

（2）预警。

① 预警启动。

明确预警信息发布渠道、方式和内容。

② 响应准备。

明确做出预警启动后应开展的响应准备工作，包括队伍、物资、装备、后勤及通信。

③ 预警解除。

明确预警解除的基本条件、要求及责任人。

④ 响应启动。

确定响应级别，明确响应启动后的程序性工作，包括应急会议召开、信息上报、资源协调、信息公开、后勤及财力保障工作。

（3）应急处置。

明确事故现场的警戒疏散、人员搜救、医疗救治、现场监测、技术支持、工程抢险及环境保护方面的应急处置措施，并明确人员防护的要求。

（4）应急支援。

明确当事态无法控制情况下，向外部（救援）力量请求支援的程序及要求、联动程序及要求，以及外部（救援）力量到达后的指挥关系。

（5）响应终止。

明确响应终止的基本条件、要求和责任人。

4. 后期处置

明确污染物处理、生产秩序恢复、人员安置方面的内容。

5. 应急保障

（1）通信与信息保障。

明确应急保障的相关单位及人员通信联系方式和方法，以及备用方案和保障责任人。

（2）应急队伍保障。

明确相关的应急人力资源，包括专家、专兼职应急救援队伍及协议应急救援队伍。

（3）物资装备保障。

明确本单位的应急物资和装备的类型、数量、性能、存放位置、运输及使用条件、更新及补充时限、管理责任人及其联系方式，并建立台账。

（4）其他保障。

根据应急工作需求而确定的其他相关保障措施（如：能源保障、经费保障、交通运输保障、治安保障、技术保障、医疗保障及后勤保障）。

注：（1）、（2）的相关内容，尽可能在应急预案的附件中体现。

应急预案编制工作包括但不限下列内容：

① 依据事故风险评估及应急资源调查结果，结合本单位组织管理体系、生产规模及处置特点，合理确立本单位应急预案体系。

② 结合组织管理体系及部门业务职能划分，科学设定本单位应急组织机构及职责分工。

③ 依据事故可能的危害程度和区域范围，结合应急处置权限及能力，清晰界定本单位的响应分级标准，制定相应层级的应急处置措施。

④ 按照有关规定和要求，确定事故信息报告、响应分级与启动、指挥权移交、警戒疏散等方面的内容，落实与相关部门和单位应急预案的衔接。

三、专项应急预案内容

1. 适用范围

说明专项应急预案适用的范围以及与综合应急预案的关系。

2. 应急组织机构及职责

明确应急组织形式（可用图示）及构成单位（部门）的应急处置职责。应急组织机构以及各成员单位或人员的具体职责。应急组织机构可以设置相应的应急工作小组，各小组具体构成、职责分工及行动任务建议以工作方案的形式作为附件。

3. 响应启动

明确响应启动后的程序性工作，包括应急会议召开、信息上报、资源协调、信息公开、后勤及财力保障工作。

4. 处置措施

针对可能发生的事故风险、危害程度和影响范围，明确应急处置指导原则，制定相应的应急处置措施。

5. 应急保障

根据应急工作需求明确保障的内容。

注：专项应急预案包括但不限于上面 1～4 条的内容。

四、现场处置方案内容

1. 事故风险描述

简述事故风险评估的结果（可用列表的形式列在附件中）。

2. 应急工作职责

明确应急组织分工和职责。

3. 应急处置

包括但不限于下列内容：

（1）应急处置程序：根据可能发生的事故及现场情况，明确事故报警、各项应急措施启动，应急救护人员的引导、事故扩大及同生产经营单位应急预案的衔接程序。

（2）现场应急处置措施：针对可能发生的事故从人员救护、工艺操作、事故控制、消防、现场恢复等方面制定明确的应急处置措施。

（3）明确报警负责人以及报警电话及上级管理部门、相关应急救援单位联络方式和联系人员、事故报告基本要求和内容。

4. 注意事项

包括人员防护和自救互救、装备使用、现场安全等方面的内容。

五、附件及正文格式要求

附件应包括的内容如下。

1. 生产经营单位概况

简要描述本单位地址、从业人数、隶属关系、主要原材料、主要产品、产量，以及重点岗位、重点区域、周边重大危险源、重要设施、目标、场所和周边布局情况。

2. 风险评估的结果

简述本单位风险评估的结果。

3. 预案体系与衔接

简述本单位应急预案体系构成和分级情况，明确与地方政府及其有关部门、其他相关单位应急预案的衔接关系（可用图示）。

4. 应急物资装备的名录或清单

列出应急预案涉及的主要物资和装备名称、型号、性能、数量、存放地点、运输和使用条件，管理责任人和联系电话等。

5. 有关应急部门、机构或人员的联系方式

列出应急工作中需要联系的部门、机构或人员及其多种联系方式。

6. 格式化文本

列出信息接报、预案启动、信息发布等格式化文本。

7. 关键的路线、标识和图纸

包括但不限于：

（1）警报系统分布及覆盖范围。

（2）重要防护目标、风险清单及分布图。

（3）应急指挥部（现场指挥部）位置及救援队伍行动路线。

（4）疏散路线、集结点、警戒范围、重要地点的标识。

（5）相关平面布置、应急资源分布的图纸。

（6）生产经营单位的地理位置图、周边关系图、附近交通图；事故风险可能导致的影响范围图。

（7）附近医院地理位置图及路线图。

8. 有关协议或者备忘录

列出与相关应急救援部门签订的应急救援协议或备忘录。

六、应急预案的评审、改进和批准

1. 评审形式和评审时机

应急预案编制完成后，生产经营单位应按法律法规有关规定组织评审或论证。参加应急

预案评审的人员可包括有关安全生产及应急管理方面的、有现场处置经验的专家。应急预案论证可通过推演的方式开展。

企业的应急预案至少每年评审一次，除了年度评审之外，在某些特定情况下也需要进行评审和修订，如企业人员或职责发生变动，企业布局或设施发生变化，政策的变动，事故发生后等。

2. 评审内容

应急预案评审内容主要包括：风险评估和应急资源调查的全面性、应急预案体系设计的针对性、应急组织体系的合理性、应急响应程序和措施的科学性、应急保障措施的可行性、应急预案的衔接性。

3. 评审程序

应急预案评审程序包括下列步骤：

（1）评审准备：成立应急预案评审工作组，落实参加评审的专家，将应急预案、编制说明、风险评估、应急资源调查报告及其他有关资料在评审前送给参加评审的单位或人员。

（2）组织评审：评审采取会议审查形式，企业主要负责人参加会议，会议由参加评审的专家共同推选出的组长主持，按照议程组织评审；表决时，应有不少于出席会议专家人数的三分之二同意方为通过；评审会议应形成评审意见（经评审组组长签字），附参加评审会议的专家签字表。表决的投票情况应通过书面材料记录在案，并作为评审意见的附件。

（3）修改完善：生产经营单位应认真分析研究，按照评审意见对应急预案进行修订和完善。评审表决不通过的，生产经营单位应修改完善后按评审程序重新组织专家评审，生产经营单位应写出基于专家评审意见的修改情况说明，并经专家组组长签字确认。

4. 批准实施

通过评审的应急预案，由生产经营单位主要负责人签发实施。

5. 应急预案的改进

应急预案的改进是一个持续不断的过程，需要根据变化的风险和威胁情况进行调整和更新。通过风险评估、改进计划制定、演练和评估等步骤，可以建立更强大、有效的应急响应能力。改进后的应急预案可以更好地保护人民的生命财产安全，维护社会的稳定和发展。

第三节 应急演练

一、应急演练概述

应急预案的演练是应急准备的一个重要环节，相关法律法规和应急预案对预案的演练都有明确的要求。应急演练是指各级人民政府及其部门、企事业单位、社会团体等（以下统称演练组织单位）组织相关单位及人员，依据有关应急预案，模拟应对突发事件的活动。

1. 应急演练目的

（1）检验预案：通过开展应急演练，查找应急预案中存在的问题，进而完善应急预案，提高应急预案的实用性和可操作性。

（2）完善准备：通过开展应急演练，检查应对突发事件所需应急队伍、物资、装备、技术等方面的准备情况。发现不足及时予以调整补充，做好应急准备工作。

（3）锻炼队伍：通过开展应急演练，增强演练组织单位、参与单位和人员等对应急预案的熟悉程度，提高其应急处置能力。

（4）磨合机制：通过开展应急演练。进一步明确相关单位和人员的职责任务，理顺工作关系，完善应急机制。

（5）科普宣教：通过开展应急演练，普及应急知识，提高公众风险防范意识和自救互救等灾害应对能力。

2. 应急演练原则

（1）结合实际、合理定位：紧密结合应急管理工作实际、明确演练目的，根据资源条件确定演练方式和规模。

（2）着眼实战、讲求实效：以提高应急指挥人员的指挥协调能力、应急队伍的实战能力为着眼点。重视对演练效果及组织工作的评估、考核，总结推广好经验，及时整改存在的问题。

（3）精心组织、确保安全：围绕演练目的，精心策划演练内容，科学设计演练方案，周密组织演练活动，制订并严格遵守有关安全措施，确保演练参与人员及演练装备设施的安全。

（4）统筹规划、厉行节约：统筹规划应急演练活动，适当开展跨地区、跨部门、跨行业的综合性演练，充分利用现有资源，努力提高应急演练效益。

3. 应急演练分类

（1）按组织形式划分，应急演练可分为桌面演练和实战演练。

① 桌面演练：桌面演练是指参演人员利用地图、沙盘、流程图、计算机模拟、视频会议等辅助手段，针对事先假定的演练情景，讨论和推演应急决策及现场处置的过程，从而促进相关人员掌握应急预案中所规定的职责和程序，提高指挥决策和协同配合能力。桌面演练通常在室内完成。

② 实战演练：实战演练是指参演人员利用应急处置涉及的设备和物资，针对事先设置的突发事件情景及其后续的发展情景，通过实际决策、行动和操作，完成真实应急响应的过程，从而检验和提高相关人员的临场组织指挥、队伍调动、应急处置技能和后勤保障等应急能力。实战演练通常要在特定场所完成。

桌面演练是指相关应急单位的代表和关键岗位的人员，按照应急预案的运作程序讨论紧急情况时应采取的行动计划。桌面演练一般在会议室进行，通过讨论，解决应急预案存在的问题，锻炼应急管理人员解决问题的能力。桌面演练主要用以解决各部门的协调行动，并检查各单位的应急准备情况。通过演练，评估预案存在的问题，提出改进的措施和建议。桌面演练结束后提出书面报告，根据报告中的改进意见，要对应急预案进行修订和完善。桌面演练的成本虽低，通常也能为功能演练和全面演练做好准备。

功能演练是指针对应急预案中的某项应急响应功能或其中某些保障功能进行的演练。功能演练一般在应急指挥中心或模拟事件现场进行。根据事件功能要求，调用必要的设备和人员，检验应急响应人员以及应急管理体系的反应能力。功能演练相比于桌面演练，要进行更加认真的计划，提出演练方案，经相关部门领导确认后执行。功能演练后要分阶段进行评估，提出书面建议，完善应急预案，并送达有关部门完善应急响应工作机制。

（2）按内容划分，应急演练可分为单项演练和综合演练。

① 单项演练：单项演练是指涉及应急预案中特定应急响应功能或现场处置方案中一系列应急响应功能的演练活动。注重针对一个或少数几个参与单位（岗位）的特定环节和功能进行检验。

② 综合演练：综合演练是指涉及应急预案中多项或全部应急响应功能的演练活动。注重对多个环节和功能进行检验，特别是对不同单位之间应急机制和联合应对能力的检验。

（3）按目的与作用划分，应急演练可分为检验性演练、示范性演练和研究性演练。

① 检验性演练：检验性演练是指为检验应急预案的可行性、应急准备的充分性、应急机制的协调性及相关人员的应急处置能力而组织的演练。

② 示范性演练：示范性演练是指为向观摩人员展示应急能力或提供示范教学，严格按照应急预案规定开展的表演性演练。

③ 研究性演练：研究性演练是指为研究和解决突发事件应急处置的重点、难点问题，试验新方案、新技术、新装备而组织的演练。

不同类型的演练相互组合。可以形成单项桌面演练、综合桌面演练、单项实战演练、综合实战演练、示范性单项演练、示范性综合演练等。

演练组织单位要根据实际情况，并依据相关法律法规和应急预案的规定，制订年度应急演练规划，按照“先单项后综合、先桌面后实战、循序渐进、时空有序”等原则，合理规划应急演练的频次、规模、形式、时间、地点等。

应急预案的演练包括桌面演练、功能演练和全面演练。我们平时所进行的预案演练主要是指全面演练，即是针对某类事件发生而开展的整个预案演练。通过演练，可以发现应急预案存在的问题，检查预案的可行性和应急反应的准备情况，进一步完善应急运行工作机制，提高应急反应能力。应急预案的全面演练需要投入很大人力、物力和财力。针对我国很多地方应急财政经费紧张的实际状况，在对预案进行全面演练的同时，为减少应急演练支出，提高应急演练的效果，对重大突发事件的预案进行的演练可通过桌面演练、功能演练的方式进行。

二、应急演练组织机构

演练应在相关预案确定的应急领导机构或指挥机构领导下组织开展。演练组织单位要成立由相关单位领导组成的演练领导小组，通常下设策划部、保障部和评估组。对于不同类型和规模的演练活动，其组织机构和职能可以适当调整。根据需要，可成立现场指挥部。

1. 演练领导小组

演练领导小组负责应急演练活动全过程的组织领导，审批决定演练的重大事项。演练领导小组组长一般由演练组织单位或上级单位的负责人担任；副组长一般由演练组织单位或主要协办单位负责人担任；小组其他成员一般由各演练参与单位相关负责人担任。在演练实施阶段，演练领导小组组长、副组长通常分别担任演练总指挥、副总指挥。

2. 策划部

策划部负责应急演练策划、演练方案设计、演练实施的组织协调、演练评估总结等工作。策划部设总策划、副总策划，下设文案组、协调组、控制组、宣传组等。

（1）总策划。

总策划是演练准备、演练实施、演练总结等阶段各项工作的主要组织者，一般由演练组织单位具有应急演练组织经验和突发事件应急处置经验的人员担任；副总策划协助总策划开展工作，一般由演练组织单位或参与单位的有关人员担任。

（2）文案组。

在总策划的直接领导下，负责制定演练计划、设计演练方案、编写演练总结报告以及演练文档归档与备案等；其成员应具有一定的演练组织经验和突发事件应急处置经验。

（3）协调组。

负责与演练涉及的相关单位以及本单位有关部门之间的沟通协调。其成员一般为演练组织单位及参与单位的行政、外事等部门人员。

（4）控制组。

在演练实施过程中，在总策划的直接指挥下，负责向演练人员传送各类控制消息，引导应急演练进程按计划进行。其成员最好有一定的演练经验，也可以从文案组和协调组里抽调，常称为演练控制人员。

（5）宣传组。

负责编制演练宣传方案，整理演练信息，组织新闻媒体和开展新闻发布等。其成员一般是演练组织单位及单位宣传部门的人员。

3. 保障部

保障部负责调集演练所需物资装备。购置和制作演练模型、道具、场景，准备演练场地，维持演练现场秩序，保障运输车辆。保障人员生活和安全保卫等。其成员组成一般为演练组织单位及参与单位后勤、财务、办公等部门人员，常称为后勤保障人员。

4. 评估组

评估组负责设计演练评估方案和编写演练评估报告，对演练准备、组织、实施及其安全事项等进行全过程、全方位评估，及时向演练领导小组、策划部和保障部提出意见、建议。其成员一般是应急管理专家、具有一定演练评估经验和突发事件应急处置经验专业人员，常称为演练评估人员。评估组既可由上级部门组织，也可由演练组织单位自行组织。

5. 参演队伍和人员

参演队伍包括应急预案规定的有关应急管理部门（单位）工作人员、各类专兼职应急救援队伍以及志愿者队伍等。

参演人员承担具体演练任务，针对模拟事件场景做出应急响应行动。有时也可使用模拟人员替代未现场参加演练的单位人员，或模拟事故的发生过程，如释放烟雾、模拟泄漏等。

三、应急演练准备

1. 制定演练计划

演练计划由文案组编制，经策划部审查后报演练领导小组批准，主要内容包括：

（1）确定演练目的，明确举办应急演练的原因、演练要解决的问题和期望达到的效果等。

（2）分析演练需求，在对事先设定事件的风险及应急预案进行认真分析的基础上，确定需调整的演练人员、需锻炼的技能、需检验的设备、需完善的应急处置流程和需进一步明确的职责等。

（3）确定演练范围。根据演练需求、经费、资源和时间等条件的限制，确定演练事件类型、等级、地域、参演机构及人数、演练方式等。演练需求和演练范围往往互相影响。

（4）安排演练准备与实施的日程计划，包括各种演练文件编写与审定的期限、物资器材准备的期限、演练实施的日期等。

（5）编制演练经费预算，明确演练经费筹措渠道。

2. 设计演练方案

演练方案由文案组编写，通过评审后由演练领导小组批准，必要时还需报有关主管单位同意并备案，主要内容如下：

（1）确定演练目标。

演练目标是需完成的主要演练任务及其达到的效果，一般说明“由谁在什么条件下完成什么任务，依据什么标准，取得什么效果”。演练目标应简单、具体、可量化、可实现。一次演练一般有若干项演练目标，每项演练目标都要在演练方案中有相应的事件和演练活动予以实现，并在演练评估中有相应的评估项目来判断该目标的实现情况。

（2）设计演练情景与实施步骤。

演练情景要为演练活动提供初始条件，还要通过一系列的情景事件引导演练活动继续，直至演练完成。演练情景包括演练场景概述和演练场景清单。

① 演练场景概述。要对每一处演练场景进行概要说明，主要说明事件类别、发生的时间和地点、发展速度、强度与危险性、受影响范围、人员和物资分布、已造成的损失、后续发展预测、气象及其他环境条件等。

② 演练场景清单。要明确演练过程中各场景的时间顺序列表和空间分布情况。演练场景之间的逻辑关联依赖于事件发展规律、控制消息和演练人员收到控制消息后应采取的行动。

（3）设计评估标准与方法。

演练评估是一个通过观察、体验和记录演练活动，比较演练实际效果与目标之间的差异，总结演练成效和不足的过程。演练评估应以演练目标为基础。每项演练目标都要设计合理的评估项目方法、标准。根据演练目标的不同，可以用选择项（如：是/否判断，多项选择）、主观评分（如：1—差、3—合格、5—优秀）、定量测量（如：响应时间、被困人数、获救人数）等方法进行评估。

为便于演练评估操作，通常事先设计好评估表格，包括演练目标、评估方法、评价标准和相关记录项等。有条件时还可以采用专业评估软件等工具。

（4）编写演练方案文件。

演练方案文件是指导演练实施的详细工作文件。根据演练类别和规模的不同，演练方案可以编为一个或多个文件。编为多个文件时可包括演练人员手册、演练控制指南、演练评估指南、演练宣传方案、演练脚本等，分别发给相关人员。对涉密应急预案的演练或不宜公开的演练内容，还要制订保密措施。

① 演练人员手册：内容主要包括演练概述、组织机构、时间、地点、参演单位、演练目的、演练情景概述、演练现场标识、演练后勤保障、演练规则、安全注意事项、通信联系方式等，但不包括演练细节。演练人员手册可发放给所有参加演练的人员。

② 演练控制指南：内容主要包括演练情景概述、演练事件清单、演练场景说明。参演人员及其位置、演练控制规则、控制人员组织结构与职责、通信联系方式等。演练控制指南主要供演练控制人员使用。

③ 演练评估指南：内容主要包括演练情景概述、演练事件清单、演练目标、演练场景说明、参演人员及其位置、评估人员组织结构与职责、评估人员位置、评估表格及相关工具、通信联系方式等。演练评估指南主要供演练评估人员使用。

④ 演练宣传方案：内容主要包括宣传目标、宣传方式、传播途径、主要任务及分工、技术支持、通信联系方式等。

⑤ 演练脚本：对于重大综合性示范演练，演练组织单位要编写演练脚本，描述演练事件场景、处置行动、执行人员、指令与对白、视频背景与字幕、解说词等。

（5）演练方案评审。

对综合性较强、风险较大的应急演练，评估组要对文案组制定的演练方案进行评审，确保演练方案科学可行，以确保应急演练工作的顺利进行。

3. 演练动员与培训

在演练开始前要进行演练动员和培训，确保所有演练参与人员掌握演练规则、演练情景和各自在演练中的任务。所有演练参与人员都要经过应急基本知识、演练基本概念、演练现场规则等方面的培训。对控制人员要进行岗位职责、演练过程控制和管理等方面的培训；对评估人员要进行岗位职责、演练评估方法、工具使用等方面的培训；对参演人员要进行应急预案、应急技能及个体防护装备使用等方面的培训。

4. 应急演练保障

（1）人员保障。

演练参与人员一般包括演练领导小组、演练总指挥、总策划、文案人员、控制人员、评估人员、保障人员、参演人员、模拟人员等，有时还会有观摩人员等其他人员。在演练的准备过程中，演练组织单位和参与单位应合理安排工作，保证相关人员参与演练活动的时间。通过组织观摩学习和培训，提高演练人员素质和技能。

（2）经费保障。

演练组织单位每年要根据应急演练规划编制应急演练经费预算，纳入该单位的年度财政（财务）预算，并按照演练需要及时拨付经费。对经费使用情况进行监督检查，确保演练经费专款专用，节约高效。

（3）场地保障。

根据演练方式和内容，经现场勘察后选择合适的演练场地。桌面演练一般可选择会议室或应急指挥中心等；实战演练应选择与实际情况相似的地点。并根据需要设置指挥部、集结点、接待站、供应站、救护站、停车场等设施。演练场地应有足够的空间，良好的交通、生活、卫生和安全条件，尽量避免干扰公众生产生活。

（4）物资和器材保障。

根据需要，准备必要的演练材料、物资和器材，制作必要的模型设施等，主要包括：

① 信息材料：主要包括应急预案和演练方案的纸质文本、演示文档、图表、地图、软件等。

② 物资设备：主要包括各种应急抢险物资、特种装备、办公设备、录音摄像设备、信息显示设备等。

③ 通信器材：主要包括固定电话、移动电话、对讲机、传真机、计算机、无线局域网、视频通信器材和其他配套器材，尽可能使用已有通信器材。

④ 演练情景模型：搭建必要的模拟场景及装置设施。

（5）通信保障。

应急演练过程中应急指挥机构、总策划、控制人员、参演人员、模拟人员之间要有及时可靠的信息传递渠道。根据演练需要，可以采用多种公用或专用通信系统，必要时可组建演练专用通信与信息网络，确保演练控制信息的快速传递。

（6）安全保障。

演练组织单位要高度重视演练组织与实施全过程的安全保障工作。大型或高风险演练活动要按规定制定专门应急预案，采取预防措施，并对关键部位和环节可能出现的突发事件进行针对性演练。根据需要为演练人员配备个体防护装备，购买商业保险。对可能影响公众生活、易于引起公众误解和恐慌的应急演练，应提前向社会发布公告，告示演练内容、时间、地点和组织单位，并做好应对方案，避免造成负面影响。

演练现场要有必要的安保措施，必要时对演练现场进行封闭或管制，保证演练的安全进行。演练出现意外情况时，经演练总指挥与其他领导小组成员会商后可提前终止演练。

5. 应急演练实施

（1）演练启动。

演练正式启动前一般要举行简短仪式，由演练总指挥宣布演练开始并启动演练活动。

（2）演练执行。

演练指挥与行动：

① 演练总指挥负责演练实施全过程的指挥控制。当演练总指挥不兼任总策划时，一般由总指挥授权总策划对演练过程进行控制。

② 按照演练方案要求，应急指挥机构指挥各参演队伍和人员。开展对模拟演练事件的应急处置行动，完成各项演练活动。

③ 演练控制人员应充分掌握演练方案，按总策划的要求，熟练发布控制信息，协调参演人员完成各项演练任务。

④ 参演人员根据控制信息和指令，按照演练方案规定的程序开展应急处置行动，完成各

项演练活动。

⑤ 模拟人员按照演练方案要求、模拟未参加演练的单位或人员的行动，并做出信息反馈。

（3）演练过程控制。

总策划负责按演练方案控制演练过程。

① 桌面演练过程控制。

在讨论式桌面演练中，演练活动主要是围绕对所提出问题进行讨论。由总策划以口头或书面形式，部署引入一个或若干个问题。参演人员根据应急预案及有关规定，讨论应采取的行动。

在角色扮演或推演式桌面演练中，由总策划按照演练方案发出控制消息。参演人员接收到事件信息后，通过角色扮演或模拟操作，完成应急处置活动。

② 实战演练过程控制。

在实战演练中，要通过传递控制消息来控制演练进程。总策划按照演练方案发出控制消息。控制人员向参演人员和模拟人员传递控制消息。参演人员和模拟人员接收到信息后。按照发生真实事件时的应急处置程序，或根据应急行动方案，采取相应的应急处置行动。控制消息可由人工传递，也可以用对讲机、电话、手机、传真机、网络等方式传送，或者通过特定的声音、标志、视频等呈现。演练过程中，控制人员应随时掌握演练进展情况，并向总策划报告演练中出现的各种问题。

（4）演练解说。

在演练实施过程中，演练组织单位可以安排专人对演练过程进行解说。解说内容一般包括演练背景描述、进程讲解、案例介绍、环境渲染等。对于有演练脚本的大型综合性示范演练，可按照脚本中的解说词进行讲解。

（5）演练记录。

演练实施过程中，一般要安排专门人员，采用文字、照片和音像等手段记录演练过程（见表 8-6）。文字记录一般可由评估人员完成，主要包括演练实际开始与结束时间、演练过程控制情况、各项演练活动中参演人员的表现、意外情况及其处置等内容，尤其要详细记录可能出现的人员“伤亡”（如进入“危险”场所而无安全防护，在规定的时间内不能完成疏散等）及财产“损失”等情况。照片和音像记录可安排专业人员和宣传人员在不同现场、不同角度进行拍摄，尽可能全方位地反映演练实施过程。

表 8-6　应急演练记录表

项目名称		演练日期	
演练内容		演练地点	
演练过程记录			

演练照片	
演练总结	
记录：	审核：

（6）演练宣传报道。

演练宣传组按照演练宣传方案做好演练宣传报道工作。认真做好信息采集、媒体组织、广播电视节目现场采编和播报等工作，扩大演练的宣传教育效果。对涉密应急演练要做好相关保密工作。

（7）演练结束与终止。

演练完毕，由总策划发出结束信号，演练总指挥宣布演练结束。演练结束后所有人员停止演练活动，按预定方案集合进行现场总结讲评或者组织疏散。保障部负责组织人员对演练场地进行清理和恢复。

演练实施过程中出现下列情况，经演练领导小组决定，由演练总指挥按照事先规定的程序和指令终止演练：

① 出现真实突发事件，需要参演人员参与应急处置时，要终止演练，使参演人员迅速回归其工作岗位，履行应急处置职责。

② 出现特殊或意外情况，短时间内不能妥善处理或解决时，可提前终止演练。

6. 应急演练评估与总结

（1）演练评估。

应急演练评估是在全面分析演练记录及相关资料的基础上，围绕演练目标和要求，对比参演人员表现与演练目标要求，对演练活动及其组织过程做出客观评价，并编写演练评估报告的过程。通过评估发现应急预案、应急组织、应急人员、应急机制、应急保障等方面存在的问题或不足，提出改进意见或建议，并总结演练中好的做法和主要优点等。

演练结束后可通过组织评估会议、填写演练评价表和对参演人员进行访谈等方式，也可要求参演单位提供自我评估总结材料，进一步收集演练组织实施的情况。

评估要依据的内容如下：

① 有关法律、法规、标准及有关规定和要求。

② 演练活动所涉及的相关应急预案和演练文件。

③ 演练单位的相关技术标准、操作规程或管理制度。

④ 相关事故应急救援典型案例资料。

⑤ 其他相关材料。

评估应遵循“实事求是、科学考评、依法依规、以评促改”的原则。其程序为：评估准备、评估实施和评估总结。

评估组由应急管理方面专家和相关领域专业技术人员或相关方代表组成，是规模较大、演练情景和参演人员较多或实施程序复杂的演练，可设多级评估，并确定总体负责人及各小组负责人。负责对演练准备、组织与实施等进行全过程、全方位的跟踪评估。演练结束后，及时向演练单位或演练领导小组及其他相关专业工作组提出评估意见、建议，并撰写演练评估报告。

演练评估主要是通过对演练活动或参演人员的表现进行的观察、提问、听对方陈述、检查、比对、验证、实测而获取客观证据，比较演练实际效果与目标之间的差异，总结演练中好的做法，查找存在的问题。

演练评估应以演练目标为基础，每项演练目标都要设计合理的评估项目方法、标准。

根据演练目标的不同，可以用选择项（如：是/否判断，多项选择）、评分（如：0—缺项、1—较差、3—一般、5—优秀）、定量测量（如：响应时间、被困人数、获救人数）等方法进行评估。

演练评估组召集有关方面和人员，根据演练总体目标和各参演机构的目标，以及具体演练情景事件、演练流程和保障方案，明确演练评估内容及要求。演练评估人员应听取演练组织或策划人员介绍演练方案以及组织和实施流程，并可进行交互式讨论，进一步明晰演练流程和内容。同时，评估组内部应围绕以下内容开展内部专题培训：

① 演练组织和实施的相关文件。

② 演练评估方案。

③ 演练单位的应急预案和相关管理文件。

④ 熟悉演练场地，了解有关参演部门和人员的基本情况、相关演练设施，掌握相关技术处置标准和方法。

⑤ 其他有关内容。

根据演练需要，准备评估工作所需的相关材料、器材，主要包括演练评估方案文本、评估表格、记录表、文具、通信设备、计时设备、摄像或录音设备、计算机或相关评估软件等。

演练开始后，演练评估人员通过观察、记录和收集演练信息和相关数据、信息和资料，观察演练实施及进展、参演人员表现等情况，及时记录演练过程中出现的问题。在不影响演练进程的情况下，评估人员可进行现场提问并做好记录。

根据演练现场观察和记录，依据制定的评估表，逐项对演练内容进行评估，及时记录评估结果。

演练评估报告的主要内容一般包括演练执行情况、预案的合理性与可操作性、应急指挥人员的指挥协调能力、参演人员的处置能力、演练所用设备装备的适用性、演练目标的实现情况、演练的成本效益分析、对完善预案的建议等。

（2）演练评估总结。

演练评估总结可以分为现场总结和事后总结。

① 现场总结。在演练的一个或所有阶段结束后，由演练总指挥、总策划、专家评估组长等在演练现场有针对性地进行讲评和总结。内容主要包括本阶段的演练目标、参演队伍及人员的表现、演练中暴露的问题、解决问题的办法等。

演练结束后，可选派有关代表（演练组织人员、参演人员、评估人员或相关方人员）对演练中发现的问题及取得的成效进行现场点评。演练单位应组织各参演小组或参演人员进行自评，总结演练中的优点和不足，介绍演练收获及体会。演练评估人员应参加参演人员自评会并做好记录。参演人员自评结束后，演练评估组负责人应组织召开专题评估工作会议，综合评估意见。评估人员应根据演练情况和演练评估记录发表建议并交换意见，分析相关信息资料，明确存在的问题并提出整改要求和措施等。

② 事后总结。在演练结束后，由文案组根据演练记录、演练评估报告、应急预案、现场总结等材料，对演练进行系统和全面的总结，并形成演练总结报告。演练参与单位也可对本单位的演练情况进行总结。

演练现场评估工作结束后，评估组针对收集的各种信息资料，依据评估标准和相关文件资料对演练活动全过程进行科学分析和客观评价，并撰写演练评估报告，评估报告应向所有参演人员公示。

评估报告主要内容通常包括：

a. 演练基本情况：演练的组织及承办单位、演练形式、演练模拟的事故名称、发生的时间和地点、事故过程的情景描述、主要应急行动等。

b. 演练评估过程：演练评估工作的组织实施过程和主要工作安排。

c. 演练情况分析：依据演练评估表格的评估结果，从演练的准备及组织实施情况、参演人员表现等方面具体分析好的做法和存在的问题以及演练目标的实现、演练成本效益分析等。

d. 改进的意见和建议：对演练评估中发现的问题提出整改的意见和建议。

e. 评估结论：对演练组织实施情况的综合评价，并给出优（无差错地完成了所有应急演练内容）、良（达到了预期的演练目标，差错较少）、中（存在明显缺陷，但没有影响实现预期的演练目标）、差（出现了重大错误，演练预期目标受到严重影响，演练被迫中止，造成应急行动延误或资源浪费）等评估结论。

演练组织单位应根据评估报告中提出的问题和不足，制定整改计划，明确整改目标，制定整改措施，并跟踪督促整改落实，直到问题解决为止。同时，总结分析存在问题和不足的原因。

演练组织单位应根据评估报告中提出的问题和不足，制定整改计划，明确整改目标，制定整改措施，并跟踪督促整改落实，直到问题解决为止。同时，总结分析存在问题和不足的原因。

演练组织单位在演练结束后应将演练计划、演练方案、演练评估报告、演练总结报告等资料归档保存。对于由上级有关部门布置或参与组织的演练，或者法律、法规、规章要求备案的演练，演练组织单位应当将相关资料报有关部门备案。

演练组织单位要注重对演练参与单位及人员进行考核。对在演练中表现突出的单位及个人，可给予表彰和奖励；对不按要求参加演练，或影响演练正常开展的，可给予相应批评。

第四节 应急处理

一、火灾处理

（一）火警管理

1. 报警管理

管理处所有人员均应加强消防意识，发现有异常情况时，应立即向上级领导及消防部门汇报。

（1）人工报警。员工看到有烟雾、火光，闻到其他焦煳气味，听到异常声音或感觉到不寻常的热度时，应迅速予以重视并检查，发现并确认火情后应立即通知（对讲呼叫、拨打热线电话或当面告知）消防监控中心，并报告管理处经理（或现场负责人）。

（2）火灾报警监控主机报警。报警主机发出火灾报警后，消防中心值班员应立即用对讲机通知该报警区域最近的巡视人员赶赴现场进行确认。巡视人员立即赶赴现场检查，发现并确认火情后立即通知（对讲呼叫、拨打热线电话或当面通知）消防中心，并报告管理处经理（或现场负责人）。

（3）报警人报警时，须清楚、准确地报告报警人的姓名、身份、部门、起火地点、燃烧物质、火势大小，另外报警人须询问接警人姓名。

（4）报警人在报警的同时，应及时按动最近的火灾报警按钮，并用附近的灭火设施及器具扑救初起火势，如火势较大应及时撤离现场。

2. 接警管理

（1）当消防警钟鸣号时，应立即前往地下的消防控制室查看下列控制板。

① 消防喉辘和火警钟玻璃按手系统。如属消防喉辘或火警钟玻璃按手警钟，那么消防显示板会显示该层的按手固定消防泵开动，应立即到该层楼查看是否有火警。如属意外打破的火警按手，则到消防控制室把控制匙插上，使警钟停止，再关上消防泵电闸电源，另外通知工程部更换被损坏的玻璃。

② 感应烟雾头。如属感应烟雾头警钟，须立即到现场查看是否发生火警。如发生火警，则通知当班人员火警的地点、位置，当班人员须等待消防车抵达后带领消防队员赶赴发生火警的现场。

如属其他原因引起感应烟雾头误鸣的，须立即通知警钟控制中心（可能消防车已出发）及时将警钟停止，但千万不要还原灯号，要待消防队到现场检查收队后才能还原。若灯号不能还原，需要更换时，须致电警钟控制中心挂牌，待换妥灯号还原后才能除牌。

③ 消防花洒水流闸。做法与感应烟雾头相同。

（2）值班人员接到电话报火警时要问清和记录报警人的姓名、身份、起火的地点、燃烧的物质、火势的大小等，并立即与管理处经理（或现场负责人）取得联系，通知相关人员及时到现场确认。

（3）管理处经理（或现场负责人）在接到火情报告后立即赶赴火灾现场进行指挥。

3. 火警确认

巡楼保安员或管理员接到消防监控中心当班保安员的呼叫后，以最快速度赶到报警地点核实，并且遵循以下规则。

（1）报警地点在公共地方，直接进入报警地点检查。

（2）报警地点在写字楼单元内，先按门铃，向用户简要说明理由后，进入报警地点检查。

（3）报警地点在商场内，与商场管理人员一起进入报警地点检查。

（4）报警地点在停车场内，与停车场管理人员一起进入报警地点检查。

（5）报警地点在商场的独立商铺内且商铺已上锁，应及时报告当班主管和商场当班负责人，待当班主管和商场当班负责人到场后决定是否破锁进入检查。

（6）报警地点在写字楼单元且该单元已上锁，应及时报告当班主管，待当班主管到场后决定是否破锁进入检查。

（7）若观察到已上锁的场所内有明火或烟雾，则必须破锁进入该场所检查，排除险情后加锁，并通知用户。

4. 火警通报

（1）确认起火时，应将火灾情况通报有关部门和人员，疏散通报时，必须根据火灾情况决定是部分通报还是全部通报。通报的次序为：首先是着火层，其次是着火层以上各层，最后是着火层以下的楼层。

（2）通报的方式为警铃通报和消防广播通告。

5. 火灾的报警记录

火灾报警记录表如表 8-7 所示。

表 8-7　火灾报警记录表

项目 处置 日期	报警/故障	处置	编号	设备运行状态	查看处置人	处置情况	处置完毕时间	记录人
审核：								

（二）火灾处理部门的职责

物业一旦发生火灾事故，管理处所有部门都要立即采取行动，执行自己职责范围内的任务，参与排除消防安全事故的行动中，不同的部门消防应急的职责不同。

1. 消防监控中心的职责

（1）当消防监控中心监控设备发出火警信号时，值班人员应立即通知巡逻保安员到现场确认，一旦火情被确认后，应要求巡逻保安员尽量详尽地了解火灾的性质及燃烧物质等情况，并立即启动相应区域楼层的灭火系统设备投入工作。

（2）如确认为火警，应及时向安全部经理（或值班经理）报告，讲清报警地点、火势大小、燃烧物质等情况。

（3）将监控镜头定在报警楼层进行监视，并将情况及时向值班经理报告。

（4）消防监控中心值班人员迅速拨打“119”火警电话，报告消防中心，讲明发生火灾的单位地点、电话号码、着火楼层、燃烧物质等情况，并做好火警过程记录。

（5）通知应急分队。

（6）通知着火区域单位负责人到现场。

（7）通知工程部人员到现场。

（8）报告管理处主任和安全部主管。

（9）启用消防紧急广播，通知用户紧急疏散。

（10）检查电梯有无困人，若出现电梯困人现象，应及时向当班主管报告，并利用电梯对讲机安慰被困者情绪。

（11）听从现场指挥，随时准备关停通风设备，切断非消防用电负荷，启动消防泵、喷淋泵。

（12）消防监控中心应及时指派专人到交通路口，引导消防救援车辆及消防人员进入火灾现场进行扑救。

（13）对物业周边外围通道进行监视警戒，警惕其他治安事件发生，发现可疑人员应及时通知外围保安员予以制止。

2. 工程部的职责

（1）工程部责任人为工程部主管。

（2）值班人员接到报警后，及时携带应急灯和机房、管井钥匙迅速赶到现场，听从指挥，参加火灾扑救工作。

（3）及时关闭火灾现场及受影响范围内的一切通风装置，切断非消防电源。

（4）检查消防水源、消防水泵的运转情况，并对发生故障的消防设备、设施及时进行抢修和排险。

（5）进行电梯管制，营救电梯内被困人员。

（6）在配合火灾扑救的同时，应保证其他范围内重要设备的正常运转，尤其是柴油发电机、数据机房、指挥中心、变配电室、UPS 设备等，在消防队到场后介绍消防水源和系统情况。

（7）火灾被扑灭后，应协同其他部门做好善后工作。

3. 安全部的职责

（1）安全部责任人为安全部主管。

（2）安全部在岗保安员在接到火警通知后应立即赶赴火灾现场，持灭火器灭火。

（3）外围保安员应立即加强物业周边外围通道及火场外围的巡逻和警戒，同时警惕其他治安事件发生，对可疑人员进行询问，指挥无关车辆离开火灾现场。

（4）保证物业内外通道的畅通，路口保安员迎接消防车辆并引导车辆到达室外消火栓井口，指引消防人员到达火灾现场。

（5）外围保安员对围观人员进行疏导，阻止无关人员进入物业内，视火险状况有序地疏导人员撤离火灾现场。

（6）抢险过程中，在确认火险不会造成人员伤害的情况下，尽力保护物业内的重要机房及设备。

（7）火灾被扑灭后，应协同其他部门做好善后工作。

4. 客户服务部的职责

（1）客户服务部责任人为部门主管。

（2）负责组织急救志愿人员，准备急救药品及器材。根据伤病人员的情况，在现场统一指挥下通知急救中心。准备车辆及时运送伤员和救护物资。

（3）火灾被扑灭后，应协同其他部门做好善后工作。

（三）常见火灾处理

在物业管理过程中，由于管理不当或其他一些意外的原因而引发火灾，会给物业公司和物业用户带来巨大的经济损失甚至危及人身安全。所以做好防火安全工作至关重要，下面主要介绍一些常见火灾发生时人员的救助和疏散方法，以及物资保护的方法。

1. 火灾的处理原则及注意事项

（1）发生火灾时，值班人员要保持头脑清醒、冷静，报警时要说明火灾发生的地点、联系电话、火灾性质并及时上报。同时，组织现场人员进行扑救工作，开展扑救工作时注意以下几点：一是断电、断气，转移易爆易燃物品；二是按科学方法处理，如不能切断消防电源，电路发生火灾不能用水灭火等；三是指定专人引导消防车辆进入；四是防止不法分子乘机进行破坏活动。

（2）利用现有消防设备进行扑救，做到不失时机地扑灭初期火灾，避免发生重大的人身伤亡事故或经济损失。

在组织指挥灭火自救的工作中，应坚持以保证大多数人安全为前提，及时封堵火势蔓延口，消除火势对人员疏散通道的威胁，保护着火房屋（层）及其相邻区域的人员疏散到安全区。

（3）应急分队应在起火后 3 min 内到现场进行火势控制和灭火，义务消防队应在起火后 5 min 内到现场进行扑救，其他人员应在起火后 10 min 内赶到现场进行扑救工作。

（4）所有员工应听从指挥，无条件服从领导及主管的调配，按照分工，各负其责，进行扑救抢险工作；现场若困有住户，应本着“先人员、后财产”的原则抢救。若室内无人，在无钥匙开门的情况下，则由管理处领导决定是否破门进入房间内扑救。事后由管理处负责向物业用户做解释工作。

（5）召集人员及时向住户通报火情，疏散人员时，首先应疏散着火房间内人员及着火层以上楼层的人员，然后再疏散着火层以下楼层的人员；老弱及行动不便者应先撤离，严禁使用一般电梯进行撤离；若配置有消防电梯，则应优先安排老弱及行动不便者乘消防电梯撤离。

（6）如火势较小时，可由保安员用灭火器或消火栓进行扑救，但需要注意的是如果火灾由电路引起，则不要用水进行扑救，应先切断电源再进行灭火工作。弄清着火物质，根据不同的着火物质采取相应的灭火措施。因电器故障引起的着火，应用 1211 灭火器或其他阻燃材料进行扑救；汽油、柴油等物质着火，应用 1211 灭火器进行扑救；液化石油气等易燃气体着火，应用干粉灭火器进行扑救。

（7）使用灭火器时，灭火器应对准着火部位进行喷射。使用水枪时，要利用掩蔽物体，尽量接近火源，充分发挥水枪作用，提高灭火效果。

（8）工作人员发现火灾时，在可能的情况下用灭火设备扑灭火源，切记勿把自己置于危险之中。如火势不能被控制，应使用最近的消防楼梯走到一楼空地，并将火场内情况及时报告消防队，切记不要使用一般电梯。

（9）逃生时采用依地势爬行的方式，必须通过火焰时，应将所穿衣服用水浸湿后或将毛毯等浸湿后裹住身体迅速冲出。

（10）值班人员留守岗位并封锁火灾现场，直到有关方面到现场处理为止。

（11）工作人员应对各个出口、火警警钟、灭火器、消火栓的位置以及灭火器的使用有所了解和掌握，了解各主要通道及走火路线。

（12）保持走火通道畅通无阻，确保消防设备处于正常状态。

（13）扑救完毕后，管理处安排人员协助有关部门查明原因、查明损失并做好安置工作；管理处主管消防工作的人员应做好火灾事故的详细记录，并以书面报告的形式报上级主管部门。

2. 初期火灾的处理

（1）一旦发现火势苗头，每位员工和物业用户都有责任向物业消防中控室报警。发现初期火灾时，在场人员应采取各种方式报告火警。如采用电话报警，首先要说明起火地点、燃烧物质种类、是否有人被火围困、火势情况以及是否正在采取扑救措施等。然后通报自己的姓名及单位（部门），并注意倾听中控室的补充询问，认真回答，得到允许后方可挂断报警电话。

（2）消防中控室接到报警后，中控室保安员应立即赶赴火警现场进行确认，执行消防报警信号处理程序。如果是误报，应进行报警复位；如果是火情，应立即报告安全部经理（第二时间报告值班经理），密切监视报警地点情况。

（3）安全部经理或值班经理收到火警报告后，立即通知总经理，同时组织消防人员，携带灭火器以最快速度到达火警现场。若火势较小，应指挥在场人员进行灭火扑救，并让有关人员使用消防梯进行安全疏散。

（4）扑灭火灾后，安全部经理或值班经理安排人员留守火警现场，进行事故调查，提出改进措施。

（5）若火势较大，无法扑救或扑救无效时，安全部经理或值班经理应立即采取措施，将灭火人员撤离至安全范围内，向总经理报告，并拨打火警电话“119”，执行火灾紧急处理程序。

初期火灾的处理流程图见图 8-1 。

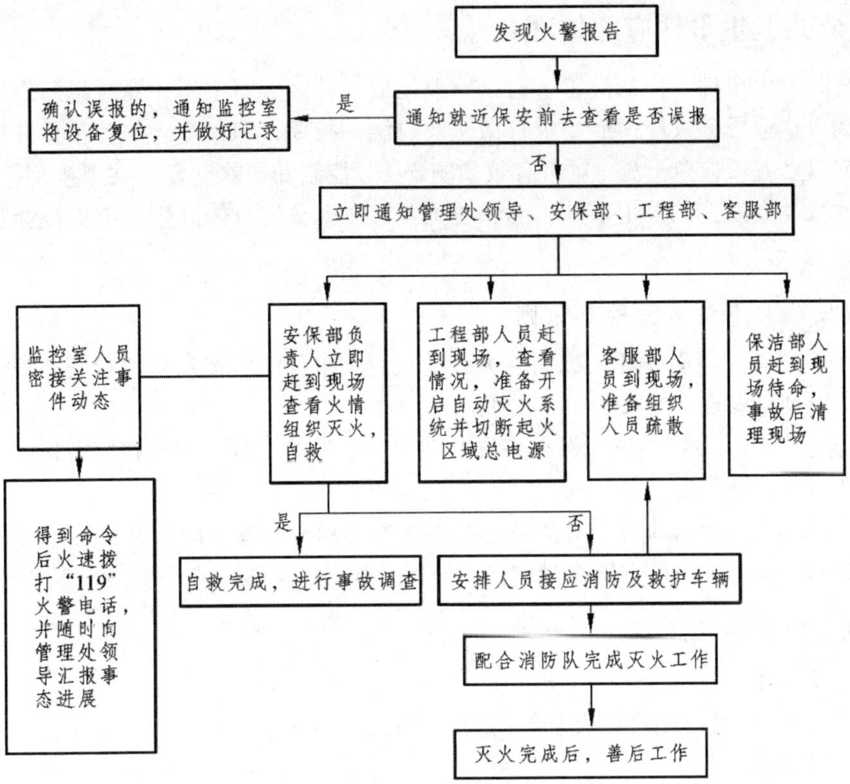

图 8-1　初期火灾的处理流程图

3. 大型火灾处理

对于大型火灾的处理，管理处应成立大型火灾处理分队，具体流程见图 8-2 。

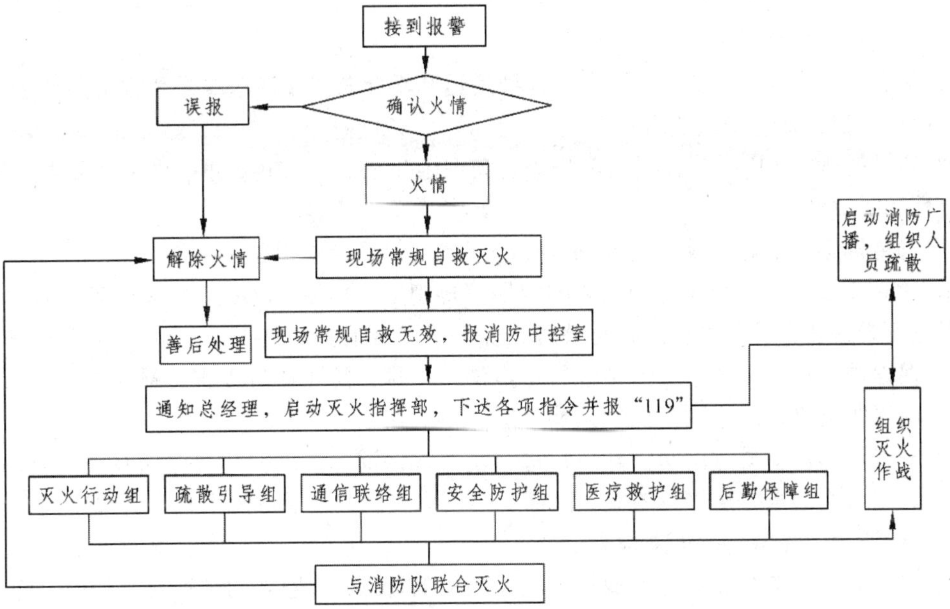

图 8-2　大型火灾处理流程图

二、公共卫生事件应急处理

面对公共卫生事件（例如流感）时，物业便成了社区、写字楼、商业场所等区域防疫的重要保障线。物业服务人应按照要求，服从政府统一指挥，积极配合相关单位开展工作，落实应急预案以及各项应急措施。对于有效预防、及时控制和消除突发公共卫生事件及其危害，最大程度地减少突发公共卫生事件，确保业主及客户人员的身体健康，维护社会稳定，具有重要意义。

1. 突发公共卫生事件处置原则

（1）预防为主，常备不懈。提高对突发公共卫生事件的防范意识和责任意识，落实各项防范措施，做到早发现、早报告、早处理。

（2）统一领导，分级负责。根据突发公共卫生事件的范围、性质和危害程度，对突发公共卫生事件实行分级管理。

（3）依法规范，措施果断。对突发公共卫生事件和可能发生的公共卫生事件做出快速反应，各职能部门接到警讯后立即奔赴现场，按照预案各司其职，相互配合，应对突发灾害。

2. 事件级别的定义

（1）三级事件。

预警状态——获悉近期将流行某种高传染疫情。

（2）二级事件。

高度戒备状态——本地已发生高传染性疫情。

（3）一级事件：

高度紧急状态——本物业管理区域已发生高传染性疫情。

3. 公共卫生事件处理程序

（1）通用的处理程序。

① 从有关卫生部门、报刊、网络等各种渠道和媒介及时了解、掌握和收集各类公共卫生方面的信息，保证信息渠道的畅通。

② 通过通告、宣传栏等方式向客户进行公共卫生信息的宣传，并严格保证此类宣传发布的权威性和时效性。

③ 宣传资料的汇总应及时发放到物业公司各部门及外包单位。

④ 建立并实施对本物业管理区域的定期消毒制度，加大对垃圾的消杀与清洁力度，生活垃圾用垃圾袋盛装，及时进行无害化处理，保证日产日清。

⑤ 根据季节性及虫害生存特性进行重点消杀安排，防止通过虫害传播病菌。

⑥ 确保防疫物资的采购，保证采购及时、供应充足。

⑦ 坚持每周对空调过滤网、新风口进行消毒，保证各区域的空气流通及空气质量。

⑧ 每周对生活水泵房进行检查，保证生活用水安全。定期对污水井、隔油池及排水等设备设施进行消毒，并由专人负责检查。

⑨ 加强对进入本物业管理区域的车辆及人员的管理，对进入的车辆进行消毒，给进入的人员测量体温，杜绝闲杂人等进入，维护公共安全，防止疾病传播。

⑩ 严格执行汇报制度，不造谣、不散播未经官方证实的有关信息。

⑪ 严格控制外包公司人员流动，如更换人员或请假外出必须登记并通报物业服务中心。

（2）清洁消杀要求。

① 楼栋大堂、走廊、楼梯间等公共区域，每日通风 2~3 次、清洁消毒 1~2 次。

② 电梯轿厢、电梯按键、轿厢扶手、轿厢壁每日消毒不少于 4 次，并做好消毒记录。电梯门口和轿厢内外张贴告示，提醒乘客戴好口罩。

③ 制作“本区域已消毒”的临时标识，标识底端空白处预留数行消毒时间、责任人签字栏，张贴于主要客户及员工活动的区域。

④ 在小区入口、电梯等位置配置免洗的手部消毒液，张贴标识，提醒客户及员工积极进行手部消毒。

（3）人员防控要求

① 项目应储备红外测温仪，根据疫情进展配置在人流出入口。使用前应充分与客户沟通取得其同意，外接商务项目应提前报备甲方，自有项目应取得区域总批准。

② 所有进入人员须进行体温检测、佩戴口罩，来访人员（返回人员）同时要做好登记。

③ 对快递员、外卖员等实行特殊人群管理，实行无接触配送。

④ 加强地下车库的人工查验，严防出现人员随车漏检。

⑤ 发现异常人员，禁止进入，指引到隔离观察点隔离，并第一时间向社区报备，并按规定处置。

（4）特殊处理程序

① 为减少对环境的污染及保证消防安全，日常防控消毒禁止使用过氧乙酸。

② 直接面对客户部门的人员应做好个人卫生防护工作。

③ 如发生重大疫情，相关部门或政府机关需对本物业管理区域实行全封闭紧急隔离管理，物业公司应及时通知所有人员，物业管理区域内所有单位和个人应无条件地接受和配合政府部门工作。物业公司各部门员工根据物业紧急疫情领导小组组长统一指挥待命。

④ 本预防措施将根据国家卫生防疫工作要求随时补充和调整。

（5）特殊岗位要求

① 保洁员应正确掌握各种消毒方法和个人安全卫生防护方法，进入客户区域更应采取防护措施（戴口罩、手套），避免交叉感染。

② 安保部门对大厦实行封闭管理，杜绝非内部人员进入。对进入的人员测量体温，对进入的车辆进行消毒，以保证公共安全，防止疾病传播。

③ 客服部接待人员应加强与客户沟通工作，随时了解客户对防控工作的需求，并及时向客户通报公司防控工作安排。

④ 客服部人员应做好对客户的防疫宣传工作，及时将疫情的预防情况及预防消毒措施以书面形式进行通报，使客户了解本物业管理区域防疫工作的进展，并动员客户能自觉地配合、支持物业公司的防疫工作。

4. 不同级别事件处理程序

（1）三级事件处理程序（预警状态——获悉近期将流行某种高传染疫情）。

① 由物业总经理召开专项会议，宣布进入预警状态，及时安排布置各部门的各项工作。

② 进入预警状态后，各部门经理应召开本部门动员会，将组长布置工作及时传达给部门员工，并将各项工作落实到人，各部门可根据实际情况进行调整。

③ 综合部加强公共卫生宣传工作，保证信息畅通和准确性，各种信息应及时公布。做好疫情防控工作的物资准备。

④ 客服部负责环境卫生和客户沟通工作，随时了解客户对防控工作的需求，并及时向客户通报公司防控工作安排。根据组长安排调整工作。

⑤ 消毒工作在日常防控管理基础上，对消毒频次进行调整，安排保洁公司对消毒次数进行加密，对消毒效果进行监督检查。

⑥ 工程部负责保障新风系统卫生安全，根据组长安排调整消毒工作。

⑦ 安保部根据组长安排调整安全保卫工作重点并配合各部门的工作。

⑧ 预警状态是高度戒备状态和高度紧急状态的前奏，当疫情出现时启动相应处理程序，所有程序的启动须报组长审批。

（2）二级事件处理程序（高度戒备状态——本地已发生高传染性疫情）。

① 根据政府防疫部门的要求，物业领导小组确定落实各部门卫生防疫的重点工作。

② 综合部负责安排各部门做好员工及所管辖外包公司员工的防疫宣传和培训工作，掌握员工的身体健康和出勤状况，做好物业各项防疫物资采购供应工作，加强垃圾房、餐厅、公共区域的清洁卫生管理。

③ 客服部负责对内、对外的联系，对内要及时通知、联系、宣传及沟通，保证客户了解情况，对外要根据组长安排及时进行通报。同时负责安排、监督和检查保洁公司对本物业管理区域的清洁卫生和消毒工作。

④ 工程部负责对物业设备、设施的消毒工作，保证各类设备正常运转。

⑤ 安保部负责对本物业管理区域实行封闭管理，有突发事件时及时维护现场秩序，协助各部门工作。

⑥ 本物业管理区域内的所有施工装修工作应停止，特殊需要的施工必须由小组组长审批。

⑦ 物业公司所有员工不安排出差或去往中高风险地区，凡出差或去往中高风险地区再返回单位上班的人员，应隔离一段时间后方可上岗。

⑧ 物业按要求实行封闭管理时，客服部负责发函通知全体客户，安保部负责安全检查，所有人员凭出入证进出。

⑨ 建立汇报制度，有情况及时向主管领导反映，未经紧急疫情小组组长批准，不制造、不散播未经官方证实的各种有关信息。

⑩ 建立倒班工作制：根据疫情需要，结合公司内部工作特点，为保证公司正常运转，避免员工交叉感染，各部门根据部门情况实行倒班制。倒班原则为部门分 A、B 两个班次，要求做到每周一倒班（或几天，视情况而定），两个班次不交叉工作，处于相互隔离状态，以记录本或电话方式联系布置工作，各部门应保证部门工作的连续性。各部门经理应分别在 A、B 两组，如一部门有情况，另一部门经理代行职责，杜绝公司各项工作、档案管理出现失控现象。倒班工作制方案须报小组组长批准后方可执行。

（3）一级事件处理程序（高度紧急状态——本物业管理区域已发生高传染性疫情）

① 物业人员发现或接到通知本物业管理区域内有高传染性疫情疑似或密切接触人员，以及内部员工、客户（家属）有可疑病人或接触过病人时，应及时上报小组组长，组长应全面仔细了解各方面情况和信息，立即组织召开紧急会议，安排布置各部门做好相应工作，要求所有进入疫情现场的人员应做好个人防护措施，如穿隔离衣（存放在客服部）。小组组长负责上报上级领导和有关政府部门。

② 客服部。

a. 接到指示报“120”医疗救护人员。

b. 负责接待配合“120”医疗救护人员负责的各项工作。

c. 按指示通知相关客户，并做好安抚、解释工作。

d. 安排保洁公司协助“120”进行全面消毒。

③ 安保部。

a. 安排专人穿防护衣到现场用隔离带进行隔离。

b. 协助客户撤离。

c. 按指示封闭相关区域或楼层，禁止无关人员进入。

d. 严禁媒体拍照、采访。

④ 工程部。

a. 关停空调及相关楼层电梯。

b. 设备设施进行消毒。

⑤ 综合部。

a. 向各部门提供安全防护用具。

b. 确保足够的防疫物资的采购、供应工作。

c. 各部门向小组组长汇报工作。

d. 组长安排或亲自向政府部门及媒体解释。

⑥ 善后处理。

a. 如条件允许，物业总经理应到场主持后续工作的有关事宜。

b. 积极服从政府卫生防疫部门善后安排。

c. 客服部经理带领物业人员做好对客户、受害人及其家属的安抚工作。

d. 由物业总经理统一行使对外发布消息权。

三、电梯困人应急处理

（1）当值班人员通过闭路监控电视、轿厢警铃或其他方式接到来自电梯轿厢乘客报警信号后，应立即通过电梯对讲与乘客通话，了解电梯困人发生地点、被困人数、人员情况以及电梯所在楼层，安慰乘客，要求乘客保持冷静，耐心等待求援；通知巡逻岗秩序员尽快赶到到场与被困乘客取得联系，要耐心告诫乘客不要惊慌和急躁，不要盲目采取无谓的行动，以免使故障扩大，发生危险；通知服务中心前台值班人员。前台值班人员得到信息后立即联系电梯维修单位和安排维修部相关人员前往解救，并向经理汇报情况。

（2）救援人员（电梯公司人员或物业公司经过专业训练的维修人员）到达电梯轿厢所在楼层后按下述方法将被困人员救出。

① 切断电梯电源箱内的主电源开关，防止电梯意外启动，保留轿厢照明。

② 设法弄清电梯轿厢的位置（可用三角机械钥匙打开层门检查）。

③ 当电梯停在距某平层约 ± 500 mm 范围内时，维修人员可以在该平层的厅门外使用专用的厅门三角机械钥匙打开厅门，并用手拉开轿厢门，然后协助乘客安全撤离轿厢。

（3）当电梯停在非上述的位置时，则必须用机械的方法移动轿厢后救人，步骤如下：

① 轿门应保持关闭，如轿门已拉开，则要乘客把轿门手动关上。通知被困乘客轿厢将会移动以救出他们，要求他们安静待在轿厢内，不要乱动。

② 拆去曳引机轴端护罩（如有），将盘车手轮装上。

③ 两人配合，一人把持盘车手轮，防止电梯在释放制动器时意外或过快地移动，然后另一人用机械的方法一松一紧地释放制动器。注意仅当需要轿厢移动时，才可松开制动器，否则应马上撤销释放制动器的动作。

④ 按正确方向使轿厢断续地缓慢地移动到平层 ± 150 mm 的位置上，停车制动。注：当轿厢未超出顶层或底层位置时，可向较省力的方向移动轿厢。而当电梯超出顶层（或底层）平层时，则应向顶层（或底层）方向移动轿厢。必要时利用盘车手轮移动轿厢。

⑤ 使制动器恢复正常，然后在对应层站的厅门外用厅门专用钥匙打开厅门，拉开轿门，并协助乘客安全撤出轿厢。

（4）整个救援过程中要始终有人与轿厢内被困乘客保持通话，及时了解被困乘客的情绪和健康状况，同时将情况向部门经理汇报。如果期间有人出现晕厥、神志昏迷（尤其是老人或小孩），应立即通知医护人员到场，以便被困人员救出后即可进行抢救。

（5）被困者救出后，客户部主管应当立即向他们表示慰问，并了解他们的身体状况和需要，同时请他们提供姓名、地址、联系电话及到本小区事由。如被困人员不合作自行离去，应记录下来存档备案。

（6）被困者救出后，电梯维修公司查明电梯故障原因，修复后方可恢复正常运行。

（7）客服部应详细记录事件经过，包括接报时间、秩序员和维修人员到达现场时间、电梯维修公司通知和到达时间、被困人员的解救时间、被困人员的基本情况、电梯恢复正常运行时间。若有公安、消防、医护人员到场，还应分别记录到场和离开时间、车辆号码；被困人员中有伤者的，应记录伤者情况和被送往的医院。

（8）服务中心经理应对被困乘客进行事后回访。

电梯困人应急处理具体流程如图 8-3 所示。

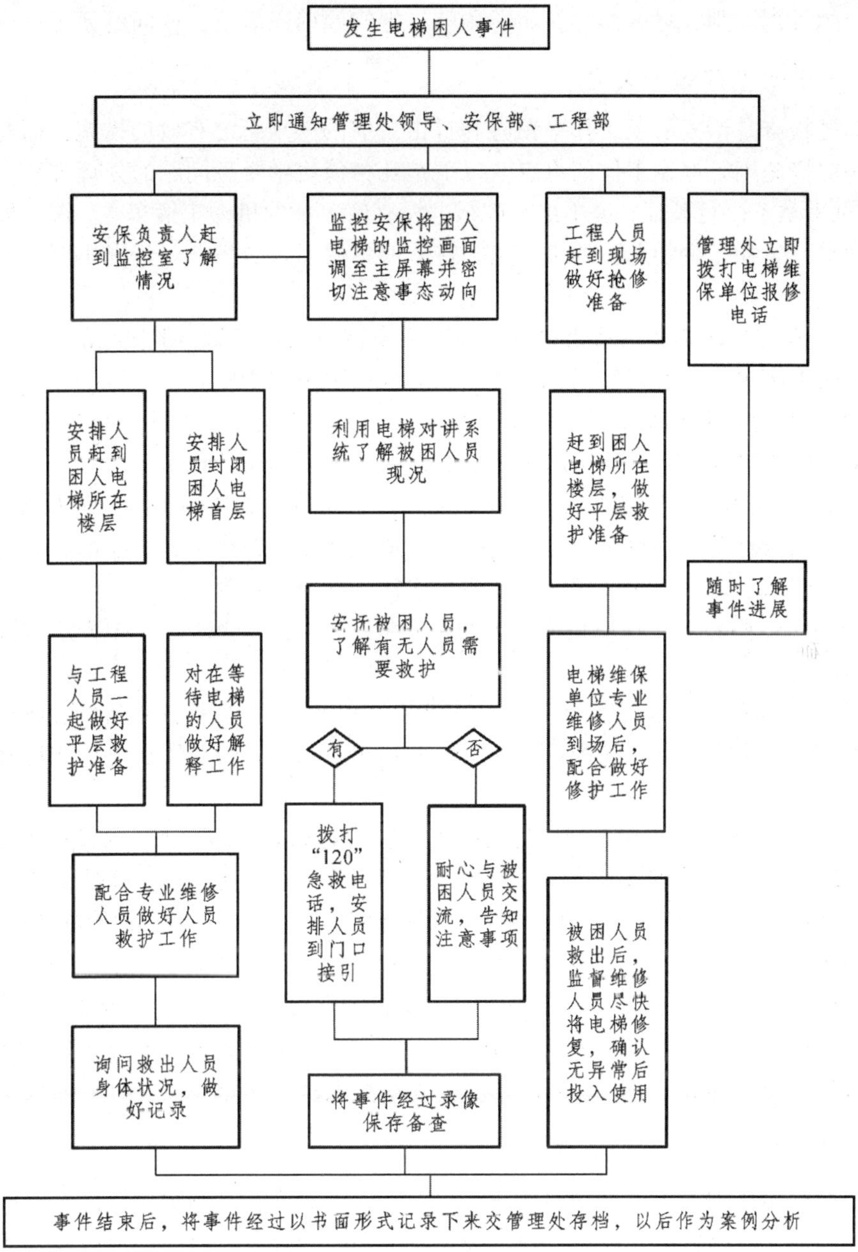

图 8-3　电梯困人应急处理流程图

四、治安及刑事案件应急处理程序

（一）值班中对可疑情况的处理

1. 处理的基本原则

治安应急处理中应针对不同性质的问题，采取不同的方法进行处理。对房屋使用者之间、物业与业主之间和的矛盾纠纷，可通过在充分尊重的前提下劝说、沟通来解决。主要注意的是要明辨是非、耐心劝导和礼貌待人。应采取“可散不可聚、可解不可结、可缓不可急、可顺不可逆”的处理原则，尽力劝导，耐心调解，把问题引向缓解，使问题便于解决。

2. 值班中常见问题的处理

加强巡逻检查是治安防范工作中预防和打击犯罪的一项行之有效的措施。而对可疑情况分别采取相应措施则是巡逻工作的重点，以下是几种值班中常见问题的处理方法。

（1）对于拿不出行驶证，说不出车牌号，没有停车证的机动车辆车主，应立即联系停车场车辆管理员，暂扣车辆钥匙，约束车主，待查明情况后再放行，如情况不明，则送公安机关查处。

（2）对于在居住区内游荡或借口找人却说不出被访人姓名和详细住址的人员，应立即上前盘问，并向上级报告，通知邻岗，提醒注意，视情况采取措施。

（3）发现身上带有管制刀具、钳子、铁棒等工具的人员应上前核查其携带工具的用途，如用途不明，应先将其约束起来，向主任报告，送当地派出所处理。

（4）携带物品繁多，如电视机、音响、电脑等贵重物品，又无任何证明人的（搬家应有服务中心出具的放行条）。暂时将人、物扣留，速与业主（住户）和有关部门联系核对，待其出具可靠证明后放行。如无任何证明，即送交辖区派出所处理。

（5）在偏僻、隐蔽处清理皮包或钱包的，立即设法询问、验证，如属盗窃、抢劫财物的，送辖区派出所处理。

（6）单车、摩托车车主无物业登记的门禁卡、无行驶证、有撬损痕迹的，或将未开锁的单车背着走、提着走或挂于腰间推着走的，立即扣车、扣人，待查明后放行或送交公安机关处理。

（7）对于神色慌张，行踪诡秘，遇到护管即转身远离或逃跑的人，要设法阻截，同时用对讲机向上级报告，并通知邻岗，提高警惕，封锁有关通道，协同开展抓捕工作。

（8）低价出售物品与实际价值相差较大的。暂扣留人、物，查明情况并向上级报告。

（9）发现有可疑人员与公安部门通缉的罪犯的性别、年龄、相貌、体形特征等相似时，应立即向上级报告，采取措施将其抓获或密切监视，同时应通知辖区派出所或拨打“110”报警。

（10）发现可疑的物品，应要求携带物品者出示证件，查验证件并开箱检查物品，检查出的可疑物品应交管理处处理，必要时移交公安机关做进一步审查。

3. 值班中对违规人员的处理

值班中遇到不登记、不出示证件而强行进入物业区，强行在不准停车的地方停车，在不该堆放垃圾的地方乱倒垃圾，在禁止吸烟的场所吸烟的违规人员时，可采取如下方法处理。

① 首先在处理问题时一定要冷静，避免与违规人员争吵。纠正违规人员错误前，要先对其敬礼。

② 准确地指出违规人员的错误行为，告诉其正确的做法。纠正时，态度和蔼，语言文明，举止规范、大方，以理服人。

③ 当违规人员改正后，应说“谢谢！”或“多谢配合！”

④ 对个别蛮横无理，始终不听劝阻者，应尽量想办法查清其姓名或单位，如实记录下来，并通知班长前往协助处理。如违规人员有殴打值班人员的行为，应立即向主任或管理处领导报告，由上级领导出面协商解决。对情节严重的，报告公安机关依法处理。

4. 对闹事人员的应急处理

保安员在值班的过程中可能会遇到酗酒滋事和聚众闹事的人员以及精神病人，保安员要及时采取相应的处理措施，避免事态的进一步扩大。具体处理流程如图 8-4 所示。

对闹事人员的应急处理规程如下：

① 发现醉酒人员或精神病人失去正常理智，处于不能自控的状态下，易对自身或他人造成伤害时，保安员应及时对其采取控制和临时监视措施。

② 发现醉酒滋事、可能出丑闹事的人员，应进行劝阻或阻拦，让其离开物业管理区域，并立即拨打中控室电话报警，通知安全部门派出人员进行处置。

③ 对不听劝阻或阻拦不了的闹事人员，保安人员应确认其家属或工作单位，及时通知他们将其领回；如一时无法查清闹事人员的身份及其家属或工作单位，应采取控制和监护措施，并迅速查清。

④ 保安员应尽最大努力，迅速阻止初期闹事现象，避免造成较大影响。

⑤ 保安员要积极疏导围观人群并严禁对闹事人员进行挑逗、辱骂、体罚等。

⑥ 保安负责人应根据事态发展情况，及时向安全部经理报告，必要时向公司主管和总经理汇报。

⑦ 如发现闹事人员在公共场所出丑闹事，毁坏公共财物等危害物业管理区域或社会治安的行为时，应适当对其进行约束，必要时可请示上级领导同意，报告公安机关解决或将其强制送往公安机关处理。

⑧ 当公安人员抵达闹事现场后，保安人员应积极配合其开展工作，记录现场处理的时间、公安人员的姓名、单位及警号，同时详细记录现场情况，以便日后查阅、参考之用。

⑨ 保安负责人负责记录事件的发生和处理过程，并提交书面报告上报公司领导。

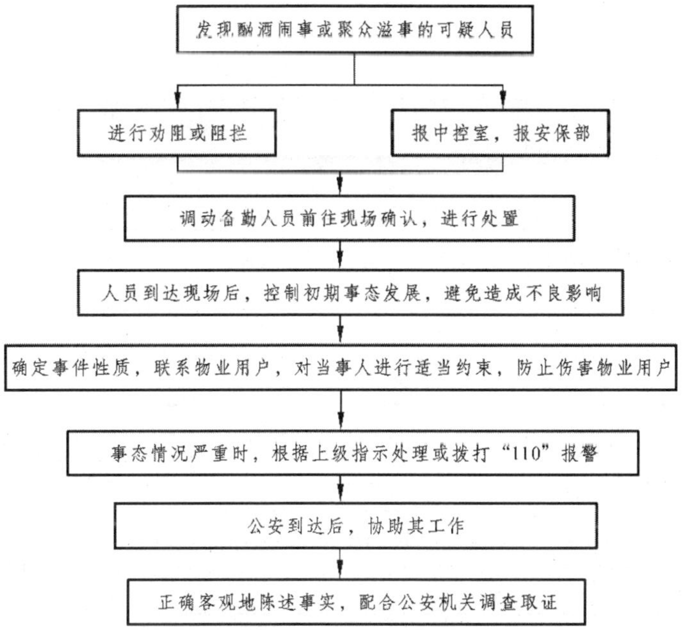

图 8-4　闹事人员应急处理流程图

对打架斗殴的处理流程如图 8-5 所示。

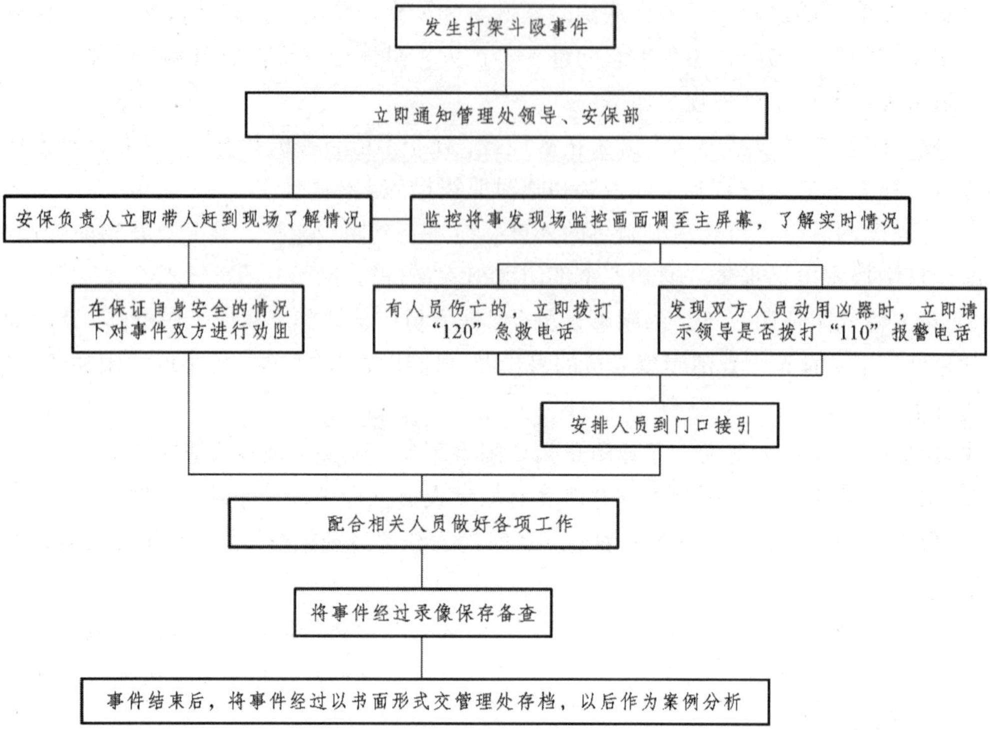

图 8-5　打架斗殴事件处理流程图

对盗窃事件的处理流程如图 8-6。

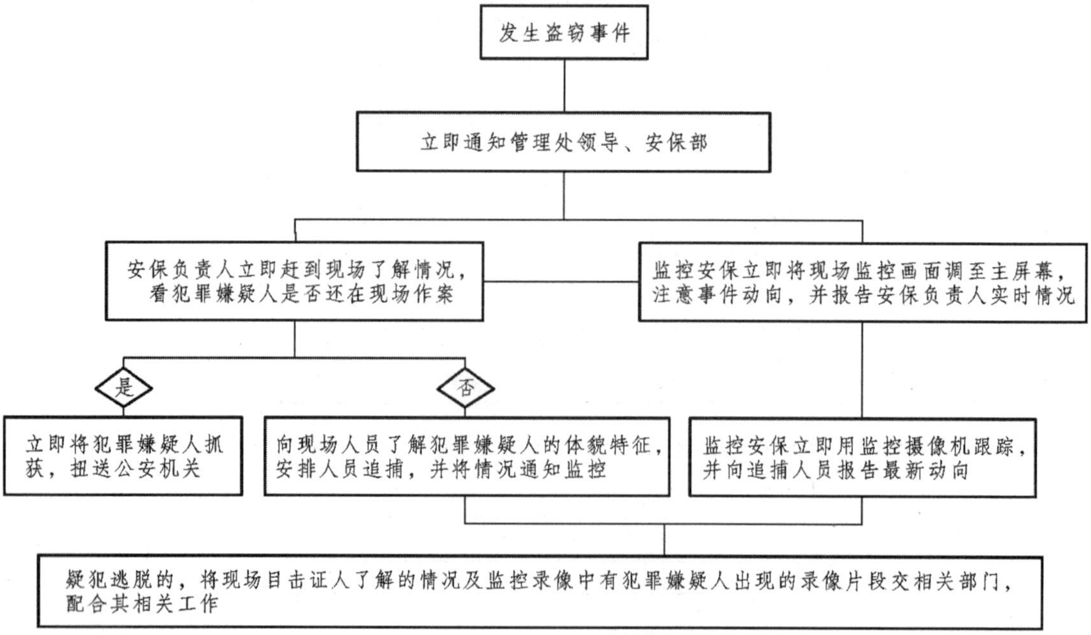

图 8-6　盗窃事件处理流程图

五、可疑物应急处置流程

1. 处置要求

（1）及时发现，快速报告。

（2）控制现场秩序，严格执行命令。

（3）做好处置的配合工作。

2. 处理程序

（1）发现可疑物品或接到可疑物品的报告，应立即向管理处报告。

（2）监控值班人员将摄像机调至事发现场，将可疑物品的特征向上级报告。

（3）安保队长、巡逻岗安保员赶赴现场，维护现场秩序，用警戒绳将周边进行封闭，禁止人员向可疑物品靠近。

（4）根据指令采取如下措施：

① 将可疑物品判断为一般物品的，配合管理处对物品进行检查。

② 可疑物品疑似爆炸物的，应立即拨打“110”报警电话，并疏散附近人员。

③ 如无法判断的，拨打“110”报警电话，做好突发事件的处置工作。

④ 警方介入处置的，安保做好配合工作。

⑤ 做好工作记录，监控复制现场录像进行备案。

（5）可疑物处置应急预案流程如图 8-7 所示。

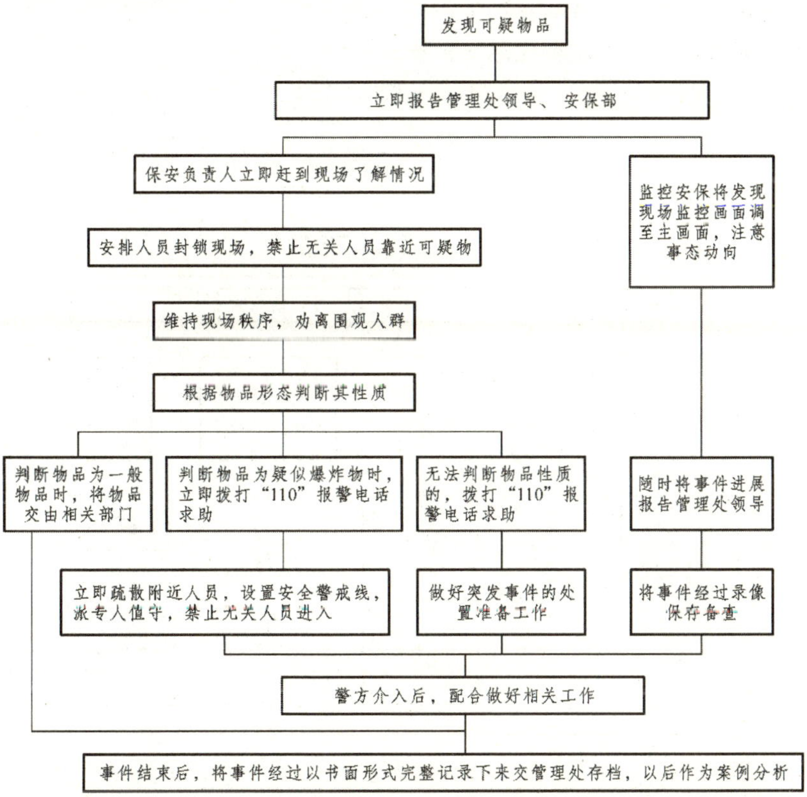

图 8-7 可疑物品应急处理流程图

六、灾害性天气应急处置

灾害性是指暴风、暴雨、暴雪、冰雹、高温等恶劣性天气。

1. 处置要求

提早预知，充分准备。

加强值班，及时掌握现场情况。

及时报告，果断处置。

2. 灾害性天气的防范

收听、收集天气气象信息，提前知晓天气情况。

得知灾害性天气后，及时通报管理处，并根据灾害天气的类别提前做好预防措施。

成立抢险小组，备齐应急器材，机动待命。

3. 应急处置流程

发生灾害性天气时，加强对管辖区域的安全巡视，及时发现安全隐患。

保持通信畅通，随时做好突发事件的处置工作。

协助业主把财物转移到安全地带。

加强安全秩序维护，防止犯罪分子趁机制造事端或偷盗财物。

协助地方政府对人、财、物进行转移。

配合救护机构做好伤、病员的救护工作。

灾害性天气处置应急处理流程如图 8-8 所示。

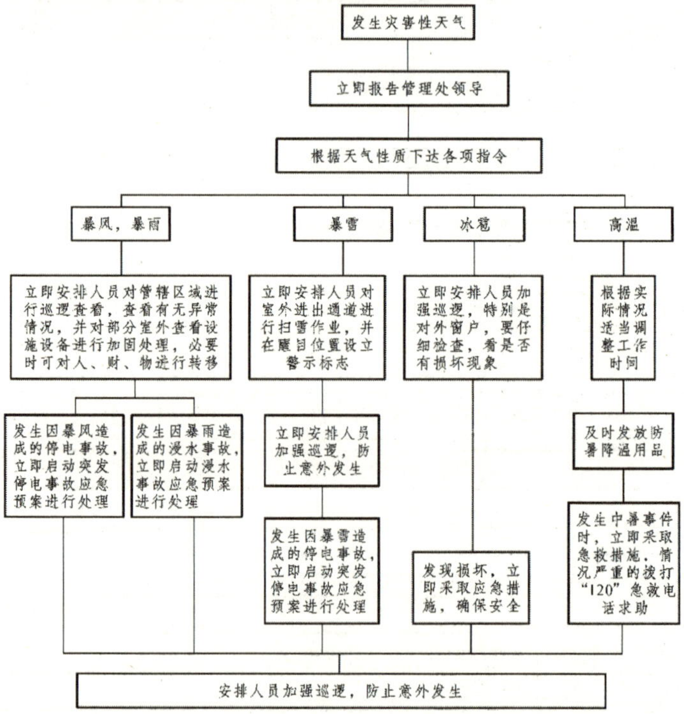

图 8-8　灾害性天气应急处理流程图

七、人身伤害应急处置

1. 人员坠楼的应急处置

发现人员坠楼或接到人员坠楼的事件报告，应立即向管理处报告。

监控中心立即将摄像机调至事发现场，进行跟踪录像，并及时向上级报告现场情况。

安保队长、巡逻岗安保员立即赶赴现场，查看人员的伤亡情况，拨打“120”急救电话。

安排安保岗位维护事故现场秩序，对进入事故现场的道路、通道进行封锁，劝离围观的人员；对事故现场进行保护，禁止无关人员进入事故现场。

派专人至门岗接引“120”急救车辆。

监控中心对各类突发事件的现场录像资料予以保存。

配合公安机关对事情进行处理。

具体流程如图 8-9 所示。

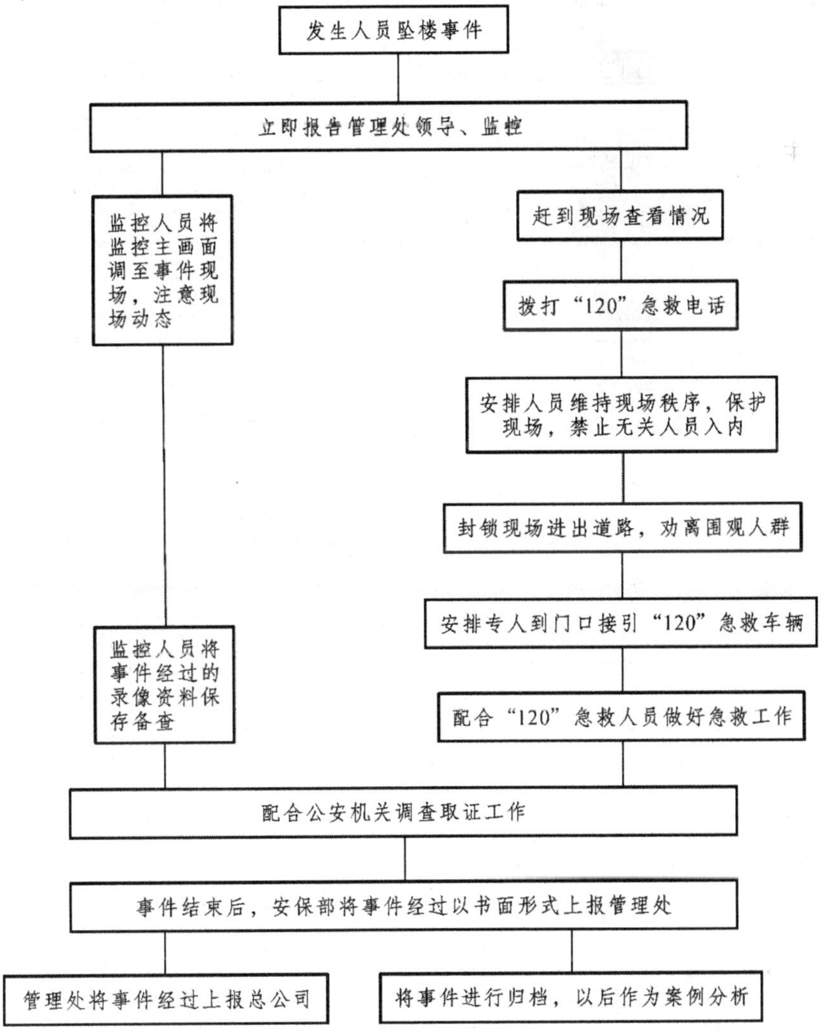

图 8-9　人员坠楼应急处理流程图

2. 高空坠物伤人事件的处置

发现高空坠物伤人或接到高空坠物伤人事件报告，应立即向管理处报告。

监控将摄像机调至事故现场，对现场进行跟踪拍摄，并查看事发楼宇周边的监控录像，看是否有能查到坠物来源的录像记录，如发现坠物来源，应立即向管理处报告。安保队长、巡逻岗安保员赶往现场维护秩序，劝离围观人员，保护好现场及物证。具体流程如图 8-10 所示。

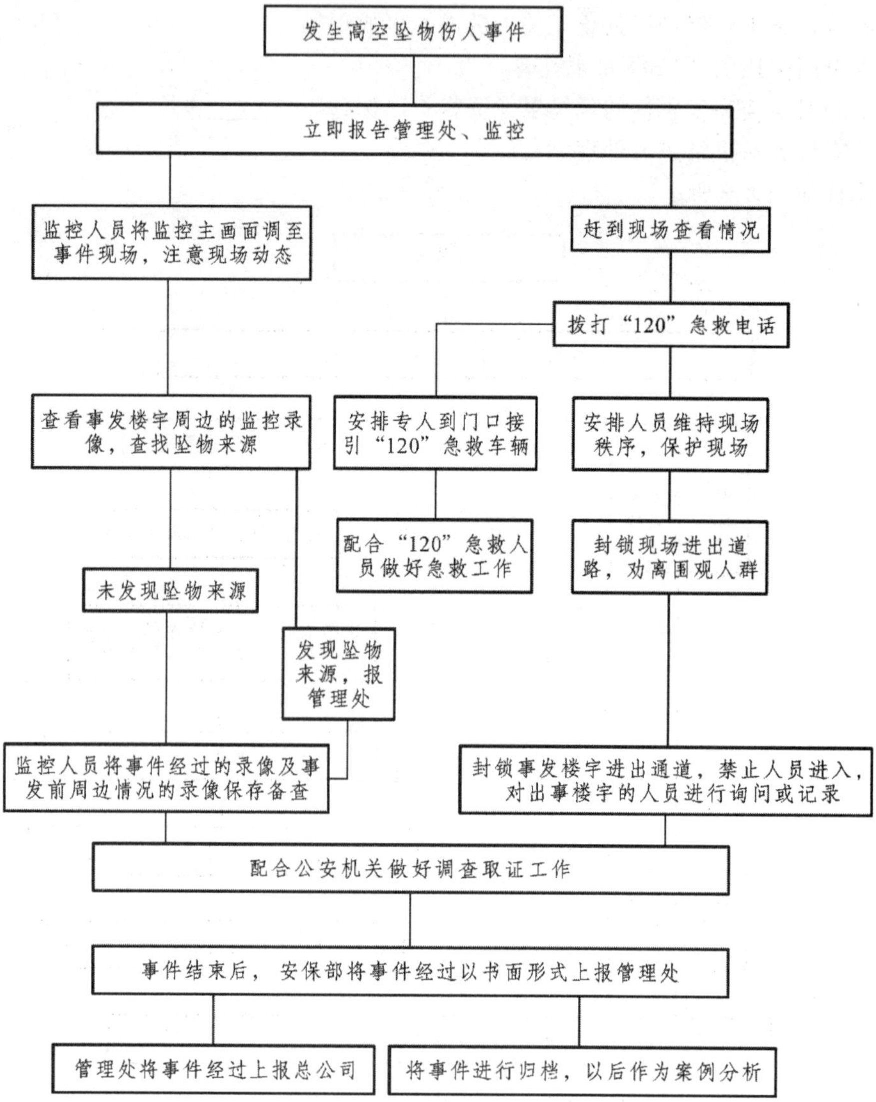

图 8-10　高空坠物伤人事件的处置流程

3. 触电事故的处置

发现有人触电或接到有人触电的报告，应立即向管理处报告。

监控将摄像机调至事发现场，对现场情况进行录像。

安保队长、巡逻岗安保员、工程人员赶往事发现场。

至现场后，工程人员根据现场情况，关闭区域电源，用绝缘杆把电源线挑开。
拨打“120”急救电话，并派专人至门岗接应急救车。
触电人员脱离电源后，立即进行急救。
封闭通往现场的通道，禁止无关人员进入现场，并对事故现场进行保护。
配合公安机关或安监工作人员做好调查工作。
监控中心对各类突发事件的现场录像资料予以保存，具体流程如图 8-11 所示。

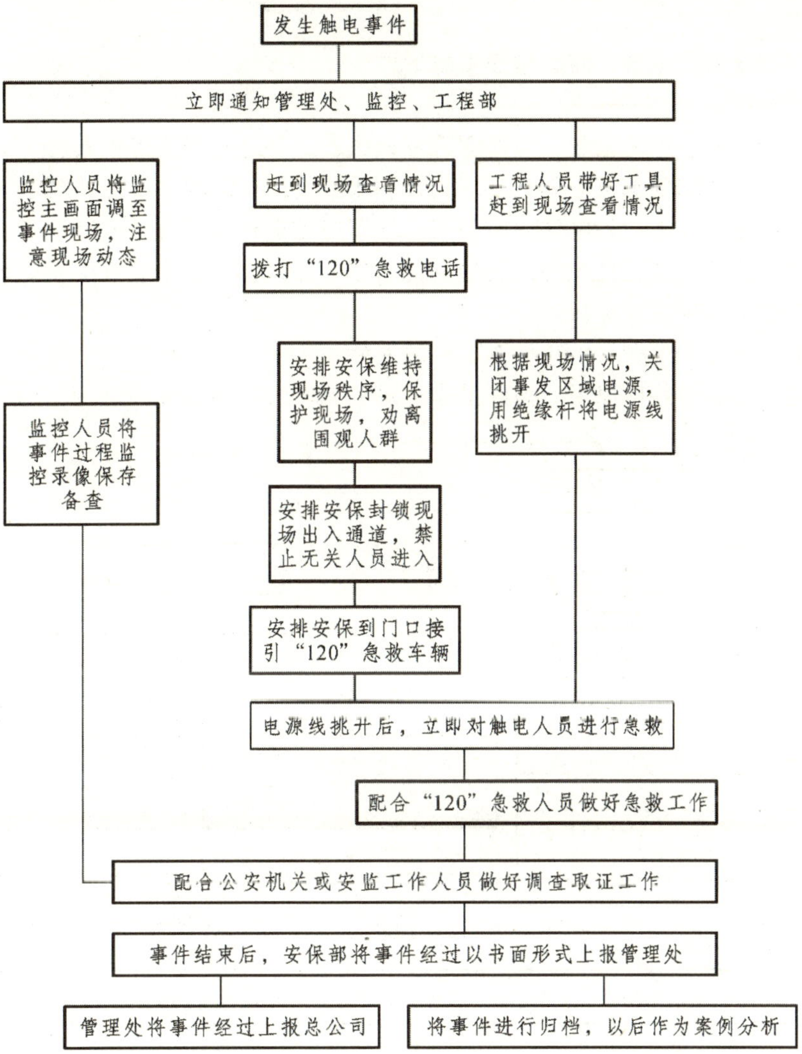

图 8-11　触电事故应急处理流程图

八、设备突发事故应急处置

1. 处置要求

发现设备突发事故或接到设备突发事故的报告，应立即向管理处报告。
管理处应组织人员对事件进行及时、有效的处置，控制事态的发展及影响。

各岗位人员为突发事件处置成员。

2. 停电处置

（1）有停电通知的停电。

接到上级或供电部门的停电通知，立即以书面的形式告知此次停电范围内受影响的业主。

对此次停电可能产生影响的设施、设备进行统计，并做好处置措施。

停电前 5 min 关闭各类公共设备电源，关闭前对设施的使用情况进行检查（例如：电梯是否有人乘用等）。

停电期间加强安全巡查，防止偷盗事故的发生。

（2）突发停电。

发现或接到突发停电的报告，立即向管理处报告，并通知当值工程人员。

安保队长、巡逻岗安保员立即赶赴现场，利用看、闻、问等手段了解断电情况。

查看电梯内是否关人，如电梯内有关人，立即启动电梯困人应急处置预案。

告诉当事人不要惊慌，并做好人员的安抚工作；如发生其他紧急情况需要紧急疏散时，立即引导从安全通道向室外疏散。

加强辖区内的安全巡逻，防止偷盗事件的发生。

配合工程人员查清停电原因，做好工作记录，具体流程如图 8-12 所示。

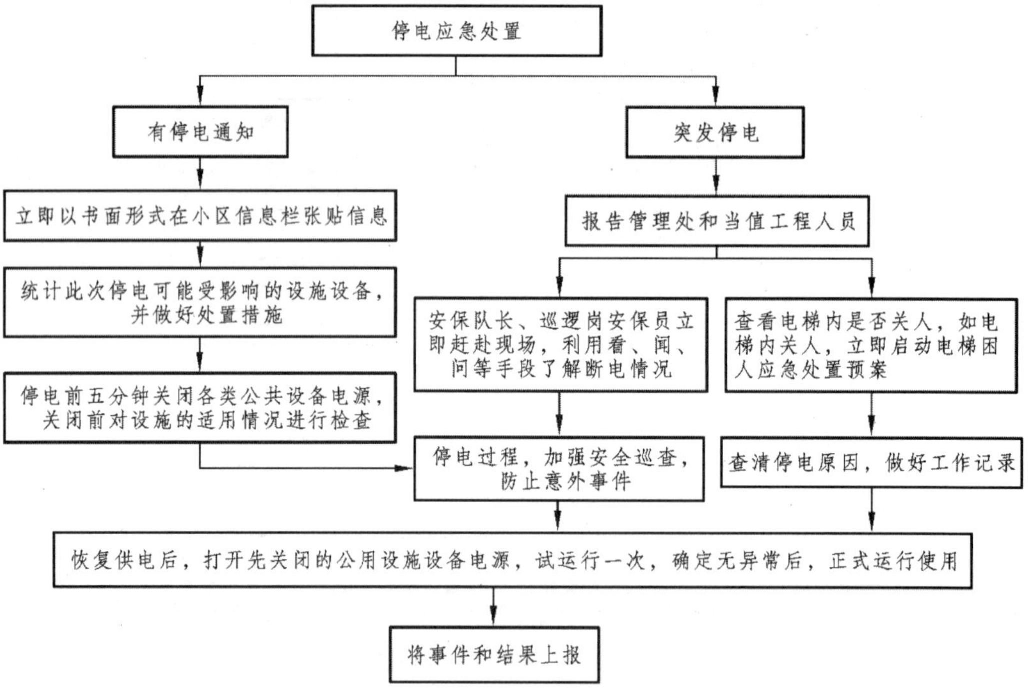

图 8-12　停电应急处理流程图

3. 煤气泄漏事故处置

发现煤气泄漏或接到煤气泄漏的报告，应立即向管理处报告。

设法寻找漏气源，并对气味较浓的区域进行封锁，防止无关人员进入。

若发现有人中毒的立即拨打“120”急救电话，并派专人至门岗接引救护车。

发生在室内的，应立即疏散室内人员，关闭入室煤气总管阀门，并开门、开窗进行通风。

禁止区域内使用明火或对电气设备进行操作。

如煤气达到一定浓度而又无法找到泄漏源的，应根据指令拨打“119”求援电话。

安排安保岗位，对区域进行警戒，直到煤气味散去，具体流程如图 8-13 所示。

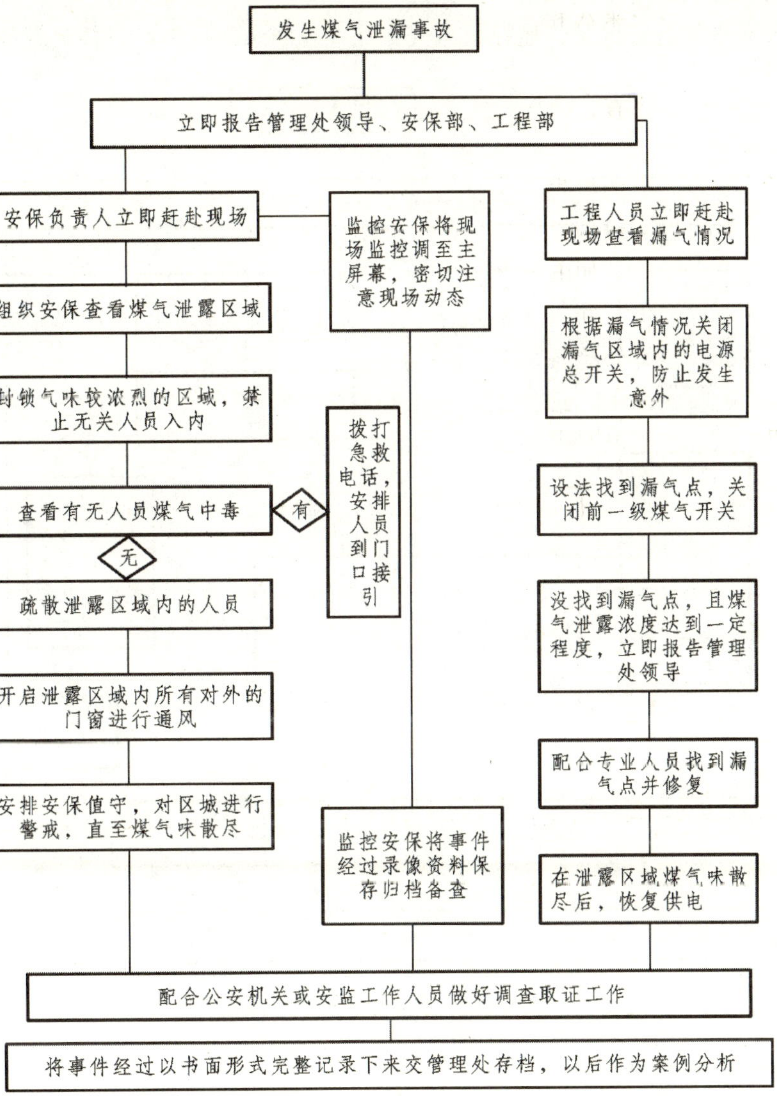

图 8-13　煤气泄漏处理流程图

4. 水淹事件处置

发现水淹事件或接到水淹事件的报告，应立即向管理处上报。

通知工程人员赶赴现场，对水是否带电进行测试。如带电的应立即切断电源开关，并再进行测试，直至安全为止。

监控值班人员将附近摄像机调至现场，对事件进行录像记录。

对现场进行控制，禁止无关人员进入现场。

查找泄漏水源，设法进行关闭或控制。

成立救援小组进行现场处置。

第一组对水淹现场的财物进行抢救，将它们搬离现场。

第二组用潜水泵或其他工具进行排水。

第三组对所抢救的财物进行清点、整理。

安保队长对事件进行记录，监控值班安保保存现场录像资料，具体流程如图 8-14 所示。

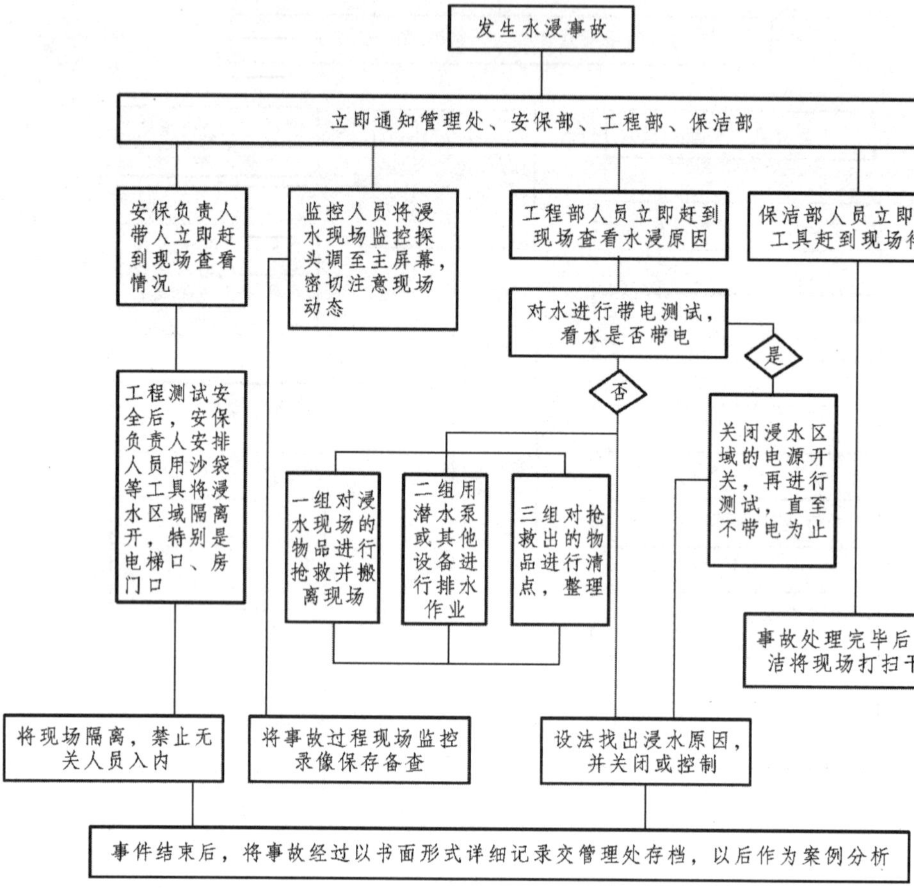

图 8-14　水淹事件处理流程图

5. 水管爆裂事件处置

发现水管爆裂或接到水管爆裂的报告，应立即向管理处报告。

立即用沙袋对电梯厅、通道楼梯口、房间门口进行封堵，防止水流到电梯内、其他楼层及房间内。

寻找爆裂管道的阀门，并将阀门关闭。

监控值班员将附近摄像机调至事发现场，进行录像记录。

如是喷淋管爆裂，用消防水带把出水口套住，用水带把水引至室外或卫生间。

用工具对积水进行排除。

如房间内进水，业主不在，要立即进行联系。

通知工程人员到现场开展抢修工作，具体流程如图 8-15 所示。

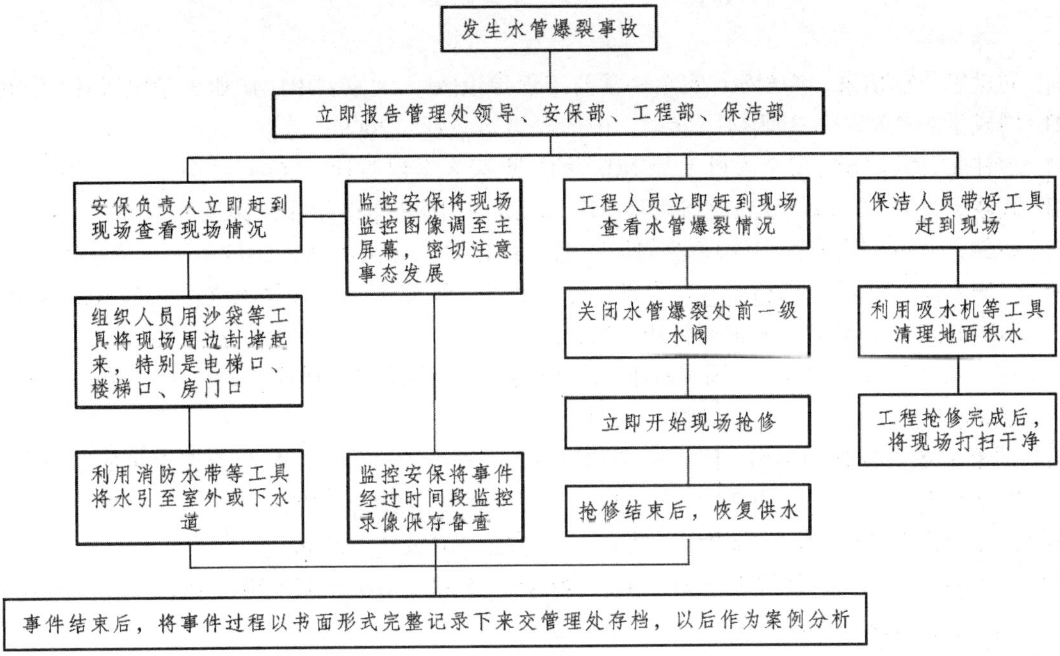

图 8-15　水管爆裂事故应急处理流程图

参考文献

[1] 周世宁，林柏泉，沈斐敏. 安全科学与工程导论[M]. 北京：中国矿业大学出版社，2005.
[2] 周成学. 物业安全管理[M]. 北京：中国电力出版社，2009.
[3] 赵柱文，武晓敏. 安全人机工程[M]. 重庆:重庆大学出版社，2014.
[4] 武晓敏，陈宇. 物业设施设备管理[M]. 北京：中国社会出版社，2022.
[5] 杨剑，黄英 . 物业安全管理必读[M]. 北京：化学工业出版社，2017.
[6] 中华人民共和国住房和城乡建设部. 建筑电气工程施工质量验收规范： GB 50303-2015 [S]. 北京：中国建筑工业出版社，2016.
[7] 国家市场监督管理总局，国家标准化管理委员会. 风险管理风险评估技术：GB/T 27921-2023[S]. 北京：中国标准出版社，2023.
[8] 国家市场监督管理总局，国家标准化管理委员会. 生产经营单位生产安全事故应急预案编制导则：GB/T 29639-2020 [S]. 北京：中国标准出版社，2020.
[9] 陈龙，陈晨. 安全防范工程[M]. 北京：中国电力出版社，2006.
[10] 住房城乡建设部. 建筑工程施工质量验收统一标准：GB 50300-2013 [S]. 北京：中国建筑工业出版社，2014.
[11] 住房和城乡建设部. 建筑电气与智能化通用规范:GB 55024-2022[S]. 北京：中国建筑工业出版社，2022.
[12] 中华人民共和国公安部. 安全防范系统验收规则:GA 308-2001 [S]. 北京：中国标准出版社，2001.
[13] 中华人民共和国住房和城乡建设部. 智能建筑设计标准:GB 50314-2015[S]. 北京：中国计划出版社，2015.
[14] 中华人民共和国公安部. 安全防范系统通用图形符号：GA/T 74-2017[S]. 北京：中国计划出版社，2017.
[15] 中华人民共和国建设部. 出入口控制系统工程设计规范：GB 50396-2007[S]. 北京：中国计划出版社，2007.
[16] 沈瑞珠. 物业设备及智能化管理[M]. 北京：中国建筑工业出版社 ，2011.
[17] 余源鹏. 物业管理服务实操一本通丛书 · 物业安全管理：治安、交通、车辆、消防、应急管理与培训手册，第 2 版 [M]. 北京：机械工业出版社，2018.
[18] 国家市场监督管理总局，国家标准化管理委员会. 生产经营单位生产安全事故应急预案编制导则：GB/T 29639-2020[S]. 北京：中国计划出版社，2020.